PRIMEIRA E SEGUNDA CARTA DE CLEMENTE ROMANO AOS CORÍNTIOS

Clemente de Roma

PRIMEIRA E SEGUNDA CARTA DE CLEMENTE ROMANO AOS CORÍNTIOS

Coleção Pais da Igreja

Brian Kibuuka
(coordenador)

ALTA BOOKS
GRUPO EDITORIAL

Primeira e Segunda Carta de Clemente de Roma aos Coríntios

Contra o Vento é uma empresa do Grupo Editorial Alta Books (STARLIN ALTA EDITORA E CONSULTORIA LTDA).

ISBN: 978-65-83604-67-5

Translated from original *Who Really Wrote the Bible*. Copyright © *2024 Princeton University Press. ISBN 978-0-691-23317-8. This translation is published and sold by Princeton University Press, the owner of all rights to publish and sell the same. PORTUGUESE language edition published by Contra o Vento, Copyright © 2025 by STARLIN ALTA EDITORA E CONSULTORIA LTDA.*

Impresso no Brasil — 1ª Edição, 2025 — Edição revisada conforme o Acordo Ortográfico da Língua Portuguesa de 2009.

Dados Internacionais de Catalogação na Publicação (CIP)

R756j
1. ed. Roma, Clemente de
Primeira e segunda carta de Clemente Romano aos coríntios / Clemente de Roma ; trad. e comentários de Brian Kibuuka. – 1. ed. Rio de Janeiro : Contra o Vento, 2025. (Coleção Pais da Igreja)
204 p.; 16 x 23 cm

Bibliografia.
ISBN 978-65-83604-67-5

1. Patrística. 2. Cristianismo primitivo. 3. Pais da igreja 4. Teologia histórica 5. Igreja primitiva – Roma 6. Cartas apostólicas. I. Kibuuka, Brian II. Título.

CDD 270.1
CDU 27-31(091)

Produção Editorial: Grupo Editorial Alta Books
Diretor Editorial: Anderson Vieira
Editor da Obra: Eduardo de Proença
Vendas Governamentais: Cristiane Mutüs
Gerência Comercial: Claudio Lima
Gerência Marketing: Andréa Guatiello

Tradução: Brian Kibuuka
Assistente de tradução: Cláudia Montico
Revisão: Giovanni Pieroni
Projeto gráfico: Alessandra S. O. de Proença
Capa: Victoria Cristina Eduardo

ALTA BOOKS
GRUPO EDITORIAL

Rua Viúva Cláudio, 291 — Bairro Industrial do Jacaré
CEP: 20.970-031 — Rio de Janeiro (RJ)
Tels.: (21) 3278-8069 / 3278-8419
www.altabooks.com.br — altabooks@altabooks.com.br
Ouvidoria: ouvidoria@altabooks.com.br

Editora **afiliada à:**

SUMÁRIO

COLEÇÃO PAIS DA IGREJA: APRESENTAÇÃO

O termo "padre" ou "pai" (em latim, *pater*) adquiriu diferentes campos semânticos e aplicações ao longo do tempo. Na Bíblia, a palavra é frequentemente empregada em referência a Deus, expressando sentimentos de temor reverencial, amor filial e confiança absoluta no "Ser supremo". Em sentido natural e biológico, o termo designa quem gerou fisicamente um filho e, de modo mais amplo, os antepassados segundo a carne, remontando até Adão (cf. Sabedoria 10.1; 1 Coríntios 4.14-15). No texto de 1 Timóteo 5.1, por sua vez, o termo aparece atribuído aos anciãos.

A associação entre iniciação e instrução na fé e a ideia de uma autêntica paternidade espiritual resultou no uso do título "padre" aplicado primeiramente aos apóstolos (1 Clemente 62.2) e posteriormente aos bispos. Na era subapostólica, tal associação é observada de maneira significativa no texto do *Martírio de Policarpo* 12.2, em que pela primeira vez Policarpo de Esmirna é referido como "pai dos cristãos": "Eis o mestre da Ásia, o pai dos cristãos". Irineu também contribui para esclarecer essa aplicação ao afirmar explicitamente que "aquele que foi instruído por outro mediante a palavra chama-se filho daquele que o ensinou, e este último é chamado de pai" (*Contra as Heresias* IV, 41.2). O termo reaparece em 177 na carta dos cristãos de Lyon dirigida ao bispo Eleutério de Roma (Eusébio, *História Eclesiástica* 5.4.2).

No século III, o termo "papa" surge nas titulações de algumas cartas dirigidas a Cipriano de Cartago, geralmente indicando honra e deferência. A partir do século IV, o uso do termo se expandiu, abrangendo também pessoas que, embora não fossem bispos, eram reconhecidas como representantes significativos da tradição eclesiástica. Posteriormente, o título foi atribuído aos fundadores e legisladores da vida monástica, bem como aos ascetas.

Utilizado no plural – *Padres* ou *Pais* –, o termo passou a designar os bispos reunidos em concílios, considerados dotados de autoridade especial na transmissão e interpretação da fé. Tal uso é claramente observado nos cerca de 300 bispos presentes no Concílio de Niceia (325). A partir desse momento, nas controvérsias teológicas subsequentes, a autoridade dos conciliares e de bispos individualmente reconhecidos por sua solidez teológica tornou-se uma referência constante para aferir a ortodoxia ou a heresia das doutrinas debatidas.

A noção de "Padre/Pai", portanto, tanto no sentido singular quanto coletivo, consolidada na Igreja dos primeiros séculos, identifica precisamente aqueles que moldaram a vida comunitária católica, seja em termos doutrinais ou disciplinares. Ao formular seu famoso critério sobre a verdadeira fé no *Commonitorium* (cerca de 435), Vicente de Lérins estabelece três notas fundamentais para reconhecer a fé católica autêntica:

- aquilo que foi crido em todos os lugares
- aquilo que foi crido sempre
- aquilo que foi crido por todos (*Comm.* 2).

Com base nesse princípio, a referência constante aos Padres/Pais da Igreja torna-se indispensável, definindo-os como fonte normativa na distinção entre ortodoxia e heresia.

Disso oferecem testemunho as atas do Concílio de Éfeso (431), que incluem trechos de textos dos "santíssimos e devotíssimos Padres/Pais e bispos, e de diversos mártires". Também Agostinho apelará frequentemente ao testemunho doutrinal dos Padres/Pais, especialmente nas controvérsias com os donatistas e pelagianos.

Nesse movimento de delimitação e fixação da categoria de Padre/Pai, teve papel significativo o decreto surgido no início do século VI, o *De libris recipiendis et non recipiendis*, falsamente atribuído ao Papa

Gelásio I. Além da lista dos livros canônicos e dos concílios ecumênicos, o decreto traz o primeiro elenco dos autores reconhecidos na Igreja católica como Padres/Pais. A influência desse documento espúrio será considerável durante a Idade Média, especialmente no que diz respeito à transmissão textual.

A definição clássica de Padre/Pai oferecida por Vicente de Lérins (ortodoxia, santidade, aprovação da Igreja, antiguidade) é suscetível a diversas críticas. O conceito de "ortodoxia" foi elaborado em época posterior à vida de muitos Padres/Pais, sendo anacrônico e historicamente inadequado aplicar-lhes uma norma ou "cânone" que só mais tarde veio a se impor. Um exemplo emblemático é o caso de Orígenes, que não recebeu o título de Padre/Pai tanto porque alguns apoiadores e adversários seus isolaram e absolutizaram certos aspectos do seu pensamento, ignorando o caráter dialético de sua "teologia de pesquisa", quanto porque avaliaram suas ideias segundo critérios de ortodoxia surgidos posteriormente.

Igualmente anacrônico é o critério da aprovação por parte da Igreja, dado que impõe estruturas posteriores, nem sempre compatíveis com determinado período histórico. De fato, existiram Padres/Pais siríacos, persas, coptas e armênios quase totalmente ignorados fora do mundo greco-latino.

Finalmente, também o critério da antiguidade se revela discutível: como avaliá-lo e a partir de que momento aplicá-lo, uma vez que essa é uma norma histórica, não propriamente teológica?

Na Reforma protestante, Padres/Pais o são a partir de sua fidelidade e conformidade com a Sagrada Escritura. Tal posicionamento levou a revisões e novas definições dessa categoria. Surgiram, assim, diferentes tentativas de refundação conceitual do termo Padre/Pai. F. Overbeck, por exemplo, passou a considerá-los numa perspectiva histórico-literária, mais atenta à história dos estilos e formas (*Über die Anfänge der patristischen Literatur*, Hist. Zeitschr. 48 [1882], 418). A. Mandouze, durante o Terceiro Congresso Internacional de Estudos Patrísticos de Oxford (1959), redefiniu os Padres/Pais como "os autores dos primeiros séculos cristãos universalmente invocados como testemunhas diretas ou indiretas da doutrina cristã ou da vida da Igreja em determinada época". A. Benoit aplica a categoria de Padre/Pai "aos exegetas do período em que a Igreja estava unida, isto é, desde as origens até o cisma oriental, como testemunhas da compreensão que os primeiros séculos cristãos tiveram da Sagrada Escritura".

Essa dificuldade é superada ao se entender que o conceito de exegese deve abranger não somente uma maneira específica de ler e interpretar a Escritura, mas também o ato de a pregar e, a partir dela, formular a doutrina e a moral cristãs. Por outro lado, o lugar em que se realiza a leitura da Escritura deve ser marcado pelo esforço para inculturá-la e desenvolvê-la diante das diferentes circunstâncias históricas, contribuindo assim para a formação da "ciência teológica". A teologia da Igreja Antiga o fez, e recuperar esse exercício contribui muito para a teologia que vivenciamos hoje.

O outro termo para se referir aos autores cristãos do passado, e que fizeram esse exercício exemplar, é "patrologia". O termo é derivado de "Padre/Pai", surge pela primeira vez na obra póstuma de J. Gerhard (+1637), intitulada *Patrologia seu de primitivae ecclesiae christianae doctorum vita ac lucubrationibus opus postumum* (1653). Trata-se de um vocábulo surgido num contexto apologético, visando à apresentação da vida e obras dos Padres/Pais.

Todavia, foi Jerônimo que, inspirado no modelo literário de Suetônio (*De viris illustribus*), compôs seu próprio *De viris illustribus* (393), reunindo, em 135 capítulos, dados biográficos e elencando as obras dos escritores cristãos mencionados. O critério adotado por Jerônimo para incluir os autores na sua obra é literário-bíblico: são considerados "escritores da Igreja que transmitiram algo relevante sobre as Sagradas Escrituras" (*Praefatio* 1). Essa especificação justifica a presença de escritores considerados heréticos (como Tertuliano, Taciano, Novaciano etc.). Após Jerônimo, outros autores prosseguiram nesse projeto: Genádio de Marselha (início do século VI), Isidoro de Sevilha (636) e Ildefonso de Toledo (cerca de 667).

Evidentemente, a perspectiva histórico-literária não é a única aplicável aos Padres/Pais, já que também devem ser vistos como os primeiros exegetas e pregadores da Escritura, bem como teólogos e pensadores cristãos. A possibilidade dessas diferentes abordagens justifica a distinção funcional posterior entre patrologia e patrística, correspondente aos diferentes interesses envolvidos no estudo dos Padres/Pais e de suas obras. Essa distinção, embora recente na terminologia, já encontra paralelos na Igreja antiga, onde três obras fundamentais expressaram diferentes abordagens aos mesmos autores: o *De viris illustribus* de Jerônimo (histórica), o *De doctrina christiana* de Agostinho (literária/exegética) e o *Commonitorium* de Vincenzo de Lérins (dogmático-doutrinal).

A patrística diz mais respeito à "história dos dogmas", e a patrologia, tanto no contexto católico quanto protestante, foi identificada com a "história da literatura cristã" (Harnack), a "história da literatura eclesiástica" (Bardenhewer) ou a "história da literatura cristã antiga" (Lazzati, Simonetti).

Dois fatores principais contribuíram para a superação do conceito estrito de patrologia e sua equiparação à "história da literatura cristã antiga":

1. Devido à sua origem apologética, tanto no contexto católico quanto protestante, a patrologia não adquiriu o estatuto de disciplina autônoma, permanecendo subordinada, funcional e auxiliar em relação à teologia.
2. Pelo mesmo motivo, o estudo dos Padres/Pais restringiu-se principalmente aos autores considerados ortodoxos, deixando de lado os escritores classificados como heréticos.

Contudo, fica claro que, para um estudo cientificamente consistente, não se pode mais manter uma separação rígida entre ortodoxia e heresia. Não entenderíamos nada da cultura cristã dos séculos II e III se não a relacionássemos ao gnosticismo, pois os gnósticos foram os "mestres do pensamento" do cristianismo dessa época, tanto do ponto de vista teológico quanto exegético, para dar um exemplo.

Esta coleção, composta dos mais importantes textos cristãos do período patrístico, textos que são traduzidos, comentados e dispostos com estudos introdutórios, tem como objetivo central oferecer ao público lusófono o acesso direto e aprofundado aos textos dos Padres/

Pais da Igreja. Essa iniciativa é especialmente importante porque, como exposto acima, os Padres/Pais são reconhecidos historicamente como testemunhas privilegiadas da tradição cristã, exercendo papel fundamental na formulação doutrinal, na interpretação das Escrituras e na inculturação da fé diante dos desafios históricos e culturais de seus tempos.

Esses autores não são apenas referência histórica, mas também marcos fundamentais para a compreensão da identidade teológica e doutrinal do cristianismo desde suas origens. Sua importância se revela não só pela autoridade espiritual e teológica que conquistaram nos primeiros séculos da Igreja, mas também pela multiplicidade de abordagens com que podem ser estudados: históricas, literárias, dogmáticas e exegéticas.

Ao traduzir e comentar esses textos, a coleção contribui para superar lacunas significativas presentes no contexto dos estudos de Teologia, História, Filosofia e Ciências da Religião em língua portuguesa, oferecendo acesso crítico e contextualizado a autores que moldaram, de maneira decisiva, os rumos da fé e do pensamento cristão. Além disso, a coleção pretende refletir uma perspectiva atualizada e cientificamente consistente, evitando simplificações ou anacronismos, e levando em consideração debates contemporâneos sobre a definição e abrangência da patrologia e patrística, como exposto acima.

Nesse sentido, ao disponibilizar esses escritos fundamentais para leitores interessados em conhecer a voz de autores cristãos fundamentais, convidamos nossos leitores a ousarem fazer uma releitura crítica e enriquecedora da fé e da teologia na atualidade. E isso, com o apoio desses autores do passado, que edificaram com seus escritos um edifício teológico notável.

INTRODUÇÃO

Clemente Romano, também conhecido como São Clemente I ou Clemente de Roma, é considerado uma das figuras centrais na história do cristianismo primitivo, especialmente pela sua atuação junto à igreja de Roma entre aproximadamente 91 e 101 d.C. (embora o Anuário Pontifício situe seu pontificado entre 88 e 97 d.C.). A tradição católica posterior coloca-o como terceiro sucessor direto de Pedro no episcopado romano; contudo, estudos críticos apontam para uma realidade histórica mais complexa, na qual Clemente possivelmente não exerceu o papel formal de bispo monárquico, mas sim de liderança proeminente dentro de um colégio plural de presbíteros.

Embora Clemente seja referido como sucessor de Pedro em fontes posteriores, tal afirmação carece de evidências históricas sólidas. Autores antigos como Irineu de Lyon (ca. 200) apontam Pedro e Paulo como fundadores da comunidade romana, inaugurando uma sucessão episcopal, mas estudos modernos mostram que a ideia de um episcopado monárquico não é demonstrável antes da segunda metade do século II. Provas disso encontram-se na ausência de referência a um bispo singular na Carta de Inácio de Antioquia à Igreja de Roma (c. 107 d.C.) e na obra conhecida como *Pastor de Hermas*, que menciona lideranças no plural: "os presbíteros que presidem a Igreja" (2.4.3).

Assim, a figura histórica de Clemente deve ser compreendida dentro desse contexto comunitário e colegial.

No contexto do final do século I, a comunidade cristã romana estava organizada em diversas igrejas domésticas, espalhadas pela cidade e arredores, cada uma delas dirigida por presbíteros individuais ou em pequenos grupos. Clemente provavelmente ocupava posição especial dentro desse contexto, destacando-se por suas funções administrativas, diplomáticas e caritativas, como sugerido em *Pastor de Hermas*, em que Clemente é citado nominalmente por sua autoridade reconhecida na correspondência com comunidades externas.

Dessa forma, Clemente parece ter exercido um papel próximo ao de um "ministro de relações exteriores" da comunidade romana, atuando como interlocutor junto a outras igrejas, sem assumir, contudo, um papel hierárquico singular ou monárquico sobre os demais presbíteros locais.

O documento mais importante atribuído a Clemente é a Primeira Carta aos Coríntios (cerca de 96 d.C.), texto fundamental do cristianismo primitivo e considerado por algumas comunidades antigas quase como Escritura canônica. Nessa carta, Clemente intervém numa crise interna em Corinto, onde um grupo mais jovem havia afastado indevidamente presbíteros legitimamente constituídos.

Embora Clemente insista na legitimidade de sua intervenção, chama a atenção o fato de não apresentar qualquer defesa explícita ou apelo a uma autoridade episcopal romana especial. Ao contrário, Clemente baseia sua argumentação no testemunho apostólico (interpretado por ele próprio) e emprega estratégias retóricas persuasivas (uso frequente do subjuntivo exortativo e parcimonioso do imperativo), sugerindo que reconhecia claramente os limites reais de sua autoridade e buscava eficácia pela persuasão e não pela imposição.

É notável na Primeira Carta aos Coríntios o forte paralelismo com o sistema administrativo romano. Clemente recorre a analogias inspiradas na hierarquia e disciplina militares romanas e propõe soluções típicas do direito imperial romano, como o exílio dos culpados. Também envia representantes para supervisionar a restauração da ordem em Corinto, numa clara imitação da prática romana de enviar legados para resolver conflitos provinciais.

Tal aspecto indica que a organização política romana servia como paradigma natural para a estruturação interna e para as relações entre comunidades cristãs na perspectiva de Clemente, o que contribuiu diretamente para a posterior configuração do modelo hierárquico e institucional da Igreja romana e do episcopado monárquico.

A Segunda Carta atribuída a Clemente (2 Clemente) é considerada por ampla unanimidade acadêmica como pseudoepígrafa, não tendo sido escrita por Clemente Romano. Trata-se de um documento posterior que reflete diferentes preocupações teológicas e pastorais, mais alinhadas com o contexto do século II.

A partir dos séculos III e IV, fontes patrísticas, como Orígenes, Eusébio de Cesareia e Jerônimo, começam a identificar Clemente Romano com o personagem citado em Filipenses 4.3, colaborador próximo do apóstolo Paulo. Essa associação reflete uma tentativa de legitimar sua autoridade e reforçar sua proximidade com os próprios apóstolos.

Outras tradições, como a relatada por Tertuliano e Jerônimo sobre o suposto martírio de Clemente na Crimeia (onde teria sido afogado no Mar Negro), carecem completamente de comprovação histórica segura. Contudo, a tradição que localiza a casa de Clemente no local onde hoje se encontra a Basílica de São Clemente em Roma possui maior aceitação histórica e arqueológica.

Estudar Clemente Romano e suas cartas é indispensável para compreender os desdobramentos históricos da autoridade eclesial, a formação inicial do episcopado romano, e a interação entre Igreja e Estado no início do cristianismo. Clemente oferece também um exemplo paradigmático de como o cristianismo primitivo assimilou formas culturais e políticas do mundo romano em que estava inserido, um tema de relevância fundamental para entender as origens do sistema hierárquico e institucional da Igreja.

A presente tradução comentada da Primeira e Segunda Cartas atribuídas a Clemente visa oferecer ao público lusófono um acesso crítico, aprofundado e atualizado aos textos desse importante autor da Igreja antiga. Metodologicamente, a edição procurará:

- Apresentar um texto cuidadosamente traduzido, oferecendo esclarecimentos linguísticos essenciais para a compreensão plena dos textos.

- Contextualizar histórica e criticamente cada passagem, mostrando claramente as influências culturais, políticas e religiosas do ambiente romano no qual Clemente escreveu, permitindo ao leitor uma melhor compreensão dos fatores que moldaram sua argumentação e estrutura retórica.
- Oferecer comentários aprofundados, destacando tanto aspectos literários quanto teológicos e históricos, elucidando como os escritos clementinos se relacionam com o Novo Testamento e com outros textos patrísticos contemporâneos, revelando assim suas continuidades e descontinuidades com a tradição apostólica inicial.
- Discutir detalhadamente a recepção e o uso das cartas ao longo da história cristã, explorando seu impacto posterior na formação da doutrina, na estrutura institucional da Igreja, e no desenvolvimento da tradição patrística, bem como suas implicações para a teologia contemporânea.

Dessa forma, esta edição se propõe a preencher uma importante lacuna acadêmica em língua portuguesa, auxiliando pesquisadores, estudantes de teologia e história da Igreja, bem como para todos interessados em conhecer criticamente as raízes históricas e teológicas do cristianismo antigo.

PRIMEIRA CARTA DE CLEMENTE ROMANO AOS CORÍNTIOS: CONTEXTO HISTÓRICO, AUTORIA E TEMAS CENTRAIS

A carta dos cristãos em Roma aos seus irmãos de fé em Corinto, conhecida como 1 Clemente, é um dos mais antigos documentos cristãos que chegaram até nós fora do Novo Testamento. Escrita em Roma por volta da mesma época em que João redigia o Apocalipse na ilha de Patmos (década de 90 d.C.), essa epístola oferece uma janela para as circunstâncias e atitudes dos cristãos romanos – diferentes, em muitos aspectos, daquelas observadas entre os cristãos da Ásia Menor, destinatários do Apocalipse.

Enquanto o Apocalipse retrata Roma como a grande meretriz, inimiga da Igreja e figura do poder demoníaco a ser resistido até a morte (cf. Ap 17-18), 1 Clemente apresenta uma visão bem mais favorável do governo romano – vide, por exemplo, a oração em 60.4-61, que intercede pelas autoridades. A ênfase em paz, harmonia e ordem, tão presente nesta carta, reflete valores fundamentais da sociedade romana.

Assim, 1 Clemente oferece um testemunho valioso da diversidade de formas como os primeiros cristãos tentaram se relacionar com a cultura greco-romana que os cercava – cultura na qual a Igreja estava rapidamente se expandindo.

Ocasião

A mesma tendência à formação de partidos e divisões que Paulo enfrentou em Corinto (cf. 1 Co 1.10-17) parece ter ressurgido no final do século I. Pelo que se depreende do texto, um grupo de homens mais jovens provocou uma espécie de revolta – perspectiva interpretada a partir do ponto de vista romano – depuseram a liderança eclesiástica estabelecida (cf. 3.3; 44.6; 47.6).

Quando a comunidade romana soube do ocorrido (47.7), os líderes da igreja em Roma ficaram profundamente preocupados com essa violação da ordem e com o impacto negativo na reputação da igreja coríntia (1.1; cf. 39.1). Isso motivou o envio da longa carta que conhecemos como 1 Clemente, juntamente com uma delegação de mediadores (63.3; 65.1), na tentativa de restaurar a paz e a unidade.

Contudo, o gênero literário da carta – que busca promover reconciliação e admoestação moral sem atacar diretamente – limita a clareza sobre as causas exatas do conflito. Por isso, propostas modernas sobre o "real motivo" da disputa (por exemplo, uma tensão entre carismáticos e institucionalistas, entre ortodoxia e heresia, ou sobre questões financeiras ou rivalidades entre igrejas domésticas) permanecem conjecturas.

Autoria

O estilo uniforme da carta sugere autoria única. Embora o autor não seja explicitamente nomeado, a tradição antiga – bem atestada por escritores como Eusébio (História Eclesiástica 4.23.11) – e a maioria dos manuscritos identificam-no como Clemente. Ainda assim, a identidade precisa de Clemente permanece incerta.

A tradição posterior o identifica como o terceiro bispo de Roma após Pedro. No entanto, é improvável que existisse, nesse período, um bispo monárquico como entendido posteriormente. A liderança romana parece ter sido colegiada. Clemente teria sido, possivelmente, o mais proeminente entre eles.

Uma hipótese é que Clemente teria sido um liberto da casa de Tito Flávio Clemente, primo do imperador e cônsul, executado sob acusação de "ateísmo" – uma acusação comum contra cristãos. No entanto, essa teoria carece de evidência sólida, assim como a sugestão de Orígenes que o identifica com o Clemente mencionado em Filipenses 4.3 – ligação baseada apenas na coincidência do nome.

É possível que o mesmo Clemente seja mencionado no *Pastor de Hermas* (2.4.3), onde aparece como o responsável por enviar cartas da igreja de Roma às outras comunidades – talvez como uma espécie de secretário correspondente.

Data

Indícios internos da própria carta apontam para uma redação nas duas últimas décadas do século I:

1. Em 5-6, a perseguição de Nero (64-68 d.C.), que teria vitimado Pedro e Paulo, é tratada como um evento passado.
2. Em 63.3, há menção a pessoas que viveram de forma irrepreensível desde a juventude até a velhice – o que sugere tempo suficiente para uma geração passar.
3. Em 44.3-5, ainda há líderes vivos que teriam sido designados pelos apóstolos, indicando uma relativa proximidade temporal com a geração apostólica.

Esses elementos sugerem uma data posterior ao final da década de 60 (ou início da de 70), mas não muito além do ano 100 d.C., já que ainda se esperaria encontrar testemunhas oculares da época apostólica.

As evidências externas são escassas, mas coerentes com essa datação interna. Escritores como Hegésipo, Irineu e, possivelmente, Policarpo, conheciam ou usaram a carta, o que confirma sua antiguidade.

Há uma longa tradição que propõe uma data mais precisa para a redação de 1 Clemente, situando-a entre os anos 95 e 97 d.C. No momento da escrita, parece que a igreja em Roma enfrentava algum tipo de perseguição – de fato, a carta aos coríntios teria sido atrasada por causa disso (cf. 1.1; 7.1).

Essa menção a uma possível "perseguição" é frequentemente interpretada como referência a episódios do final do reinado de Domiciano (81-96 d.C.) ou do início do governo de Nerva (96-98 d.C.). A linguagem desses trechos é bastante convencional e estereotipada, o que sugere que os termos podem não se referir a um evento específico, mas sim a um modo padrão de descrever provações enfrentadas pelos cristãos.

Aspectos literários e retóricos

Em 58.2, o autor convida os leitores a acolherem o conselho (συμβουλή), o que classifica o documento como uma carta de caráter deliberativo – um tipo amplamente discutido pelos retóricos da Antiguidade. 1 Clemente segue de perto esse modelo, caracterizando-se como um apelo à paz e à concórdia (cf. 63.2).

A carta se estrutura em torno de dois temas fundamentais:

- Stásis (στάσις) – dissensão, revolta, conflito. O termo aparece nove vezes (cf. 1.1; 63.1).
- Homonoía (ὁμόνοια) – concórdia, união. Aparece quatorze vezes, refletindo o ideal de harmonia social grega.

Como era típico desse gênero, o autor:

- Evita narrativas extensas, para manter o foco persuasivo.
- Identifica a causa do problema – a inveja (ζῆλος) é um tema-chave (3.4-6.4).
- Adverte sobre as consequências da desordem (cf. 46.7-9).
- Exalta os benefícios da unidade e da paz (cf. 48.1-4).

Fontes utilizadas

O autor recorre intensamente às Escrituras, especialmente ao texto da Septuaginta. Livros como Gênesis e Salmos são citados com frequência, mas também há referências a obras pseudepigráficas ou de origem incerta (cf. 8.3; 17.6; 23.3-4; 46.2; talvez 29.3).

Além disso, há tradições sobre Jesus, ainda que não segundo a forma dos Evangelhos Sinópticos. É praticamente certo que o autor conhecia 1 Coríntios, e muito provavelmente Romanos e Hebreus. Não se pode, no entanto, afirmar com segurança o uso de outros escritos que posteriormente comporiam o Novo Testamento.

O autor também emprega exemplos seculares, típicos da retórica greco-romana:

- A harmonia cósmica descrita em 20.1-12 é inspirada em conceitos estoicos.
- A metáfora do corpo em 37.5 reflete uma visão cosmológica estoica.
- A fênix, apresentada como exemplo de revelação divina (25.1-26.1), vem da tradição mitológica.
- O exército romano (37.1-3) é exaltado como modelo de ordem e disciplina – comparável à fé dos heróis bíblicos.

Recepção da carta

Não se sabe exatamente como os *coríntios reagiram* à carta, mas escritores cristãos posteriores a *reverenciaram profundamente.*

- Clemente de Alexandria a cita como Escritura.
- Foi incluída em alguns manuscritos do Novo Testamento:
    - * No Códice Alexandrinus (séc. V), 1 Clemente e 2 *Clemente* aparecem logo após o Apocalipse.
    - * Em um manuscrito sírio do século XII, as duas cartas aparecem entre as Epístolas Católicas e as Paulinas.

- As Constituições Apostólicas (fim do séc. IV, tradição síria) listam ambas as cartas de Clemente como parte do Novo Testamento.
- Dídimo, o Cego, no Egito, aparentemente incluía 1 Clemente em seu cânon.

Texto e manuscritos

Apesar de sua ampla circulação na antiguidade, poucos manuscritos de 1 Clemente sobreviveram. O texto completo em grego chegou até nós por meio de um único manuscrito:

- Códice Hierosolymitanus (*Constantinopolitanus*, datado de 1056) – Descoberto por Philotheos Bryennios em 1873, contém também:
  * *2 Clemente*
  * *Didaqué*
  * *Epístola de Barnabé*
  * Versão longa das cartas de Inácio

Outras fontes textuais

Sigla	Fonte	Observações
A	Codex Alexandrinus (séc. V)	Lacuna entre 57.7-63.4
C	Codex Hierosolymitanus (1056)	Texto grego completo
L	Tradução latina (séc. II ou III)	Preservada em manuscrito do séc. XI
S	Tradução siríaca (1169-1170)	Incluída em manuscrito bíblico
Co	Tradução copta (sécs. IV e VII)	Preservada de forma incompleta

Além desses, Clemente de Alexandria e Jerônimo preservam algumas citações da carta.

Propósito de 1 Clemente

A chamada *Primeira Carta de Clemente* deixa seu propósito evidente desde o início e o expressa repetidamente ao longo do texto. Seu objetivo muito concreto e definido é pronunciar uma séria admoestação ao tumulto que surgiu na congregação de Corinto, a fim de resolver a disputa.

Para uma análise rigorosa do documento, não há guia melhor do que essa tendência inconfundivelmente clara. Não é comum, no caso de documentos fundamentais (*Urkunden*) desse tipo, estar em uma posição favorável que permita compreender com tanta precisão, desde o início, a perspectiva a partir da qual tudo deve ser entendido e avaliado. No entanto, se se realiza realmente tal análise, se se tenta reconstruir o encadeamento do pensamento de forma psicológica, mantendo sempre em vista essa tendência, então uma certa discrepância entre o que se esperaria e o que a carta realmente oferece dificilmente pode ser ignorada.

Por mais vezes que a carta dirija exortações específicas ou gerais aos coríntios, ela toca muito pouco em fatos, eventos ou pessoas concretas, muito menos os discute em detalhes. Exceto por 1 Clemente 1-3 e 1 Clemente 14, apenas algumas passagens a partir do capítulo 44 nos fornecem informações diretas sobre a congregação de Corinto. O que é ainda mais notável é a pouca frequência com que o autor trata explicitamente de seu objetivo específico nas partes mais extensas da carta.

Muitas vezes, não se sabe se ele está tentando dizer algo sobre as condições específicas da congregação-irmã e justificar o que diz, ou se apenas toma o caso específico como um ponto de partida e pretexto para diversas instruções e ensinamentos, muitas vezes bastante gerais. De fato, em alguns capítulos, ele parece esquecer completamente o que o levou a escrever, e qualquer relação transparente com o propósito prático da carta desaparece.

Isso, no entanto, aplica-se essencialmente apenas à primeira parte (mais extensa) da carta. A partir do capítulo 37, a exposição torna-se inegavelmente mais objetiva e concisa, e o tom adquire um caráter mais pessoal. Mas, para as partes anteriores, essa observação também se mantém em grande medida.

O que é dito no início sobre o estado passado e presente da igreja (caps. 1-3), sobre a corrupção do ζῆλος (*zêlos*, "zelo") (caps. 4-6), sobre a μετάνοια (*metanoia*, "arrependimento") (caps. 7-8) e sobre a obediência à vontade divina (caps. 9-10) não é difícil de compreender. Da mesma forma, a exortação à ταπεινοφροσύνη (*tapeinophrosýnē*, "humildade") no capítulo 13 e sua relação com as pessoas que Clemente descreve como πρόσωπα προπετῆ καὶ αὐθάδη (*prósōpa propetê kai authádē*, "pessoas precipitadas e arrogantes") (1.1) é bastante clara.

No entanto, como devemos entender os exemplos de Abraão, Ló e Raabe, que são usados para ilustrar o valor da πίστις (*pístis*, "fé") (ou εὐσέβεια [*eusébeia*, "piedade"]) e da φιλοξενία (*philoxenía*, "hospitalidade") em 10.7-12? A presença desse par de conceitos, especialmente o de φιλοξενία (*philoxenía*), sempre surpreende o leitor.

É verdade que o ato de hospitalidade pode ser incluído entre os atos de ὑπακοή (*hypakoḗ*, "obediência") a Deus, que foram o tema dos capítulos 9-10. Assim, compreende-se como διὰ πίστιν καὶ φιλοξενίαν ἐδόθη αὐτῷ υἱός (*dià pístin kaì philoxenían edóthē autôi huiós*, "por causa da fé e da hospitalidade, foi-lhe concedido um filho") se torna paralelo à afirmação seguinte διὰ ὑπακοῆς προσήνεγκεν αὐτόν (*dià hypakoês prosḗnenken autón*, "por meio da obediência, ele o ofereceu" – 10.7).

No entanto, o interesse do autor por essa virtude específica não é evidente. Se ele moldou esses capítulos, sem dizê-lo explicitamente, como uma forma de acusar os coríntios de falta de hospitalidade, então deve-se supor que ele foi levado a essa questão de maneira externa, ou seja, por meio dos exemplos bíblicos que estava seguindo. Na história de Abraão, que ele aborda no capítulo 10, ele também se lembrou da hospitalidade que Abraão demonstrou. Isso então sugeriu dois exemplos adicionais que continham o mesmo ensinamento.

A impressão de que há uma digressão aqui é atenuada, no máximo, pelo fato de que a φιλοξενία (*philoxenía*), como demonstração de amor fraternal, mantém alguma relação com a pacificação.

A progressão do pensamento nos capítulos 13-22 é novamente clara. Humildade e mansidão (cap. 13), obediência a Deus (cap. 14), pacificação sem hipocrisia (cap. 15), mais uma vez humildade (caps. 16-19), harmonia e paz conforme o exemplo da obediência da criação a Deus (caps. 19 e 20), temor de perder os benefícios divinos na criação, lembrança de sua proximidade e a correspondente busca pela realização da vida comunitária adequada (cap. 21) são os temas especialmente destacados aqui.

No entanto, o que se segue está, em parte, bastante distante desses assuntos, que pertencem ao pensamento central do autor, ou ao menos são próximos a ele.

Clemente observa no início do capítulo 23 que Deus se mostra misericordioso para aqueles que o temem e concede suas graças àqueles que se aproximam dele com um espírito simples (isto é, sem dúvida, segundo 23.2). Mas o que não se esperaria após esse pensamento, que segue de maneira natural as últimas palavras da citação anterior (22.7, 8), é a discussão sobre a dúvida em relação à vinda do Senhor e à ressurreição. E essa discussão não é uma breve digressão; pelo contrário, ela se desenvolve amplamente ao longo dos capítulos 23-27.

É verdade que o assunto é apresentado como se Clemente quisesse fundamentar suas exortações ao temor de Deus e à conduta santa referindo-se à esperança cristã. No entanto, não há indícios disso no próprio texto, e a maneira como essa referência é feita pareceria bastante estranha sob essa suposição. A explicação mais plausível é que Clemente se demora nesse tema porque ele lhe é familiar e parece importante.

A seguir, depois de uma referência à presença divina da qual ninguém pode escapar (cap. 28), lemos exortações sobre o temor a Deus, o amor a Deus, a santificação, a concórdia e a humildade (caps. 28-30). Com a frase final do capítulo 30, o discurso se dirige à bênção divina e aos "caminhos da bênção". Para ilustrar isso, o autor fornece os exemplos dos patriarcas e seus descendentes. No entanto, desses exemplos, conclui-se (32.3-4) que todos foram glorificados não por seus próprios méritos, mas pela vontade de Deus. Esse pensamento, que leva à fórmula da justificação pela fé, é então equilibrado (cap. 33) com uma defesa contra possíveis consequências antinomianas, por meio de um chamado às boas obras.

Clemente desenvolve esse tema referindo-se ao prazer que Deus tem em suas próprias obras (criativas) e enfatizando a confiança que o bom trabalhador deposita naquele que lhe dá o salário. Se essa exortação à ἀγαθοποιΐα (*agathopoiïa*, “prática do bem”) culmina em um apelo repetido à obediência a Deus e à concórdia (34.5), o pensamento se volta imediatamente para a grandeza dos dons divinos (34.7), que são garantidos àqueles que esperam por Ele, para logo depois retornar a uma exortação semelhante às anteriores.

Essa última exortação é sustentada e concluída com uma citação do Salmo 50.16-23, cujas palavras finais levam o autor a Cristo, que é nosso σωτήριον (*sōtḗrion*, “salvação”) (cf. 1 Clemente 35.12: ἐκεῖ ὁδός, ἣν δείξω αὐτῷ τὸ σωτήριον τοῦ θεοῦ [*ekeî hodós, hḗn deíxō autôi tò sōtḗrion toû theoû*, “ ali está o caminho no qual Eu lhe mostrarei a salvação de Deus “]). O autor então mostra o que os cristãos possuem em Cristo e justifica sua afirmação com palavras e citações de Hebreus 1, argumentando que a dignidade de Cristo supera a dos anjos.

Se considerarmos apenas brevemente essa linha de pensamento esboçada nos capítulos 28-36, não se pode negar que o autor retorna repetidamente a temas anteriores e mantém-se, de certo modo, dentro de um círculo de ideias evidentes, ainda que gerais. No entanto, é igualmente claro que parte da obra tem um caráter de digressão, dando a impressão de que o autor é frequentemente guiado apenas por associações casuais, alinhando um pensamento após o outro e, por isso, repetindo-se com frequência.

Encontramos, em detalhes, a mesma peculiaridade que caracteriza a progressão geral do pensamento na carta. As numerosas exortações à obediência e ao temor de Deus levam o leitor a entendê-las como expressões gerais com um significado bastante específico; temer a Deus pode significar tanto, para aqueles que lutam entre si, quanto manter a paz. No entanto, ocasionalmente, parece que as expressões gerais são realmente destinadas a ser nada mais do que afirmações genéricas.

Se deixarmos de lado, por completo, a lista de pecados retirada essencialmente de Romanos 1.29-32 em 1 Clemente 35.5, veremos que o outro catálogo, encontrado em 30.1, inclui não apenas pecados que podem ser facilmente interpretados em relação à situação em Corinto, como καταλαλιαί (*katalaliaí*, "maledicências"), νεωτερισμοί (*neōterismoí*, "insubordinações") e βδελυκτὴ ὑπερηφανία (*bdelyktḕ hyperēphanía*, "arrogância abominável"), mas também pecados de natureza distinta, como μιαραὶ καὶ ἄναγνοι συμπλοκαί (*miaraì kaì ánagnoi symplokaí*, "relações impuras e imundas"), μέθαι (*méthai*, "embriaguez"), βδελυκταὶ ἐπιθυμίαι (*bdelyktài epithymíai*, "desejos abomináveis") e μυσερὰ μοιχεία (*myserà moicheía*, "adultério vergonhoso").

Da mesma forma, alguns dos temas abordados nos capítulos 33-35 não parecem ser apenas exortações veladas à humildade ou à submissão ao ofício eclesiástico. Pelo contrário, o autor (cf., por exemplo, 34.1 e a repetição de πᾶν ἔργον ἀγαθόν (*pân érgon agathón*, "toda boa obra") parece ter perdido a relação entre o material e o leitor, favorecendo, em vez disso, uma discussão puramente doutrinal sobre as boas obras. Mas não desejo multiplicar esses exemplos.

Nas partes da carta que abordam os coríntios com exortações à humildade, obediência, arrependimento e harmonia (ou seja, caps. 1-22), a ênfase e a urgência dessas exortações não são tão significativas; em vez disso, o esforço do autor se concentra mais em justificar suas exortações doutrinariamente e em convencer os leitores de sua correção. Para isso, ele faz amplo uso de textos e exemplos do Antigo Testamento. A discussão sobre o arrependimento nos capítulos 7 e seguintes, por exemplo, parece mais um trecho de sermão do que uma exortação *ad hominem* para que os coríntios se arrependam de uma falha específica.

Se esta carta já foi elogiada por sua "coerência sistemática e estável", ou se alguém já falou da "estrutura interna e progressão ordenada do todo", ou mesmo se já se referiram a ela como um "todo bem estruturado", então essas são, sem dúvida, exageros. Até hoje, ninguém provou a existência de um desenvolvimento de pensamento que possa ser descrito como planejado. No mínimo, isso pode ser concedido aos estudiosos que negaram a integridade da carta e cujas hipóteses de interpolação corretamente desapareceram: as preocupações que levantaram sobre a fraca progressão do pensamento estavam baseadas em algumas observações precisas.

Por outro lado, não podemos simplesmente chamar a apresentação de desorganizada. Em comparação com obras cristãs antigas semelhantes, 1 Clemente é escrita com clareza considerável em suas partes individuais, os diferentes grupos de pensamentos estão sempre conectados de alguma forma e, no todo, o fio condutor não escapa das mãos do autor.

No entanto, o caráter literário geral da carta não foi o foco das observações acima. O que desejamos enfatizar mais fortemente do que o habitual é que o conteúdo real da carta está em certo contraste com seu propósito tão definido, uniforme e objetivo. A generalidade do conteúdo da carta não tem sido suficientemente ponderada, se é que foi notada. E, no entanto, não é evidente que a congregação romana devesse falar dessa forma nesta ocasião.

Por muito tempo, no entanto, as pessoas têm impacientemente perguntado qual a relação dessa peculiaridade da carta com as condições da igreja de Corinto naquela época, que desejamos examinar. Creio que há uma conexão entre esses dois pontos. Se é importante, para a tarefa de discernir essas condições, saber até que ponto Clemente tinha conhecimento delas, então o caráter geral da carta tem relevância para a resposta a essa questão. Isso só poderá ficar claro mais adiante.

No entanto, parece oportuno que a impressão dessa atitude geral da carta acompanhe a investigação a partir de agora. É claro que mais adiante também teremos de considerar uma possibilidade que até agora não foi levada em conta: se algumas das palavras que parecem vagas ou inesperadas não contêm uma crítica velada às enfermidades da igreja coríntia.

Agora, porém, voltamo-nos à nossa tarefa principal: determinar qual imagem das condições e processos internos da igreja de Corinto pode ser extraída desta carta.

Os temas de 1 Clemente

Os temas a partir dos quais devemos iniciar esta investigação não são muitos. Resumimos brevemente abaixo:

1. Toda a controvérsia entre os coríntios dizia respeito, de alguma forma, à autoridade e à posição dos presbíteros. A essência do problema pode ser resumida quando Clemente a chama de "rebelião" contra os presbíteros (1 Clemente 47.6; cf. 1.1; 3.2; 46.9; 51.1; 57.1; 63.1). Todo o restante que ocorreu em termos de desordem, por exemplo, é um elemento acessório desse conflito.
2. Alguns presbíteros foram removidos de seus cargos pela congregação em agitação.
3. No geral, pode-se concluir que a congregação era hostil aos presbíteros, ainda que tenha sido uma minoria dentro dela a responsável pelo tumulto, sobre a qual não temos detalhes. Isso se deduz não apenas do fato de que Clemente afirma brevemente que "a congregação" se rebelou contra os presbíteros (1 Clemente 47:6), mas mais especificamente do fato de que alguns presbíteros foram depostos.
4. 1 Clemente 1.1 afirma que apenas alguns indivíduos estavam no centro da revolta (ὀλίγα πρόσωπα [*olíga prósōpa*, "poucas pessoas"]). 1 Clemente 47:6 afirma que a confusão envolve ἓν ἢ δύο πρόσωπα (*hén è dýo prósōpa*, "uma ou duas pessoas"). Eles foram a fonte do conflito e se tornaram os líderes do movimento posteriormente, conforme toda a narrativa de 1 Clemente indica.
5. No geral, a posição do autor da carta sobre a disputa é totalmente clara. Ele não investiga os fatos nem pondera as evidências, mas defende inabalavelmente a ordem eclesiástica e a causa dos ministros contra a congregação. Embora não haja motivo para acusá-lo de falsidade, ele não pode ser considerado um relator objetivo. Ele é, por melhores que sejam suas razões, parcial, e, portanto, as circunstâncias da congregação coríntia nos aparecem apenas sob a luz em que ele as enxerga

e permite que sejam vistas. Isso, em minha opinião, deve ser levado em consideração mais do que tem sido feito até agora.

A constituição da congregação

Se quisermos avançar além desses pontos, devemos primeiro perguntar sobre o contexto constitucional no qual toda essa controvérsia surgiu. Os intensos debates que ressurgiram nos últimos anos sobre a constituição primitiva da congregação cristã mostram o quanto se precisa depender de uma combinação de materiais dispersos, fragmentários e ambíguos, e o quanto o julgamento sobre uma única fonte é ditado pela visão geral que se tem do assunto. Isso pode tornar problemática a consideração de um documento isoladamente.

Por outro lado, há um certo direito peculiar em analisar 1 Clemente de forma isolada. Tal abordagem pode não estar isenta de um valor corretivo, pois o desejo de construir um panorama geral muitas vezes torna difícil permitir que o sentido mais imediato de uma passagem específica emerja sem vieses. Além disso, 1 Clemente possibilita tal análise isolada mais do que outros escritos, cujas datas de composição são mais incertas, cuja unidade interna é questionável e cujo contexto histórico é obscuro.

Nesse sentido, tentamos estabelecer os fatos contidos em 1 Clemente mais uma vez, levando em conta os estudos mais recentes. Isso ocorre porque não podemos nos referir, sem maiores considerações, a uma única interpretação consensual, nem podemos, no escopo deste estudo, desenvolver uma análise que recorra amplamente a materiais externos.

Ἡγούμενοι *(hēgoúmenoi)*, Ἐπίσκοποι *(epískopoi)*, Διάκονοι *(diákonoi)*, Πρεσβύτεροι *(presbýteroi)*

Clemente usa quatro termos para indicar aqueles que ocupam cargos dentro da congregação: ἡγούμενοι (*hēgoúmenoi*, "líderes")

(1.3) ou προηγούμενοι (*proēgoúmenoi*, "os que presidem") (21.6), πρεσβύτεροι (*presbýteroi*, "anciãos"), ἐπίσκοποι (*epískopoi*, "supervisores") e διάκονοι (*diákonoi*, "diáconos"). A interpretação correta desses termos é de suma importância.

Sobre o primeiro termo, uma breve observação preliminar. Em minha opinião, deve-se afirmar que a menção a um ofício eclesiástico pode ser encontrada em uma terceira passagem, além das duas já mencionadas. Isso é sugerido pela ampliação que o manuscrito siríaco apresenta em comparação com o *Codex Constantinopolitanus* em 1 Clemente 63.1.

O que se destaca claramente é que, onde são mencionadas as pessoas contra as quais a rebelião foi dirigida, os termos πρεσβύτεροι (*presbýteroi*) e ἐπίσκοποι (*epískopoi*) aparecem alternadamente. Da mesma rebelião se diz que foi dirigida contra os πρεσβύτεροι (1 Clemente 47:6) e que os apóstolos haviam previsto que ἔρις ἔσται ἐπὶ τοῦ ὀνόματος τῆς ἐπισκοπῆς (*éris éstai epì toû onómatos tês episkopês*, "que haveria contenda acerca do nome do episcopado") (1 Clemente 44.1).

Além disso, daqueles que os apóstolos ou, depois deles, os ἐλλόγιμοι ἄνδρες (*ellógimoi ándres*, "homens de reputação") nomearam ἐπίσκοποι (*epískopoi*) e διάκονοι (*diákonoi*) (1 Clemente 42.4f; 44.3f), o autor afirma que é pecado removê-los da ἐπισκοπή (*episkopḗ*, "supervisão" ou "cargo episcopal"). Assim, fica claro que se trata de pessoas de igual posição e status, como evidenciado pela bênção dada àqueles πρεσβύτεροι que já faleceram e, assim, evitaram ser removidos de seus cargos (1 Clemente 44.5; cf. também 54.2 e 57.1).

O significado de πρεσβύτεροι (presbýteroi)

Também não há debate sobre o fato de que Clemente estava ciente de um uso de πρεσβύτερος (*presbýteros*) que não se referia a um ofício eclesiástico. Nas duas passagens paralelas dos capítulos 1 e 21, são mencionadas classes e *status* dentro da congregação. No capítulo 1, ouvimos falar dos ἡγούμενοι (*hēgoúmenoi*), πρεσβύτεροι (*presbýteroi*), νέοι (*néoi*, "jovens") e γυναῖκες (*gynaîkes*, "mulheres"). Já na lista mais completa do capítulo 21, encontramos os προηγούμενοι (*proēgoúmenoi*), πρεσβύτεροι, νέοι, γυναῖκες, τέκνα (*tékna*, "crianças"), com Cristo sendo descrito como aquele que ocupa o topo dessa estrutura.

O fato de que um segundo ofício não é mencionado junto a πρεσβύτεροι, ao lado dos ἡγούμενοι, é evidente porque πρεσβύτεροι aqui está emparelhado com νέοι (*néoi*). Se, em relação a esses νέοι, 1 Clemente 1.3 reconhece que uma vez foram ensinados a serem moderados e decentes, e 1 Clemente 21.6 exige que sejam educados na disciplina da piedade, então também é necessário que aos πρεσβύτεροι seja concedido o que é próprio de sua idade: τιμή (*timḗ*, "honra, respeito").

Portanto, os πρεσβύτεροι pertencem à classe dos "anciãos" no sentido etário. Se essa classe estivesse ausente da enumeração, a lista estaria incompleta.

A interpretação do termo Πρεσβύτεροι *(Presbýteroi)*

Como devemos interpretar o fato de que, na mesma carta, o mesmo termo πρεσβύτεροι (*presbýteroi*, "anciãos") ora aparece alternando com o título ἐπίσκοποι (*epískopoi*, "supervisores"), ora designa um grupo natural dentro da congregação cristã, distinto dos oficiais eclesiásticos (ἡγούμενοι – *hēgoúmenoi*, "líderes")?

Podemos considerar as seguintes possibilidades:

1. Clemente usa πρεσβύτερος (*presbýteros*) como um título honorífico para aqueles cujo verdadeiro título é ἐπίσκοποι (*epískopoi*) (e possivelmente διάκονοι – *diákonoi*, "diáconos"). Nesse caso, o uso do termo seria uniforme: πρεσβύτερος significaria sempre "mais velho" no sentido etário, nunca um título oficial, e apenas indicaria de que grupo da congregação os ἐπίσκοποι surgiram e ao qual pertenciam.
2. Clemente usa o termo com significados diferentes: em um momento refere-se à classe mais velha dentro da congregação; em outro, ao ofício eclesiástico. Se este for o caso, há duas possibilidades:
   * πρεσβύτερος é simplesmente um segundo nome para

ἐπίσκοποι (*epískopoi*).

* πρεσβύτερος continua sendo um título eclesiástico, mas tem um escopo mais amplo do que ἐπίσκοπος, sendo um nome comum tanto para ἐπίσκοποι quanto para διάκονοι.

A primeira visão parece a menos provável. Nas quatro passagens da carta onde πρεσβύτεροι indubitavelmente se refere a oficiais eclesiásticos (1 Clemente 44.5; 47.6; 54.2; 57.1, cf. também 55.4), o termo não parece ser apenas um "título honorífico de idade". Essa visão não se sustenta.

Seria estranho, por si só, que Clemente escolhesse um simples atributo para se referir indiretamente a homens que ele nomeia diretamente apenas uma vez pelo título real de seu ofício (1 Clemente 42.4, 5). Além disso, é duvidoso que, "em uma carta que tão energicamente relegou os leigos a um papel passivo no culto", πρεσβύτερος fosse um termo meramente honorífico para os bispos.

Finalmente, nem mesmo as passagens individuais podem ser satisfatoriamente explicadas por essa suposição. No melhor dos casos, a frase στασιάζειν πρὸς τοὺς πρεσβυτέρους (*stasiázein pròs toùs presbytérous*, "se insurgiu contra os presbíteros") em 1 Clemente 47:6 poderia ser explicada como um esforço para destacar a impiedade dos opositores. No entanto, nada indica que o termo tenha sido escolhido por esse motivo.

Por outro lado, em 1 Clemente 54.2, onde se diz

> μόνον τὸ ποίμνιον τοῦ Χριστοῦ εἰρηνευέτω μετὰ τῶν καθεσταμένων πρεσβυτέρων (*mónon tò poímnion toû Christoû eirēneuétō metà tôn kathestaménōn presbytérōn*)
> contanto que o rebanho de Cristo esteja em paz com os presbíteros instituídos

a única suposição evidente é que πρεσβύτερος era simplesmente um título oficial.

A expressão οἱ καθεσταμένοι πρεσβύτεροι (*hoi kathestaménoi presbytéroi*, "os presbíteros instituídos") não pode ser entendida como os anciãos que foram nomeados para o ofício, mas sim como os presbíteros que foram designados (καθίστασθαι – *kathístasthai*, "*ser nomeado, designado, instituído*").

Se esse fosse o sentido, esperaríamos que Clemente tivesse escrito algo como τῶν πρεσβυτέρων τῶν εἰς ἐπισκοπὴν (εἰς ἐπισκόπους) καθεσταμένων (*tōn presbytérōn tōn eis episkopḗn [eis episkópous] kathestaménōn*, "os presbíteros que foram estabelecidos no episcopado") ou, mais simplesmente, τῶν καθεσταμένων ἐπισκόπων (*tōn kathestaménōn episkópōn*, "os bispos instituídos").

O que encontramos, porém, é a frase πρεσβύτερον καθίστασθαι (*presbýteron kathístasthai*, "ser nomeado presbítero"), o que confirma que πρεσβύτεροι era um título de ofício.

Portanto, deve-se rejeitar a conclusão de que, pelo fato de Clemente usar apenas ἐπίσκοποι (*epískopoi*) ao falar da instituição apostólica do ofício (1 Clemente 42.4), os πρεσβύτεροι não eram um ofício, mas uma parte da congregação. A passagem 1 Clemente 54.2 mostra que Clemente também poderia falar da instituição apostólica dos presbíteros.

1 Clemente 57.1, por sua vez, não trata da obediência dos "jovens" aos "anciãos", mas sim dos ἀρχηγοὶ στάσεως (*archēgoì stáseōs*, "líderes da sedição") em oposição aos presbíteros.

Finalmente, na quarta passagem (1 Clemente 44.5), que pronuncia uma bênção sobre os πρεσβύτεροι que já faleceram (após mencionar a ἐπισκοπή imediatamente antes), pode-se questionar se os πρεσβύτεροι mencionados aqui são apenas os ἐπίσκοποι ou se incluem também os διάκονοι (*diákonoi*). Discutiremos isso mais adiante.

Se, no entanto, assumirmos de que se trata de ambos, isso de forma alguma prova "claramente que πρεσβύτεροι não era o título de um ofício eclesiástico, mas um nome honorífico de idade".

A única opção possível, então, é que πρεσβύτεροι (pastores e supervisores – ou, para usar um único nome, clérigos) é um termo que abrange os oficiais eclesiásticos, combinando tanto os ἐπίσκοποι quanto os διάκονοι.

Não há razão para que esses portadores de ofício devessem ser chamados de "mais velhos" apenas porque a passagem menciona aqueles que já morreram. Isso confirma que πρεσβύτεροι era um título eclesiástico abrangente, não apenas um termo honorífico para os mais velhos da congregação.

O uso de Πρεσβύτεροι *(Presbýteroi) como Título Eclesiástico*

Quais razões poderiam ser usadas contra o fato de que Clemente usa a palavra πρεσβύτεροι (*presbýteroi*, "presbíteros") como um título eclesiástico?

Alguns críticos apontam que a mesma palavra é usada em um contexto para designar uma classe etária e, em outro, como um título oficial. No entanto, não vejo nenhuma dificuldade nessa mudança de uso e, na verdade, considero isso algo extraordinariamente natural.

Clemente de Alexandria, em *Stromata* 7.1, usa ambas as acepções do termo na mesma página. Assim que πρεσβύτερος (*presbýteros*) se tornou um título oficial, a coexistência de seu significado original e seu uso eclesiástico tornou-se inevitável.

É fácil imaginar como isso ocorreu: se o termo era usado para designar a classe dos mais velhos (πρεσβύτεροι) antes de ser adotado como título oficial, aqueles que eram mais velhos naturalmente continuariam a ser chamados dessa forma.

Além disso, mesmo depois que πρεσβύτερος se tornou um título de ofício, o aspecto de idade ainda poderia ser ressaltado ocasionalmente. Afinal, "a associação entre a ideia de idade e o ofício de presbítero é bastante natural."

Em 1 Clemente 3.3, há uma clara expressão desse conceito:

ἐπηγέρθησαν οἱ ἄτιμοι ἐπὶ τοὺς ἐντίμους, οἱ ἄδοξοι ἐπὶ τοὺς ἐνδόξους, οἱ ἄφρονες ἐπὶ τοὺς φρονίμους, οἱ νέοι ἐπὶ τοὺς πρεσβυτέρους.

E assim os desonrosos se levantaram contra os honrados, os desordeiros contra os respeitáveis, os insensatos contra os sensatos, os jovens contra os velhos.

Essa passagem mostra que o termo πρεσβύτεροι (*presbýteroi*) carrega simultaneamente conotações de idade e de ofício.

A relação entre Πρεσβύτεροι *(Presbýteroi),* Ἐπίσκοποι *(Epískopoi) e* Διάκονοι *(Diákonoi)*

Agora, podemos revisar a outra alternativa mencionada anteriormente:

- *Ou* πρεσβύτεροι (*presbýteroi*) são sinônimos de ἐπίσκοποι (*epískopoi*, "supervisores");
- *Ou* πρεσβύτεροι (*presbýteroi*) é um termo abrangente que inclui tanto ἐπίσκοποι (*epískopoi*) quanto διάκονοι (*diákonoi*, "diáconos").

O motivo pelo qual essa segunda hipótese precisa ser considerada se encontra em 1 Clemente 44.5, quando comparado com as passagens anteriores.

Em 1 Clemente 42.4-5, a discussão gira em torno dos ἀπαρχαί (*aparchaí*, "primícias") que os apóstolos nomearam como ἐπίσκοποι (*epískopoi*) e διάκονοι (*diákonoi*).

O capítulo 43.1, ao usar a expressão τοὺς προειρημένους (*toùs proeirēménous*, "os mencionados anteriormente"), se refere diretamente a eles, assim como 1 Clemente 44.1 e 44.3, que ampliam o conceito para incluir aqueles que foram instituídos após a morte dos apóstolos.

Sem nenhuma transição perceptível, 1 Clemente 44.5 menciona os πρεσβύτεροι (*presbýteroi*) que já faleceram. Clemente parece ter em mente aqueles que já foram mencionados anteriormente, ou seja, os ἐπίσκοποι e διάκονοι.

No entanto, não há prova definitiva disso.

Alguns poderiam argumentar que, dado que ἐπισκοπή (*episkopḗ*, "supervisão") é mencionada em 1 Clemente 44.1 e 44.4, seria difícil incluir os διάκονοι nessa categoria, especialmente quando se leva em conta a expressão προσφέρειν τὰ δῶρα (*prosphérein tà dôra*, "oferecer os dons") em 1 Clemente 44.4. Essa atividade parece se referir especificamente aos ἐπίσκοποι, excluindo os διάκονοι.

Por outro lado, pode-se argumentar que a menção de ἐπισκοπή e προσφέρειν τὰ δῶρα não impede que ambos os ofícios sejam combinados sob o termo πρεσβύτεροι em 1 Clemente 44.5.

Os διάκονοι, no contexto da controvérsia, provavelmente eram considerados auxiliares dos ἐπίσκοποι. Assim, o uso do termo πρεσβύτεροι poderia simplesmente refletir essa estrutura hierárquica, onde o termo mais abrangente foi escolhido sem necessariamente excluir os diáconos. Portanto, a combinação de ἐπισκοπή e πρεσβύτεροι só pareceria estranha se houvesse uma expressão comum que designasse tanto o ofício quanto a função de ambos os grupos. Assim, uma decisão definitiva sobre esse ponto ainda não é possível.

Observações linguísticas

Podemos fazer algumas observações linguísticas que podem nos ajudar a esclarecer essa questão:

1. Os termos ἐπίσκοποι (*epískopoi*) e διάκονοι (*diákonoi*) aparecem juntos apenas em 1 Clemente 42.
2. Clemente menciona os διάκονοι em 1 Clemente 42. A citação das Escrituras de Isaías 60.17 pode tê-los trazido à mente.
3. Outra possibilidade é que a própria menção de ἐπίσκοποι e διάκονοι tenha despertado essa lembrança.
4. O mais provável é que Clemente mencione ambos os ofícios porque a disputa em Corinto envolvia toda a liderança da igreja, independentemente de 1 Clemente 40.5 referir-se aos διάκονοι como uma alusão aos levitas ou não.
5. Em nenhuma parte da carta há qualquer indicação de que os διάκονοι se separaram dos ἐπίσκοποι na controvérsia.
6. Se os διάκονοι eram de fato oficiais permanentes em Corinto, então é razoável supor que referências nos capítulos 37 ou 40 também se aplicariam a eles.

7. No entanto, é significativo que os ἐπίσκοποι sejam mencionados apenas em conjunto com os διάκονοι, enquanto estes últimos nunca aparecem ao lado dos πρεσβύτεροι.
8. Dado que o material disponível é limitado, isso pode ser uma coincidência. No entanto, não devemos ignorar o fato de que 1 Clemente não é um caso isolado.
9. Harnack enfatizou corretamente que, na literatura cristã mais antiga, πρεσβύτεροι (*presbýteroi*) e διάκονοι (*diákonoi*) nunca aparecem juntos, ao contrário de ἐπίσκοποι (*epískopoi*) e διάκονοι (*diákonoi*).
10. Essa observação requer uma explicação.
11. ἐπίσκοπος (*epískopos*) e διάκονος (*diákonos*) parecem ser termos funcionais, enquanto πρεσβύτερος (*presbýteros*) não é. Mas se ἐπίσκοπος e πρεσβύτερος são usados de forma intercambiável em 1 Clemente, então não há razão para que πρεσβύτεροι e διάκονοι não possam aparecer juntos.

Essas observações nos ajudam a entender que a terminologia eclesiástica em 1 Clemente reflete um período de transição, onde os termos ainda não estavam totalmente fixados como categorias rígidas.

A Relação entre Ἡγούμενοι *(Hēgoúmenoi),* Προηγούμενοι *(Proēgoúmenoi),* Ἐπίσκοποι *(Epískopoi) e* Διάκονοι *(Diákonoi)*

Uma segunda observação pode ser acrescentada a essa análise. Se deixarmos de lado 1 Clemente 63.1, o termo ἡγούμενοι (*hēgoúmenoi*, "líderes") ou προηγούμενοι (*proēgoúmenoi*, "os que presidem") ocorre apenas nas duas passagens que indicam os deveres das várias divisões da congregação (1 Clemente 1 e 21). Em ambas as ocorrências, essas palavras aparecem juntas, mas sem menção a outros ofícios.

A melhor explicação para isso é que προηγούμενοι abrange tanto os ἐπίσκοποι (*epískopoi*, "supervisores") quanto os διάκονοι (*diákonoi*, "diáconos"). O autor queria contrastar a categoria dos oficiais com aqueles membros da congregação que não ocupavam um cargo. Ele poderia ter escrito ἐπίσκοποι καὶ διάκονοι (*epískopoi kaì diákonoi*, "supervisores e diáconos"), mas isso exigiria o uso de dois termos em vez de apenas um. Ele poderia ter usado πρεσβύτεροι (*presbýteroi*, "presbíteros"), mas não o fez porque precisava desse termo para designar os membros mais velhos da congregação. Assim, ele escolheu ἡγούμενοι (*hēgoúmenoi*). Se ele quisesse se referir apenas à primeira classe de oficiais, o nome ἐπίσκοπος (*epískopos*) teria sido a melhor escolha. Como ele não o usou, deve ter desejado abranger toda a categoria.

Mais importante do que essa consideração, que pode ser contestada, é a terceira observação: assumir o sentido mais amplo de πρεσβύτεροι (*presbýteroi*, "presbíteros") nos fornece a melhor explicação para o fato de que, quando Clemente não tem os διάκονοι em mente, ele não usa o termo ἐπίσκοποι (*epískopoi*), mas sempre πρεσβύτεροι (*presbýteroi*). Por que ele não usa os termos de forma intercambiável? Porque πρεσβύτεροι era a expressão mais conveniente quando ele queria incluir os διάκονοι ou quando precisava mencioná-los juntos. Se assumirmos que πρεσβύτεροι e ἐπίσκοποι eram essencialmente a mesma função, então é muito mais provável que πρεσβύτερος (*presbýteros*) fosse o "título oficial do ofício" do que ἐπίσκοπος (*epískopos*).

As evidências apresentadas não fornecem uma prova definitiva, e continua sendo possível que ἐπίσκοπος (*epískopos*) e πρεσβύτερος (*presbýteros*) tivessem exatamente o mesmo significado para Clemente. Mas pode-se afirmar o seguinte: a equação πρεσβύτεροι (*presbýteroi*, "presbíteros" como título oficial) = ἐπίσκοποι καὶ διάκονοι (*epískopoi kaì diákonoi*, "supervisores e diáconos") é uma chave mais eficaz para resolver as peculiaridades terminológicas da carta do que qualquer outra hipótese.

A estrutura da liderança em Corinto e Roma

O principal resultado dessa análise é que existia um colégio de πρεσβύτεροι (*presbýteroi*, "presbíteros") nomeados em Corinto, assim como em Roma, na época em que 1 Clemente foi escrita, provavelmente no final do primeiro século. Não há dúvidas quanto a isso.

Além disso, é provável que esse colégio fosse composto por duas classes: ἐπίσκοποι (*epískopoi*, "supervisores") e διάκονοι (*diákonoi*, "diáconos"). No entanto, essa questão é secundária em relação à compreensão dos eventos em Corinto. De qualquer maneira, os διάκονοι desempenharam um papel secundário na "revolta".

Clemente não faz comentários sobre a relação entre πρεσβύτεροι (*presbýteroi*) como ofício e como referência à idade. No entanto, parece bastante óbvio que aqueles que ocupavam o ofício de πρεσβύτεροι emergiram do grupo dos *que eram chamados pelo termo* no sentido etário.

Isso, no entanto, não significa muita coisa. Desde o início, já era esperado que jovens (νέοι, *néoi*) não fossem selecionados como ἐπίσκοποι (*epískopoi*). Por outro lado, não se pode descartar a possibilidade de que, com a morte de um ἐπίσκοπος, um διάκονος mais velho fosse promovido ao seu lugar.

A questão, no entanto, deve ser encerrada com essas considerações. O grau em que essas descobertas podem ser testadas em outros documentos fundamentais (*Urkunden*) e sua utilidade para a compreensão deles não pode ser discutido aqui.

As funções do presbítero

O que aprendemos, então, sobre os deveres oficiais dos πρεσβύτεροι (*presbýteroi*, "presbíteros") ou ἐπίσκοποι (*epískopoi*, "supervisores")? Pouco.

Se a exigência de obediência aos oficiais é dirigida à congregação e se esses mesmos oficiais são colocados em paralelo com os oficiais do exército (1 Clemente 37), então só se pode concluir que eles possuíam, de alguma forma, uma posição superior ou de autoridade sobre os membros comuns da congregação.

Se o ofício deles é chamado de λειτουργία (*leitourgía*, "serviço litúrgico" ou "ministério") e é descrito como algo que eles prestavam ao rebanho de Cristo (1 Clemente 44.6; 44.3; 42.2), pode-se conceber uma variedade de atividades pertencentes a esse "serviço".

Além disso, se λειτουργεῖν (*leitourgeîn*, "servir") é caracterizado como sendo realizado μετὰ ταπεινοφροσύνης, ἡσύχως καὶ ἀβαναύσως (*metà tapeinophrosýnēs, hēsýchōs kaì abanaúsōs*, "com humildade, em tranquilidade e sem interesse próprio") em 1 Clemente 44.3, nem mesmo essa descrição fornece qualquer vislumbre específico sobre suas atividades. Esses advérbios apenas expressam que os oficiais não provocavam disputas com base em um comportamento autoritário ou presunçoso.

Entretanto, há uma observação relevante que fornece uma pista mais clara. Em 1 Clemente 44.4, lemos:

> ἁμαρτία (γὰρ) οὐ μικρὰ ἡμῖν ἔσται, ἐὰν τοὺς ἀμέμπτως καὶ ὁσίως προσενεγκόντας τὰ δῶρα τῆς ἐπισκοπῆς ἀποβάλωμεν.
> *Pois não será pequeno pecado para nós, se expulsarmos da função aqueles que, de modo irrepreensível e santo, ofereceram "os dons do episcopado".*

Sem dúvida, a expressão προσφέρειν τὰ δῶρα (*prosphérein tà dôra*, "oferecer os dons") refere-se a uma atividade realizada pelos ἐπίσκοποι (*epískopoi*) no culto congregacional. No entanto, o significado exato da frase é debatido.

Será que Clemente tem em mente definitivamente a celebração da Ceia do Senhor, de modo que a expressão se refira à oferta dos dons da congregação a Deus por meio da oração? Ou a expressão se refere ao culto em geral-incluindo, mas não enfatizando a Ceia do Senhor-e δῶρα (*dôra*, "dons") deve ser entendido de maneira mais geral como orações?

Não possuímos um testemunho contemporâneo que confirme de forma razoável que δῶρα eram os elementos retirados das ofertas da congregação. No entanto, é altamente provável que esse seja o sentido da palavra.

É irrelevante o fato de que θυσία (*thysía*, "sacrifício") e προσφορά (*prosphorá*, "oferta") – mas não δῶρον (*dôron*, "dom") – são usados na maioria dos documentos cristãos antigos como metáforas para oração. Isso porque δῶρον (*dôron*) era utilizado na Septuaginta como tradução de מִנְחָה (*minḥāh*, "oferta") e outras expressões sacrificiais.

Por outro lado, é incorreto afirmar que προσφορά (*prosphorá*) e θυσία (*thysía*)-e, consequentemente, δῶρον (*dôron*) – designavam automaticamente o sacrifício da oração no uso cristão primitivo. Eles não possuem esse sentido de forma isolada. Sempre há um complemento que destaca o caráter metafórico da expressão.

Por exemplo, Hebreus 13.15 não fala apenas de θυσία (*thysía*), mas sim de θυσία αἰνέσεως (*thysía ainéseōs*, "sacrifício de louvor"). Da mesma forma, em 1 Clemente, não há menção isolada a θυσία (*thysía*) ou προσφορά (*prosphorá*), mas sim a θυσία αἰνέσεως (*thysía ainéseōs*), presente na citação de 1 Clemente 35:12 e também em 52.3.

Além disso, em 1 Clemente 36.1, Cristo é chamado de ἀρχιερεὺς τῶν προσφορῶν ἡμῶν (*archiereús tôn prosphorôn hēmôn*, "sumo sacerdote de nossas ofertas"), e não se pode ignorar que a natureza dessas προσφοραί (*prosphoraí*, "ofertas") foi explicada pela citação anterior: θυσία αἰνέσεως δοξάσει με (*thysía ainéseōs doxásei me*, "um sacrifício de louvor me glorificará", 1 Clemente 35.12).

Portanto, não se pode dizer que o uso de δῶρα (*dôra*) em outros contextos em 1 Clemente prova que a palavra significa "orações".

Dessa forma, a interpretação mais provável é que δῶρα (*dôra*) se refere aos elementos da Ceia do Senhor. Afinal, esses eram externamente mais análogos às ofertas do Antigo Testamento do que as orações. Eles podiam ser chamados de δῶρα (*dôra*, "dons"), mesmo que recebessem seu significado por meio da oração.

Os Epískopoi e suas funções cultuais

Os ἐπίσκοποι (*epískopoi*, "supervisores") são, portanto, caracterizados como aqueles responsáveis por conduzir a celebração da Ceia do Senhor e, consequentemente, como figuras cultuais em geral. Nesse contexto, é verdade que os capítulos 40 e 41 colocam os ministros cristãos em paralelo com o pessoal cultual do Antigo Testamento e que, no capítulo 43, a disputa sobre a ἱερωσύνη (*hierosýnē*, "sacerdócio") nos tempos de Moisés é comparada à disputa sobre a ἐπισκοπή (*episkopḗ*, "supervisão") na época de Clemente.

O significado dessa passagem para a história constitucional do cristianismo primitivo é reconhecido. No entanto, a importância das funções cultuais dos oficiais dentro do escopo geral de suas atividades não pode ser determinada com certeza a partir disso. Pode ser factualmente correto afirmar que os ἐπίσκοποι daquela época eram "principalmente" responsáveis pelo culto, mas essa conclusão pode ser tirada apenas com base na grande relevância do culto para a vida da congregação, e não do próprio texto de 1 Clemente. Isso deve ser explicitamente ressaltado.

É duvidoso que Clemente se refira aos oficiais como os προσενεγκόντες τὰ δῶρα (*prosenenkóntes tà dôra*, "aqueles que oferecem os dons") porque considerava essa sua principal função e dignidade, que deveria sempre ser mencionada primeiro. Ele pode muito bem ter escolhido essa expressão por uma razão mais específica: justamente porque os poderes cultuais dos oficiais estavam sendo contestados na disputa. Ele mencionou a função que primeiro vinha à mente de todos.

Não há dúvida de que os oficiais também tinham outros poderes, por exemplo, poderes disciplinares. No entanto, não podemos estimar sua extensão. Não há sequer uma passagem que indique claramente o exercício de disciplina, a menos que se considere a exigência de obediência à autoridade dos oficiais como evidência suficiente.

Além disso, não há menção a uma atividade de ensino (διδασκαλία, *didaskalía*) por parte dos ἐπίσκοποι, assim como, por outro lado, de maneira semelhante ao que ocorre na *Didaquê*, há menção de uma atividade específica de διδάσκαλοι (*didáskaloi*, "mestres") ou προφῆται (*prophêtai*, "profetas") dentro da congregação, que parecem ter um status privilegiado. Limitamo-nos, portanto, a simplesmente constatar esse fato.

A Importância da Congregação

É necessário corrigir de forma decisiva a visão frequentemente atribuída a 1 Clemente sobre as competências dos membros da congregação que não ocupavam cargos ministeriais. Tal correção restringirá a ênfase exagerada que alguns intérpretes atribuem à importância da congregação em relação aos detentores de ofícios.

A melhor maneira de demonstrar isso é enfatizar a importância da congregação na estrutura eclesiástica de Corinto e Roma naquela época. Nas Epístolas Pastorais, os presbíteros aparecem como a autoridade suprema, em 1 Clemente a assembleia da congregação ainda permanece superior aos oficiais internos.

O corpo congregacional tem o direito de eleger os ἐπίσκοποι (*epískopoi*) e διάκονοι (*diákonoi*, "diáconos") sob a recomendação de homens respeitados (1 Clemente 44.3).

A congregação também teria o direito de destituí-los, e esse direito não é negado na epístola. Pois não é a remoção do ofício em si que está em questão, mas sim a deposição de ἐπίσκοποι comprovadamente virtuosos, o que é declarado um pecado (1 Clemente 44.3ss).

Todos devem se submeter às decisões da assembleia da congregação. Ela decidirá sobre todas as disputas. O gerenciamento da disciplina da congregação permanece sua prerrogativa. Assim, toda a constituição eclesiástica ainda repousaria, por assim dizer, sobre uma base democrática.

No entanto, a carta dos romanos mostra que o conselho dentro da congregação está começando a se elevar acima da própria congregação. O poder decisivo da congregação ainda é reconhecido, mas já ocorreu uma mudança significativa: as orações dentro do culto passaram a ser reservadas aos ἐπίσκοποι.

A disputa em Corinto prova que essa "inovação" ainda não havia sido totalmente implementada.

A congregação e sua relação com os oficiais

Se deixarmos de lado a "inovação", que será discutida posteriormente, há três pontos principais a considerar:

4. O direito da congregação de eleger oficiais,

5. O direito de remover oficiais eleitos,
6. O direito de exercer disciplina.

O direito da congregação de eleger oficiais

Nos capítulos 42 e 44 de 1 Clemente, Clemente descreve a origem do ofício dos ἐπίσκοποι (*epískopoi*, "supervisores") e διάκονοι (*diákonoi*, "diáconos"). Os apóstolos, ao pregarem pelas cidades e vilarejos, nomearam os primeiros convertidos (ἀπαρχαί, *aparchaí*, "primícias") como supervisores e servidores dos crentes que viriam a se reunir no futuro. Eles fizeram isso (1 Clemente 44) com a previsão de que surgiriam disputas sobre a dignidade do ofício de supervisão. Para dar permanência à instituição, tomaram a providência de que, após a morte dos primeiros ministros, outros homens aprovados (δεδοκιμασμένοι, *dedokimasménoi*, "testados e aprovados") assumissem seu serviço (cf. 1 Clemente 42.4: δοκιμάσαντες τῷ πνεύματι, *dokimásantes tō pneúmati*, "tendo-os testado pelo espírito").

Esse esquema culmina na seguinte afirmação:

*Aqueles, pois, que foram constituídos por eles ou, posteriormente, por outros homens ilustres (*ἐλλόγιμοι ἄνδρες*, ellógimoi ándres), "com o consentimento de toda a Igreja", e que ministraram de modo irrepreensível ao rebanho de Cristo com humildade, serenidade e ausência de vanglória, sendo aprovados por longo tempo por todos – estes não consideramos que devam, com justiça, ser removidos do ministério.*

O que se pode inferir desse relato sobre a nomeação dos presbíteros? A narração da atividade dos apóstolos dificilmente pode ser vista como um relato histórico no sentido estrito; em vez disso, deve ser considerada o início de uma teoria dogmática. O objetivo é demonstrar que o ofício deriva da autoridade dos apóstolos e é legitimado por eles.

Além disso, esse relato mostra que a memória pessoal do autor não remonta a uma época em que esse ofício ainda não existia. Mas o que dizer da afirmação conclusiva?

Clemente realmente afirma que a assembleia congregacional elegia os oficiais com base na proposta de homens respeitados?

A identidade dos ἐλλόγιμοι ἄνδρες (*ellógimoi ándres*, "homens ilustres") mencionados por Clemente permanece indefinida. Não é impossível que ele esteja pensando, de maneira vaga, nos discípulos ou nos confidentes dos apóstolos. Mais provavelmente, a expressão também se refere ao procedimento usual no tempo de Clemente para a nomeação dos ἐπίσκοποι e διάκονοι.

Se for esse o caso, então essa passagem não nos ensina nada de específico. O que podemos afirmar com certeza é apenas que algumas poucas pessoas – quem poderia ser, senão os próprios membros do colégio de presbíteros? – nomeavam os oficiais, e que isso não acontecia sem o consentimento da congregação. Sobre a forma como a congregação participava, e isso é o que realmente importa, não aprendemos nada.

Assim, as palavras de Clemente são perfeitamente compatíveis com a suposição de que o colégio de oficiais se autocompletava, ouvindo a voz da congregação. Por outro lado, também deixam aberta a possibilidade de que a congregação elegesse formalmente os oficiais que lhe eram apresentados, e que estes fossem então ritualmente designados pelos presbíteros.

Vale ressaltar que Clemente não menciona a congregação porque deseja descrever o procedimento de nomeação de forma exaustiva, mas porque deseja apresentar um argumento contra os rebeldes. Assim como a referência aos apóstolos e aos homens respeitados serve para mostrar contra quais autoridades se estava pecando, a referência à congregação tem a intenção de destacar a contradição interna dos dissidentes. O mesmo grupo de líderes que a congregação uma vez aprovou, agora deseja remover!

O direito da congregação de remover oficiais

A remoção de alguns presbíteros pela congregação pode ser interpretada como um indicativo de que o ofício era entendido como uma atribuição revogável. No entanto, essa remoção não ocorreu dentro do curso normal dos acontecimentos, mas em um momento de agitação e revolta.

Sem dúvida, mesmo em Corinto, antes da disputa, todos consideravam evidente que os oficiais, uma vez empossados, permaneceriam em sua posição enquanto fossem capazes de desempenhá-la. Isso já pode ser inferido da bênção pronunciada sobre os presbíteros falecidos (1 Clemente 44.5).

E quanto a Clemente? Ele realmente não nega à congregação o direito de remover ministros? Ele apenas enfatiza que não seria adequado exercer esse direito contra aqueles que cumpriram o ofício de maneira digna? Ele apenas aponta que "a deposição foi injusta e pecaminosa"?

Na verdade, Clemente não chama a deposição dos ministros de "inadequada", mas sim de "pecaminosa". Além disso, ele não fornece nenhuma "circunstância" sob a qual a remoção de um ministro lhe pareceria concebível, exceto aquelas que sempre justificam a remoção: ou seja, a má execução das funções oficiais.

Se entendermos "direito" como algo que não poderia ser concebido nos moldes modernos naquela época, o que resta é que a congregação foi, sim, negada o direito de deposição. E Clemente não fala como um indivíduo particular, mas como o porta-voz de toda a igreja.

De que outra forma interpretar o apelo ao fato de que os presbíteros podem traçar a sucessão de seu ofício de forma ordenada (εὐτάκτως, *eutáktōs*, "ordenadamente") até os apóstolos e, por meio deles, até Cristo, e, em última instância, até Deus? De que serviria invocar a qualidade dos homens que os nomearam se não fosse pressuposto um direito de administração vitalícia do ofício?

O único caso em que um ministro poderia ser destituído de seu direito ao ofício seria sua própria indignidade pessoal.

O direito da congregação de exercer disciplina

A afirmação de que a congregação manteve o direito de disciplina pode ser sustentada por 1 Clemente 54.2. Aqui, hipoteticamente, coloca-se na boca de alguém a seguinte declaração:

> *Diga ele: "Se por minha causa há discórdia, contenda e cisma, eu me retiro, vou embora para onde quer que desejeis, e farei aquilo que for ordenado pelo corpo da comunidade; contanto que o rebanho de Cristo esteja em paz com os presbíteros instituídos."*

Mas, se encontramos nessas palavras um testemunho geral da soberania da congregação na questão da disciplina, trata-se de um equívoco na interpretação do trecho. De fato, o caso imaginado não pertence ao contexto de disciplina formal. É apresentado como um ato de nobreza, uma decisão voluntária e motivada pelo amor, caso alguém viesse a pronunciar essas palavras (1 Clemente 54.1). Tal pessoa seria como Moisés, que colocou sua própria salvação em risco por seus irmãos (1 Clemente 53), ou como os nobres pagãos que enfrentaram a morte ou deixaram sua pátria em favor de seus concidadãos (1 Clemente 55; cf. 51.2).

Há aqui um caso de intervenção violenta da congregação para expulsar ou banir alguém? O "mandamento" da multidão não pode significar mais do que seu desejo, sentimento ou exigência, pois não exerce efeito por meio da força. Não há menção a uma decisão formal da assembleia congregacional.

A partir de tudo isso, fica claro que a carta não oferece base para falar de um status notável concedido à congregação naquela época. Em duas passagens, as palavras ἐκκλησία (*ekklēsía*, "igreja") e πλῆθος (*plêthos*, "multidão") são usadas, mas essas expressões não fornecem material suficiente para conclusões mais sólidas.

O que resta a ser dito pode ser apenas algo muito geral. Estamos lidando com circunstâncias incompletas. Uma concepção dogmática do ministério no sentido propriamente católico ainda não existia. Também não havia uma igreja geral que governasse as congregações individuais. Assim, não havia uma legislação real que delimitasse os poderes entre a congregação e o ofício ministerial. Isso só poderia ser relevante se houvesse uma autoridade superior que regulasse ambas as esferas. Portanto, nesse sentido, ainda se pode dizer que a congregação mantém sua soberania, embora essa expressão possa ser facilmente mal interpretada. Em todas as circunstâncias, sua vontade constitui um forte fator moral. Em tempos de tensão entre os ministros e os "leigos", não há um mecanismo institucional sólido para protegê-los.

No entanto, isso é compatível com o fato de que, normalmente, o colégio de presbíteros permanecia incontestado como a autoridade suprema dentro da congregação. A distinção entre as *Epístolas Pastorais* e 1 Clemente nesse aspecto parece bastante questionável, especialmente quando se considera quão diferentes são as circunstâncias que deram origem a essas cartas.

Os ἀρχηγοὶ τῆς στάσεως (*archēgoì tês stáseōs*): líderes da sedição

Após essas discussões essencialmente críticas, agora precisamos examinar mais de perto os ἀρχηγοὶ τῆς στάσεως (*archēgoì tês stáseōs*, "líderes da sedição") aos quais Clemente se refere repetidamente.

Antes de tudo, é necessário esclarecer a posição que eles ocupavam em relação à congregação. Aqui, imediatamente, surge uma observação importante.

Eles não podem ser considerados líderes da rebelião no sentido de que representavam a causa da congregação contra os presbíteros como seus membros mais ilustres e inteligentes. Pelo contrário, parece que a congregação estava de acordo com sua causa.

Esses indivíduos deviam, de alguma forma, se opor aos presbíteros, e a congregação tomou o lado deles. Não me refiro apenas ao fato de que são caracterizados como "aqueles que iniciaram a revolta, que lançaram as bases da rebelião" (1 Clemente 47.6). Essas palavras podem ser entendidas de maneiras diferentes. Mas há razões que favorecem essa interpretação.

Particularmente notável é 1 Clemente 47.3-4, onde se sugere que esses homens ocupam, para a congregação, a mesma posição que Paulo, Cefas e Apolo ocupavam para aqueles que, na época, se identificavam com eles (1 Coríntios 1).

Quanto ao seu valor, Clemente rejeita energicamente qualquer comparação com os homens apostólicos (1 Clemente 47.5). Mas são eles que agora contam com a lealdade da congregação (προσκλιθῆναι, *prosklithênai*, "aderir"), assim como aconteceu anteriormente com os apóstolos.Isso indica que a congregação os reconhecia como superiores.

1 Clemente 14.2 expressa um tom semelhante:

> *Pois não apenas sofreremos um dano qualquer, mas enfrentaremos grande perigo, se nos entregarmos temerariamente aos desejos dos homens que nos lançam em contendas e dissensões, afastando-nos do que é bom.*

Essa entrega apressada à vontade alheia pode ser entendida como uma expressão de que a congregação foi apenas arrastada para o movimento pelos líderes.

No entanto, as passagens de 1 Clemente 47.6 e 54.1-2 são ainda mais esclarecedoras. A segunda passagem é particularmente instrutiva. Ela começa com uma série de questões retóricas:

> *Quem, pois, entre vós é generoso? Quem é compassivo? Quem é plenamente possuído do amor?* (1 Clemente 54.1)

A referência pode remeter a *Filipenses* 2.1.

Quase parece que o autor se refere a qualquer membro da congregação. Mas quando ele sugere que os responsáveis deveriam deixar a congregação por um ato de abnegação, apenas os ὀλίγα πρόσωπα (*olíga prósōpa*, "poucas pessoas") podem estar em vista.

Devia haver mais de uma ou duas (1 Clemente 47.6). Isso também é confirmado pelo paralelo em 1 Clemente 47.6, onde se dá a entender que a revolta ocorreu *"por causa dessas pessoas"* (δι᾿ ἐμέ-δι᾿ ἓν ἢ δύο πρόσωπα). Essa expressão reforça a suposição de que a congregação tomou partido desses indivíduos, num conflito que a princípio dizia respeito a eles. Isso se confirma plenamente pelo contexto do capítulo 54, onde se sugere que toda a disputa se tornaria irrelevante se essas pessoas desaparecessem da congregação. Se fossem apenas porta-vozes, sua remoção dificilmente garantiria o fim da disputa.

Além disso, há referências adicionais em 1 Clemente 16.1 e 57.2. Clemente escreve:

> Pois Cristo pertence aos humildes, e não àqueles que se exaltam sobre o seu rebanho. (1 Clemente 16.1)

Se isso fosse dirigido à congregação como um todo, a humildade (ταπεινοφροσύνη, *tapeinophrosýnē*) contrastaria com a desobediência contra os líderes. Se não for esse o caso, então o texto se refere aos líderes da revolta.

As palavras só podem ser explicadas de duas maneiras: ou Clemente insinua que esses indivíduos eram orgulhosos e egoístas, ou realmente havia um status especial que os colocava acima da congregação.

Isso é reforçado por 1 Clemente 57.2:

> Aprendei a sujeitar-vos, deposta a altivez e a arrogante ousadia de vossa língua; pois é melhor que sejais achados pequenos e honrados no rebanho de Cristo do que, parecendo-vos elevados, sejais excluídos de sua esperança.

Isso sugere que esses indivíduos ocupavam uma posição peculiar dentro da congregação.

Clemente se esforça para separar a congregação desses indivíduos. Ele raramente os dirige diretamente (1 Clemente 54 e 57) e não precisa negociar com eles.

Onde se dirige a eles, suas palavras são especialmente duras.

Na maior parte do tempo, Clemente fala *sobre* eles à congregação. Ele os distingue nitidamente dela (1 Clemente 14.2; 51.1; 57.1).

Seu objetivo é desacreditá-los aos olhos da congregação, referindo-se a eles de forma desdenhosa, chamando-os de "um ou dois indivíduos" (ἓν ἢ δύο πρόσωπα, *hèn ḕ dýo prósōpa*, 1 Clemente 47.6) e exclamando com desdém:

Agora, porém, compreendei: quem foram os que vos desviaram e diminuíram a dignidade da vossa ilustre caridade fraterna? (1 Clemente 47.5)

As acusações contra os líderes da sedição

Do que exatamente Clemente os acusa? Podemos tirar conclusões adicionais a partir disso?

As declarações mais notáveis (a maioria já citada anteriormente) podem ser resumidas da seguinte maneira:

1:1 – ὀλίγα πρόσωπα προπετῆ καὶ αὐθάδη *(olíga prósōpa propetê kaì autháde)*, "poucas pessoas precipitadas e arrogantes".

14:1 – τοῖς ἐν ἀλαζονείᾳ καὶ ἀκαταστασίᾳ μυσεροῦ ζήλους ἀρχηγοῖς *(toîs en alazoneíāi kaì akatastasíāi myseroù zē̃lous archēgoîs)*, "aqueles que, em arrogância e desordem, são líderes de um ciúme impuro".

14:2 – οἵτινες ἐξακοντίζουσιν εἰς ἔρεις καὶ στάσεις, εἰς τὸ ἀπαλλοτριῶσαι ἡμᾶς τοῦ καλῶς ἔχοντος *(hoítines exakontízousin eis éreis kaì stáseis, eis tò apallotriósaī hēmâs toû kalōs échontos)*, "dos homens que nos lançam em contendas e dissensões, afastando-nos do que é bom."

15:1 – κολληθῶμεν τοῖς μετ᾽ εὐσεβείας εἰρηνεύουσιν, καὶ μὴ τοῖς μεθ᾽ ὑποκρίσεως βουλομένοις εἰρήνην *(kollēthō̃men toîs met' eusebeíās eirēneúousin, kaì mē̃ toîs meth' hypokríseōs boulomé-nois eirē̃nēn)*, " devemos apegar-nos àqueles que mantêm a paz com piedade, e não àqueles que desejam a paz com hipocrisia."

16:1 – ταπεινοφρονούντων ἐστίν ὁ Χριστός, οὐκ ἐπαιρομένων ἐπὶ τὸ ποίμνιον αὐτοῦ *(tapeinophronóuntōn estín ho Christós, ouk epairoménōn epì tò poímnion autoû)*, "Pois Cristo pertence aos humildes, e não àqueles que se exaltam sobre o seu rebanho."

21:5 – μᾶλλον ἀνθρώποις ἄφροσι καὶ ἀνοήτοις καὶ ἐπαιρομένοις καὶ ἐγκαυχωμένοις ἐν ἀλαζονείᾳ τοῦ λόγου αὐτῶν προσόψωμεν ἢ τῷ θεῷ *(mâllon anthrṓpois áphrosi kaì anoḗtois kaì epairoménois kaì egkauchōménois en alazoneíāi toû lógou autôn prosópsōmen ḕ tō̃i Theōi)*, "Antes, é melhor escandalizarmo-nos com homens insensatos, sem entendimento, arrogantes e vangloriosos em sua altivez de palavras, do que com Deus."

57:2 – μάθετε ὑποτάσσεσθαι ἀποθέμενοι τὴν ἀλάζονα καὶ ὑπερήφανον τῆς γλώσσης ὑμῶν αὐθάδειαν *(máthate hypotássesthai apothémenoi tḕn alázona kaì hyperḗphanon tês glṓssēs hymôn authádeian)*, " Aprendei a sujeitar-vos, deposta a altivez e a arrogante ousadia de vossa língua."

Está claro que expressões como as seguintes referem-se aos líderes do movimento:

30:6 – αὐτεπαινέτους μιστεῖ ὁ θεός *(autepainétous misteî ho Theós)*, "pois Deus odeia os que se louvam a si mesmos."

30:8 – θράσος καὶ αὐθάδεια καὶ τόλμα τοῖς κατηραμένοις ὑπὸ τοῦ θεοῦ *(thrásos kaì authádeia kaì tóllma toîs katēraménois hypò toû Theoû)*, "atrevimento, insolência e arrogância pertencem aos que são malditos por Deus."

32:4 – οὐ δι᾽ ἑαυτῶν δικαιούμεθα οὐδὲ διὰ τῆς ἡμετέρας σοφίας ἢ συνέσεως κτλ. *(ou di' heautôn dikaioumetha oudè dià tês hēméteras sophías ḕ synéseōs ktl.)*, "não somos justificados por nós mesmos, nem por nossa sabedoria, ou inteligência etc.".

48:6 – τοσούτῳ γὰρ μᾶλλον ταπεινοφρονεῖν ὀφείλει, ὅσῳ δοκεῖ μᾶλλον μείζων εἶναι καὶ ζητεῖν τὸ κοινωφελὲς πᾶσιν καὶ μὴ τὸ ἑαυτοῦ *(tosoutō̃i gàr mâllon tapeinophroneîn opheílei, hósōi dokeî mâllon meízōn eînai kaì zēteîn tò koinōphelès pâsin kaì mḕ tò heautoû)*, "tanto mais deve ser humilde quanto mais julga ser maior, buscando o bem comum para todos, e não o seu próprio."

As principais acusações

Dessa forma, as acusações feitas contra os líderes da revolta incluem:

- Insolência (αὐθάδεια, *authádeia*),
- Presunção (προπέτεια, *propéteia*),
- Arrogância (ὑπερηφανία, *hyperēphanía*),
- Vanglória (ἀλαζονεία, *alazoneía*),
- Autoglorificação (αὐτεπαινέτος, *autepainétos*),
- Insubordinação (ἀκαταστασία, *akatastasía*),
- Egoísmo (ζητεῖν τὸ ἑαυτοῦ, *zēteîn tò heautoû*),
- Ciúme e inveja (ζῆλος, *zêlos*),
- Falta de entendimento (ἀνοησία, *anoēsía*),
- Hipocrisia (ὑπόκρισις, *hypókrisis*).

Nada disso nos ensina algo essencialmente novo.

O mais notável são as acusações de vanglória, arrogância e egoísmo contra os opositores (21.5 e 48.6). Parece que eles eram indivíduos que faziam grandes reivindicações sobre si mesmos e colocavam a própria pessoa em primeiro plano.

Na discussão sobre a questão em pauta, muitas vezes se tem simplesmente aceitado os julgamentos de Clemente, interpretando a origem da disputa a partir da arrogância e presunção desses indivíduos. No entanto, tais referências gerais não são suficientes para explicar historicamente disputas tão amplas quanto deve ter sido a de Corinto.

Além disso, deve ser evidente que os atributos que Clemente atribui a seus oponentes não nos dizem realmente sobre o comportamento deles ou sobre as raízes da questão, mas sim como Clemente percebeu a situação. Para ele, desde o princípio, qualquer resistência à ordem eclesiástica, por qualquer motivo, era tolice, arrogância ou desprezo pela vontade divina.

A congregação de Corinto, por outro lado, certamente não teria visto *propéteia* (presunção) e *hyperēphanía* (arrogância) nos líderes que seguiam.Provavelmente, os coríntios falavam de seus próprios privilégios e direitos bem fundamentados. Se ambição pessoal e egoísmo desempenharam um papel na revolta, isso está além da nossa capacidade de julgamento.O que é significativo, porém, é que Clemente, além dos julgamentos diretamente relacionados à sua oposição aos presbíteros, não menciona nada de desfavorável sobre o caráter ou a doutrina dos líderes da rebelião. Isso demonstra claramente que ele não tinha nada contra eles para mencionar. Caso contrário, certamente teria explorado isso em sua argumentação.

O motivo de sua reputação (1 Clemente 38 e 48)

Mas em que se baseava a reputação que esses homens desfrutavam dentro da congregação? De que eles se vangloriavam?

Para responder a essas perguntas, é aconselhável começar com três passagens com uma descrição dos opositores feita por Clemente.

A primeira dessas três passagens não pode ser levada em consideração porque se trata de uma citação (*cf.* Jr 9.23 e 1 Sm 2.10 junto com 1 Co 1.31). No máximo, ela pode apenas confirmar o que as outras passagens já dizem. Mas essas passagens realmente oferecem descrições dos opositores?

Não seria tão surpreendente se Clemente apenas enunciasse regras gerais, como aquelas que poderiam ser dadas a qualquer congregação daquela época. Se lermos, por exemplo, as palavras que imediatamente precedem a segunda passagem (37.5ss), há de fato uma referência geral à situação em Corinto, mas apenas de maneira geral. Pois o detalhe específico na imagem do corpo e seus membros não é aquele que se esperaria. A afirmação de que a cabeça e os pés são igualmente dependentes um do outro não é levada adiante no sentido de que alguns membros são especialmente importantes, aos quais os outros devem se submeter; ao contrário, é precisamente o valor dos membros menos importantes para o corpo como um todo que é mencionado.

Somente na frase final da terceira passagem aparece a expressão τοσούτῳ γὰρ μᾶλλον κτλ. (*tosoutōi gàr mâllon ktl.*, "tanto mais, então..."), um chamado decisivo para interpretar as palavras anteriores (e também o que segue em 1 Clemente 38) como dirigidas definitivamente às lideranças da facção. Afinal, é isso que se espera que eles façam no capítulo 54: não buscar o próprio bem, mas sim o bem comum. Presume-se que eles sejam "grandes" dentro da congregação (*cf.* μείζων, *meízōn*, "maior"), καθ᾽ ὑπεροχὴν δοκοῦντες (*kath' hyperochḕn dokoûntes*, "considerando-se superiores"). Assim, ambas as passagens parecem, afinal, representar um tipo de catálogo das qualidades exaltadas dos líderes.

As dificuldades na interpretação tradicional

No entanto, a questão não é tão simples e clara como os estudiosos mencionados acima supõem. A exegese deles está sujeita a dúvidas consideráveis.

À primeira vista, a visão deles parece ter um forte apoio independente da própria carta.

Afinal, não poderiam as observações de Clemente ser associadas diretamente à imagem que podemos formar da congregação coríntia de sua época, com base nos escritos de Paulo?

- Quando Paulo chama seus leitores de ζηλωταὶ πνευμάτων (*zēlōtaì pneumátōn*, "zelosos dos dons espirituais", 1 Co 14.12);
- Quando combate uma superestimação da sabedoria (σοφία, *sophía*, *cf.* caps. 2ss);
- Quando combate uma superestimação da gnosis (γνῶσις, *gnôsis*, *cf.* cap. 8);
- Quando talvez também combata uma ênfase exagerada no celibato (*cf.* cap. 7);
- Quando se opõe a comparações errôneas entre os carismas (χαρίσματα, *charísmata*, *cf.* cap. 12);
- Quando tem de lidar com a desordem criada por tais reivindicações (*cf.* cap. 14).

Esses não seriam todos paralelos às observações da carta romana, que nos obrigariam a concluir que as mesmas condições que Paulo enfrentou persistiram por muito tempo? A ideia de que essas características perduraram em Corinto até o final do primeiro século é uma possibilidade geral, mas nada além disso.

É questionável se a forte ênfase em questões pneumáticas, que é atestada em 1 Coríntios, pode ser realmente atribuída apenas a essa congregação. Nosso conhecimento sobre as igrejas primitivas é tão fragmentado que não podemos afirmar com certeza que os mesmos perigos não ameaçavam outras comunidades.

A influência literária de 1 Coríntios em 1 Clemente

Há uma segunda explicação para a semelhança entre 1 Clemente e 1 Coríntios – e a sua correção é evidente:

Não precisamos supor uma continuidade histórica real das circunstâncias de Corinto do tempo de Paulo até o tempo de Clemente, mas apenas uma dependência literária.

Em 1 Clemente 47.1, lemos:

> ἀναλάβετε τὴν ἐπιστολὴν τοῦ μακαρίου Παύλου τοῦ ἀποστόλου
> Tomai em mãos a epístola do bem-aventurado apóstolo Paulo.

Isso indica que Clemente não apenas conhecia 1 Coríntios de forma geral, mas a tinha em mãos enquanto escrevia. É natural que ele tenha buscado apoio em uma autoridade reconhecida. Para um escritor de segundo escalão, como Clemente, com poucas ideias próprias, isso seria ainda mais esperado.

A maneira como 1 Coríntios influenciou sua redação difere, por exemplo, do impacto que a Epístola aos Hebreus teve sobre ele.

- Hebreus influenciou o tom e a atitude geral da carta.
- 1 Coríntios, por outro lado, serviu como modelo explícito, com temas e seções derivadas diretamente.

As referências são ainda mais fortes nos trechos que nos interessam agora:

6. A imagem do corpo e seus membros (caps. 37-38) segue diretamente 1 Coríntios 12.
7. A citação de 1 Clemente 47 vem explicitamente de 1 Coríntios 1.
8. O trecho 1 Clemente 48.5ss corresponde a 1 Coríntios 12.

Assim como 1 Coríntios 12 é seguido pelo famoso capítulo 13 sobre o amor, Clemente também inclui um elogio ao amor no capítulo 49. A conexão entre 1 Clemente 38 e 1 Coríntios é menos evidente, mas:

- A ideia de que o sábio deve demonstrar sua sabedoria por obras e não por palavras pode remontar a 1 Coríntios 4.19-20.
- A lembrança de que Deus concede ἐγκράτεια (*enkráteia*, "autodomínio") pode derivar de 1 Coríntios 7.7.

Portanto, as supostas descrições dos líderes da revolta podem muito bem ser apenas reflexos literários de 1 Coríntios, e não indicações históricas da situação real em Corinto no final do século I.

O assunto e a causa da disputa

Várias vezes foi sugerido que o movimento em Corinto deve ser entendido como uma rejeição de princípio de qualquer forma de ofício eclesiástico preestabelecido na congregação. Essa opinião é possível, mas questionável. As razões para isso são:

- Se os coríntios estavam rejeitando qualquer forma de ofício eclesiástico, por que Clemente diz que a disputa envolvia a "dignidade do episcopado" (ἔρις ἐπὶ τοῦ ὀνόματος τῆς ἐπισκοπῆς, *éris epì toû onómatos tês episkopês*, 1 Clemente 44.1)?
- Se o problema era uma rejeição geral da autoridade eclesiástica, por que Clemente invoca a autoridade dos apóstolos para justificar a instituição do episcopado e do diaconato (1 Clemente 42)?
- Se não havia mais espaço para ministros, por que Clemente

insiste em enfatizar que no Antigo Testamento certas funções e serviços no culto eram reservados a ofícios específicos (1 Clemente 40)?

- Se a congregação não aceitava mais qualquer forma de hierarquia, por que Clemente usa o exemplo do exército romano para ilustrar que nem todos podem ser governadores (ἔπαρχοι, *éparchoi*), comandantes de mil (χιλίαρχοι, *chilíarchoi*), etc. (1 Clemente 37.3)?

Todas essas observações parecem indicar que Clemente via a disputa como uma ameaça ao próprio conceito de ministério ordenado.

No entanto, há um detalhe fundamental que se opõe a essa interpretação: Clemente não fala da deposição de todos os presbíteros, mas apenas de alguns (1 Clemente 44.6). Isso é decisivo!

Se a congregação estivesse rejeitando o ministério de forma absoluta, faz pouco sentido que alguns presbíteros tenham permanecido em seus cargos. A única explicação razoável para essa diferença de tratamento entre os presbíteros é que eles próprios tinham comportamentos distintos.

- Isso não significa necessariamente que os presbíteros que não foram depostos estavam do lado da congregação,
- Mas devem ter sido mais flexíveis e conciliadores do que seus colegas.

Clemente, portanto, não estava simplesmente defendendo o conceito abstrato de um ministério ordenado. Ele estava lidando com uma ruptura concreta dentro de um sistema ministerial já existente, e a controvérsia girava em torno de certas pessoas específicas que foram depostas.

A causa real da controvérsia

Embora não possamos determinar com certeza todas as motivações por trás da crise em Corinto, alguns pontos são claros:

1. A disputa não era sobre a existência do ministério em si, mas sobre certos indivíduos que perderam seus cargos.
2. Clemente apresenta a deposição como um ato injustificável e como uma ameaça à ordem da igreja.
3. Os líderes da revolta eram indivíduos altamente respeitados pela congregação, o que sugere que possuíam qualidades carismáticas reconhecidas.
4. A disputa pode ter envolvido questões espirituais, já que Clemente parece combater uma ênfase excessiva na autonomia dos indivíduos guiados pelo Espírito (*cf.* relação com a ênfase paulina nos carismas em 1 Coríntios).

Parece provável que os líderes removidos tivessem um estilo de liderança mais rígido, enquanto os que permaneceram no cargo fossem mais conciliadores com a congregação. Dessa forma, o que Clemente vê como um ataque à ordem apostólica pode ter sido, para os coríntios, uma correção interna da igreja, onde uma parte do ministério foi removida porque a congregação considerava seu governo excessivamente severo.

A hierarquia litúrgica segundo 1 Clemente (40-41)

Clemente vê a celebração eucarística sob um esquema hierárquico semelhante ao do culto do Antigo Testamento:

- Cristo → O Sumo Sacerdote (ἀρχιερεύς, *archiereús*), que apresenta as orações eucarísticas a Deus.
- Presbíteros (πρεσβύτεροι, *presbýteroi*) → Correspondem aos sacerdotes (ἱερεῖς, *hiereîs*), responsáveis por oferecer as obla-

ções da congregação.

- Diáconos (διάκονοι, *diákonoi*) → Correspondem aos levitas (Λευῖται, *Leuîtai*), que assistem os presbíteros na celebração.
- Leigos (λαϊκοί, *laikoí*) → Têm a função de assistir ao culto, trazer suas ofertas, pronunciar o "Amém" após a oração de ação de graças e participar dos elementos da Eucaristia.

Essa interpretação se apoia na afirmação de Clemente em 1 Clemente 41:1:

> Εκαστος ἡμῶν, ἀδελφοί, ἐν τῷ ἰδίῳ τάγματι εὐχαριστείτω θεῷ...
> Cada um de nós, irmãos, procure agradar a Deus em seu próprio posto...

E Clemente continua:

> *[...]* μὴ παρεκβαίνων τὸν ὡρισμένον τῆς λειτουργίας αὐτοῦ κανόνα
> [...] não transgredindo, com reverência, o limite estabelecido para seu ministério.

Essa passagem mostra que a observância das diferenças entre os envolvidos na Eucaristia era obrigatória para os cristãos. Além disso, Clemente enfatiza que, assim como os sacrifícios judaicos eram permitidos apenas em Jerusalém e em um altar específico, a Eucaristia deveria ser celebrada em um local fixo (provavelmente uma casa designada para o culto). Ele também sugere que Clemente acreditava que a Eucaristia deveria ocorrer em tempos específicos, em conformidade com uma ordem estabelecida.

A relação com a controvérsia em Corinto

Por que Clemente traça esse paralelo tão preciso entre o culto do Antigo Testamento e a celebração da Eucaristia cristã? Isso se deve ao fato de que a disputa em Corinto envolvia exatamente a celebração da Eucaristia.

Os "líderes" da revolta não estavam apenas contestando a posição dos presbíteros, mas também violando as normas sobre a Eucaristia. Parece que eles infringiram a ordem válida em relação aos ministros responsáveis pela celebração e também não respeitaram o local e o horário da Eucaristia. Em outras palavras, proclamaram arbitrariedade e romperam com a estrutura estabelecida.

Se essa interpretação for correta, o que estava em jogo não era apenas a autoridade eclesiástica em sentido geral, mas um conflito litúrgico sobre a centralidade da Eucaristia e o papel dos ministros ordenados em sua administração.

A relação entre os capítulos 40-41 e a eucaristia: uma perspectiva crítica

O que Clemente discute nesses capítulos não é apenas a Eucaristia, mas o culto cristão como um todo:

3. Clemente restringe a ação de graças no culto exclusivamente aos oficiais da igreja.
4. Essa é uma mudança significativa em relação à prática do tempo de Paulo, quando qualquer membro da congregação podia orar no culto (1 Coríntios 11.4).
5. Mesmo o ensino apostólico posterior não limita completamente essa liberdade, mas apenas estabelece formas fixas de oração eucarística.

Clemente não está apenas lidando com questões litúrgicas da Eucaristia, mas com um desenvolvimento mais amplo da organização do culto cristão.

O conceito de γνῶσις (gnôsis) em 1 Clemente 40

Para entender melhor a argumentação de Clemente, precisamos olhar diretamente para suas palavras.

O capítulo 40 começa com uma referência ao conceito de γνῶσις (*gnôsis*, "conhecimento"). Clemente afirma que ele e seus leitores tiveram insight nas profundezas da γνῶσις divina:

> As profundezas do conhecimento divino nos foram reveladas...

Esse conceito de γνῶσις reaparece em 41.4, onde Clemente adverte:

> ὁρᾶτε, ἀδελφοί, ὅσῳ πλείονος κατηξιώθημεν γνώσεως, τοσούτῳ μᾶλλον ὑποκείμεθα κινδύνῳ.
> Vede, irmãos: quanto maior o grau de conhecimento que recebemos, tanto mais estamos expostos ao perigo.

Aqui, Clemente claramente liga seu discurso sobre o culto ao conceito de γνῶσις.

A γνῶσις em 1 Clemente: conhecimento tipológico ou exposição simples?

Um ponto fundamental de debate é: Clemente usa γνῶσις para construir uma tipologia detalhada entre o culto judaico e o cristão? Ou será que ele simplesmente está demonstrando a continuidade do conhecimento divino por meio do Antigo Testamento? Clemente:

5. Não está tentando estabelecer uma tipologia minuciosa, mas apenas ilustrar que o culto cristão, assim como o judaico, deve seguir uma ordem fixa.
6. Não busca correspondências exatas entre cada elemento do culto judaico e o cristão, mas apenas usa o Antigo Testamento como exemplo de disciplina litúrgica.

Essa crítica faz sentido quando observamos como Clemente usa o Antigo Testamento em geral.

Por exemplo, no capítulo 43, ao narrar a história da vara de Arão, Clemente:

- Não constrói uma tipologia complexa,
- Não interpreta a vara de Arão como um símbolo da sucessão apostólica,
- Apenas conta a história de forma "confortável", sem alegorizá-la em excesso.

Isso sugere que Clemente não estava interessado em uma tipologia sistemática, mas sim em reforçar a ordem e disciplina no culto.

PRIMEIRA CARTA DE CLEMENTE ROMANO AOS CORÍNTIOS

Prólogo

A igreja de Deus peregrina[1] em Roma, à igreja de Deus peregrina em Corinto, aos chamados e santificados[2] pela vontade de Deus por meio de nosso Senhor Jesus Cristo: graça a vós e paz[3] lhes sejam multiplicadas da parte de Deus Todo-Poderoso,[4] por meio de Jesus Cristo.[5]

1 "Peregrina" (Η παροικοῦσα) – A palavra παροικέω significa "habitar temporariamente" ou "peregrinar". Clemente usa o termo para indicar que a igreja está na terra como uma comunidade transitória, em linha com o conceito bíblico de que os cristãos são "forasteiros e peregrinos" (cf. 1 Pedro 2.11; Hebreus 11.13).

2 "Chamados e santificados" (Κλητοῖς ἡγιασμένοις) – Expressão paralela a 1 Coríntios 1.2, onde Paulo escreve: "à igreja de Deus que está em Corinto, aos santificados em Cristo Jesus, chamados para ser santos". Clemente parece ecoar essa saudação apostólica.

3 "Graça a vós e paz" (Χάρις ὑμῖν καὶ εἰρήνη) – Saudação comum nas epístolas paulinas (Romanos 1.7; 1 Coríntios 1.3), refletindo o conceito de graça divina e paz como dom de Deus aos crentes.

4 "Deus Todo-Poderoso" (Παντοκράτωρ Θεός) – Um título divino que aparece na Septuaginta (LXX), especialmente em Jó 5.17 e Apocalipse 1.8, enfatizando o domínio soberano de Deus sobre todas as coisas.

5 "Por meio de Jesus Cristo" (Διὰ Ἰησοῦ Χριστοῦ) – A mediação de Cristo é central em Clemente, ecoando 1 Timóteo 2.5: "Porque há um só Deus e um só mediador entre Deus e os homens, Cristo Jesus, homem".

1 1 Devido aos infortúnios repentinos e contínuos que nos sobrevieram,[6] reconhecemos que tardamos em voltar nossa atenção às questões que têm sido objeto de contenda entre vós, amados. Refiro-me àquela sedição impura e sacrílega,[7] estranha e alheia aos eleitos de Deus, fomentada por algumas poucas pessoas precipitadas e arrogantes,[8] que foram tão longe em sua insensatez que fizeram com que o vosso nome, antes venerável, renomado e amado por todos os homens,[9] fosse grandemente blasfemado.[10]

2 Pois quem, ao peregrinar entre vós, não aprovou a vossa fé altamente virtuosa e firme?[11] Quem não se maravilhou com a vossa piedade sóbria e magnânima em Cristo?[12] Quem não proclamou o

6 "Infortúnios repentinos e contínuos" (Διὰ τὰς αἰφνιδίους καὶ ἐπαλλήλους... συμφορὰς καὶ περιπτώσεις) – Expressão que sugere perseguições inesperadas e sucessivas. Possivelmente uma referência à perseguição sob Domiciano (ca. 95 d.C.), o que explicaria o atraso da igreja de Roma em intervir na crise de Corinto.

7 "Sedição impura e sacrílega" (μιαρᾶς καὶ ἀνοσίου στάσεως) – O termo μίαρος (impuro) é usado na Septuaginta com conotação de impureza ritual (cf. Levítico 11.43), enquanto ἀνόσιος (sacrílego) indica algo profano e contrário à santidade divina.

8 "Precipitadas e arrogantes" (προπετῆ καὶ αὐθάδη) – Termos que denotam não apenas imprudência, mas também teimosia na resistência contra os presbíteros. O mesmo conceito aparece em Provérbios 21.24: "Escarnecedor é o nome do soberbo e presunçoso, que age com arrogância desmedida" (LXX).

9 "Vosso nome, antes venerável, renomado e amado por todos os homens" (τὸ σεμνὸν καὶ περιβόητον καὶ πᾶσιν ἀνθρώποις ἀξιαγάπητον ὄνομα ὑμῶν) – Expressão que reflete a reputação histórica da igreja de Corinto, possivelmente ecoando 1 Tessalonicenses 1.8: "De vós ressoou a palavra do Senhor, não só na Macedônia e na Acaia, mas também em toda parte..."

10 "Grandemente blasfemado" (βλασφημηθῆναι) – O verbo βλασφημέω é usado frequentemente na LXX e no Novo Testamento para indicar desonra ao nome de Deus (cf. Romanos 2.24: "O nome de Deus é blasfemado entre os gentios por vossa causa"). Aqui, aplica-se à comunidade cristã de Corinto.

11 "Fé altamente virtuosa e firme" (τὴν πανάρετον καὶ βεβαίαν ὑμῶν πίστιν) – A ideia de uma fé "altamente virtuosa" (πανάρετος) é rara na literatura cristã primitiva, mas semelhante ao elogio de Paulo em 1 Coríntios 1.5-7, onde descreve a igreja coríntia como rica em dons espirituais.

12 "Piedade sóbria e magnânima em Cristo" (σώφρονα καὶ ἐπιεικῆ ἐν Χριστῷ εὐσέβειαν) – A virtude da σωφροσύνη (moderação) e ἐπιείκεια (brandura) são temas recorrentes em Paulo (Filipenses 4.5: "Seja a vossa moderação conhecida de todos os homens") e nos escritos estoicos.

esplendor da vossa hospitalidade?[13] Quem não enalteceu a plenitude e a firmeza do vosso conhecimento?[14]

3 Com efeito, vós costumáveis agir sem acepção de pessoas,[15] em tudo o que fazíeis, caminhando segundo os preceitos de Deus,[16] submetendo-vos àqueles que vos lideram[17] e concedendo a devida honra aos presbíteros entre vós.[18] Ensináveis aos jovens a pensar com moderação e respeito.[19] Exortáveis as mulheres a realizarem todas as coisas com consciência irrepreensível, digna e pura,[20] amando com afeto devido

13 "Esplendor da vossa hospitalidade" (τὸ μεγαλοπρεπὲς τῆς φιλοξενίας ὑμῶν ἦθος) – O amor à hospitalidade era um traço distintivo dos primeiros cristãos (Hebreus 13.2 – "Não vos esqueçais da hospitalidade, pois por ela alguns, sem o saber, hospedaram anjos").

14 "Firmeza do vosso conhecimento" (τὴν τελείαν καὶ ἀσφαλῆ γνῶσιν) – O termo γνῶσις (conhecimento) tem forte conotação teológica na literatura cristã primitiva. Aqui, pode indicar tanto a compreensão doutrinária quanto a sabedoria prática dos coríntios.

15 "Sem acepção de pessoas" (ἀπροσωπολήμπτως) – Remete a Tiago 2.1 (Meus irmãos, não tenhais a fé de nosso Senhor Jesus Cristo com acepção de pessoas), sugerindo que a igreja coríntia seguia um ideal de imparcialidade no tratamento dos irmãos.

16 "Caminhando segundo os preceitos de Deus" (ἐν τοῖς νομίμοις τοῦ θεοῦ ἐπορεύεσθε) – A expressão νομίμοις τοῦ θεοῦ sugere conformidade com a ordem divina, possivelmente remetendo às Escrituras Hebraicas. Clemente frequentemente estrutura seus argumentos a partir do Antigo Testamento.

17 "Submetendo-vos àqueles que vos lideram" (ὑποτασσόμενοι τοῖς ἡγουμένοις ὑμῶν) – O termo ἡγούμενοι (líderes) também aparece em Hebreus 13.17 (Obedecei aos vossos guias e sede submissos, pois velam por vossas almas) e sugere um papel pastoral.

18 "Honra devida aos presbíteros" (τιμὴν τὴν καθήκουσαν ἀπονέμοντες τοῖς παρ' ὑμῖν πρεσβυτέροις) – Esse trecho reflete o princípio paulino de respeito às autoridades da igreja, como em 1 Timóteo 5.17: "Os presbíteros que presidem bem sejam tidos por dignos de duplicada honra".

19 "Aos jovens a pensar com moderação e respeito" (νέοις τε μέτρια καὶ σεμνὰ νοεῖν ἐπετρέπετε) – O respeito à hierarquia etária era comum na cultura greco-romana e no judaísmo (Levítico 19.32: "Diante das cãs te levantarás e honrarás a presença do ancião".

20 "Consciência irrepreensível, digna e pura" (ἐν ἀμώμῳ καὶ σεμνῇ καὶ ἁγνῇ συνειδήσει) – Expressão que ecoa 1 Pedro 3.2: "Quando virem a vossa vida casta, em temor".

seus maridos,[21] vivendo sob a regra da submissão[22] e administrando seus lares com honra e discrição, em plena sensatez.[23]

2 1 E todos vós costumáveis ser humildes de espírito,[24] nenhum arrogante,[25] sendo submissos em vez de impor submissão,[26] dando com mais prazer do que recebendo,[27] satisfeitos com as provisões concedidas por Cristo.[28] Prestáveis atenção às palavras dele,[29]

21 "Amando com afeto devido seus maridos" (στεργούσας καθηκόντως τοὺς ἄνδρας ἑαυτῶν) – O verbo στεργέω implica um amor afetuoso e familiar, diferente de ἀγαπάω (amor sacrificial) e φιλέω (amor fraternal). A exortação está em conformidade com Tito 2.4 (Para que ensinem as jovens a amarem seus maridos e filhos) e segue o modelo tradicional das Haustafeln (códigos domésticos) do Novo Testamento.

22 "Vivendo sob a regra da submissão" (ἐν τῷ κανόνι τῆς ὑποταγῆς) – O termo κανών (regra, norma) sugere um princípio estabelecido para a ordem doméstica cristã, possivelmente refletindo o ensino paulino em Efésios 5.22: "As mulheres sejam submissas a seus maridos, como ao Senhor"; e Colossenses 3.18.

23 "Administrando seus lares com honra e discrição, em plena sensatez" (τὰ κατὰ τὸν οἶκον σεμνῶς οἰκουργεῖν ἐδιδάσκετε, πάνυ σωφρονούσας) – O verbo οἰκουργεῖν significa "cuidar do lar" e está relacionado ao conceito de οἰκοδεσπότης (senhor da casa). A passagem reforça a importância da administração doméstica como parte do testemunho cristão, em consonância com 1 Timóteo 5.14: "Quero, pois, que as mulheres mais jovens se casem, tenham filhos, governem a casa...

24 "Humildes de espírito" (ἐταπεινοφρονεῖτε) – A virtude da humildade é destacada repetidamente na tradição cristã, especialmente em Filipenses 2.3: "Nada façais por rivalidade ou vanglória, mas com humildade, considerando cada um os outros superiores a si mesmo".

25 "Nenhum arrogante" (μηδὲν ἀλαζονευόμενοι) – O termo ἀλαζονεύομαι refere-se à jactância e autoexaltação. A arrogância é frequentemente condenada nas Escrituras, como em Provérbios 8.13: "O temor do Senhor é odiar o mal; orgulho e arrogância e o mau caminho eu odeio".

26 "Sendo submissos em vez de impor submissão" (ὑποτασσόμενοι μᾶλλον ἢ ὑποτάσσοντες) – O verbo ὑποτάσσω é usado no Novo Testamento para descrever a relação entre cristãos e suas autoridades espirituais (Hebreus 13.17).

27 "Dando com mais prazer do que recebendo" (ἥδιον διδόντες ἢ λαμβάνοντες) – Reflexo direto de Atos 20.35: "Mais bem-aventurada coisa é dar do que receber"; um ensinamento atribuído a Jesus.

28 "Satisfeitos com as provisões concedidas por Cristo" (τοῖς ἐφοδίοις τοῦ Χριστοῦ ἀρκούμενοι) – O termo ἐφόδιον refere-se a provisões para uma jornada. Aqui, Cristo é apresentado como a fonte do sustento espiritual.

29 "Prestáveis atenção às palavras dele" (προσέχοντες τοὺς λόγους αὐτοῦ) – A exortação à atenção cuidadosa às palavras de Cristo remete a Colossenses 3.16.

guardando-as cuidadosamente em vosso interior.[30] E os sofrimentos dele estavam sempre presentes diante dos vossos olhos.[31]

2 Por essa razão, uma paz profunda e abundante foi concedida a todos vós,[32] juntamente com um desejo insaciável de fazer o bem[33] e um derramamento pleno do Espírito Santo.[34]

3 E estando cheios de sua santa vontade,[35] vós costumáveis estender as mãos ao Deus Todo-Poderoso,[36] zelosos pelo bem,[37] com piedosa confiança,[38] implorando-lhe misericórdia caso inadvertidamente cometêsseis algum pecado.[39]

30 "Guardando-as cuidadosamente em vosso interior" (ἐνεστερνισμένοι ἦτε τοῖς σπλάγχνοις) – Expressão semelhante a Salmo 119.11: "Escondi a tua palavra no meu coração, para não pecar contra ti".

31 "E os sofrimentos dele estavam sempre presentes diante dos vossos olhos" (τὰ παθήματα αὐτοῦ ἦν πρὸ ὀφθαλμῶν ὑμῶν) – Lembra a ênfase paulina na identificação do cristão com os sofrimentos de Cristo (Filipenses 3.10).

32 "Uma paz profunda e abundante foi concedida" (εἰρήνη βαθεῖα καὶ λιπαρὰ ἐδέδοτο) – A paz divina como um dom está em João 14.27 (Deixo-vos a paz, a minha paz vos dou) e Filipenses 4.7: "A paz de Deus, que excede todo entendimento, guardará os vossos corações e mentes em Cristo Jesus".

33 "Desejo insaciável de fazer o bem" (ἀκόρεστος πόθος εἰς ἀγαθοποιΐαν) – Relacionado à exortação de Paulo em Gálatas 6.9: "Não nos cansemos de fazer o bem"; e Tito 3.8.

34 "Derramamento pleno do Espírito Santo" (πλήρης πνεύματος ἁγίου ἔκχυσις) – Expressão semelhante a Atos 2.17: "Derramarei do meu Espírito sobre toda carne"; e Efésios 5.18.

35 "Cheios de sua santa vontade" (μεστοί τε ὁσίας βουλῆς) – O termo βουλή ("propósito, conselho") pode indicar um direcionamento divino, como em Efésios 1.11.

36 "Costumáveis estender as mãos ao Deus Todo-Poderoso" (ἐξετείνετε τὰς χεῖρας ὑμῶν πρὸς τὸν παντοκράτορα θεόν) – Expressão comum na oração judaico-cristã, cf. Salmo 134.2: "Levantai as mãos no santuário e bendizei ao Senhor".

37 "Zelosos pelo bem" (μετ' εὐσεβοῦς πεποιθήσεως) – O zelo pela retidão e justiça é um tema recorrente em Paulo, como em Tito 2.14.

38 "Com piedosa confiança" (μετ' εὐσεβοῦς πεποιθήσεως) – Ligado ao conceito paulino de fé confiante (Hebreus 4.16: "Aproximemo-nos com confiança do trono da graça").

39 "Implorando-lhe misericórdia caso inadvertidamente cometêsseis algum pecado" (ἱκετεύοντες αὐτὸν ἵλεως γενέσθαι, εἴ τι ἄκοντες ἡμάρτετε) – O pedido de perdão para pecados involuntários remete à tradição do Antigo Testamento (Levítico 4.2).

4 Dia e noite, lutáveis em nome de toda a irmandade,[40] para que o número total dos escolhidos pudesse ser salvo,[41] com temor reverente[42] e plena consciência.[43]

5 Éreis sinceros e inocentes,[44] e não guardáveis rancor uns contra os outros.[45]

6 Todas as facções e cismas eram repugnantes para vós.[46] Costumáveis lamentar pelos atos ilícitos dos vossos vizinhos[47] e consideráveis suas falhas como se fossem vossas próprias.[48]

40 "Lutáveis em nome de toda a irmandade" (ἀγὼν ἦν ὑμῖν ἡμέρας τε καὶ νυκτὸς ὑπὲρ πάσης τῆς ἀδελφότητος) – A metáfora da luta espiritual aparece em Efésios 6.12 e Colossenses 4.12.

41 "Para que o número total dos escolhidos pudesse ser salvo" (τὸν ἀριθμὸν τῶν ἐκλεκτῶν αὐτοῦ) – A ideia de um número determinado de eleitos tem paralelo em Romanos 11.5 e Apocalipse 7.4.

42 "Com temor reverente" (μετ ἐλέους καὶ συνειδήσεως) – Associado à humildade diante de Deus, como em Filipenses 2.12.

43 "Plena consciência" (συνειδήσεως) – O conceito de consciência moral aparece em Romanos 2.15.

44 "Éreis sinceros e inocentes" (εἰλικρινεῖς καὶ ἀκέραιοι ἦτε) – A dupla expressão εἰλικρινεῖς καὶ ἀκέραιοι remete a Filipenses 2.15: "Para que sejais irrepreensíveis e sinceros, filhos de Deus inculpáveis no meio de uma geração perversa e corrupta"; reforçando a ideia de uma conduta cristã pura e irrepreensível.

45 "E não guardáveis rancor uns contra os outros" (ἀμνησίκακοι εἰς ἀλλήλους) – O termo ἀμνησίκακος significa literalmente "aquele que não guarda recordação do mal", indicando um espírito de perdão cristão conforme ensinado por Cristo em Mateus 6.14-15: "Se perdoardes aos homens as suas ofensas, também vosso Pai celestial vos perdoará".

46 "Todas as facções e cismas eram repugnantes para vós" (πᾶσα στάσις καὶ πᾶν σχίσμα βδελυκτὸν ἦν ὑμῖν) – Στάσις (facção) e σχίσμα (cisma) aparecem juntos em 1 Coríntios 1.10-13, onde Paulo admoesta a igreja de Corinto a evitar divisões. Clemente ecoa essa preocupação, condenando qualquer forma de contenda dentro da comunidade cristã.

47 "Costumáveis lamentar pelos atos ilícitos dos vossos vizinhos" (ἐπὶ τοῖς παραπτώμασιν τῶν πλησίον ἐπενθεῖτε) – A exortação à empatia e à preocupação com os erros dos outros reflete Romanos 12.15: "Chorai com os que choram"; e a tradição judaica da responsabilidade comunitária pelo pecado.

48 "E consideráveis suas falhas como se fossem vossas próprias" (τὰ ὑστερήματα αὐτῶν ἴδια ἐκρίνετε) – Um chamado à solidariedade espiritual semelhante ao ensino de Gálatas 6.2: "Levai as cargas uns dos outros, e assim cumprireis a lei de Cristo".

7 Não vos arrependíeis de fazer o bem;[49] estáveis sempre preparados para toda boa obra.[50]

8 Fostes adornados com um estilo de vida altamente virtuoso e honrado,[51] realizando todas as coisas com reverente temor a Deus.[52] Os mandamentos e as justas exigências do Senhor estavam inscritos nas tábuas do vosso coração.[53]

3 1 Toda a glória e expansão foram dadas a vós, e cumpriu-se o que está escrito: "O meu amado comeu e bebeu, e tornou-se grande, e engordou, e deu pontapés nos calcanhares."[54]

49 "Não vos arrependíeis de fazer o bem" (ἀμεταμέλητοι ἦτε ἐπὶ πάσῃ ἀγαθοποιΐᾳ) – O conceito de fazer o bem sem hesitação ou arrependimento está em 2 Coríntios 9.7: "Deus ama a quem dá com alegria"; e Tiago 4.17: "Aquele, pois, que sabe fazer o bem e não o faz, comete pecado".

50 "Estáveis sempre preparados para toda boa obra" (ἕτοιμοι εἰς πᾶν ἔργον ἀγαθόν) – Expressão quase idêntica a 2 Timóteo 2.21: "Preparado para toda boa obra"; e Tito 3.1: "Sejam prontos para toda boa obra".

51 "Fostes adornados com um estilo de vida altamente virtuoso e honrado" (τῇ παναρέτῳ καὶ σεβασμίῳ πολιτείᾳ κεκοσμημένοι) – O termo πολιτεία pode significar "modo de vida" ou "cidadania", sugerindo que a comunidade cristã é um "reino celestial" conforme Filipenses 3.20: "Nossa cidadania está nos céus".

52 "Realizando todas as coisas com reverente temor a Deus" (πάντα ἐν τῷ φόβῳ αὐτοῦ ἐπετελεῖτε) – O φόβος τοῦ Θεοῦ ("temor de Deus") não implica medo servil, mas respeito e reverência, como em Provérbios 1.7: "O temor do Senhor é o princípio do conhecimento"; e Atos 9.31.

53 "Os mandamentos e as justas exigências do Senhor estavam inscritos nas tábuas do vosso coração" (τὰ προστάγματα καὶ τὰ δικαιώματα τοῦ κυρίου ἐπὶ τὰ πλάτη τῆς καρδίας ὑμῶν ἐγέγραπτο) – Alusão direta a Jeremias 31.33: "Porei a minha lei no seu interior e a escreverei no seu coração"; e 2 Coríntios 3.3, onde Paulo fala da "carta de Cristo escrita pelo Espírito do Deus vivo, não em tábuas de pedra, mas em tábuas de carne, nos corações".

54 "O meu amado comeu e bebeu, e tornou-se grande, e engordou, e deu pontapés nos calcanhares" (Εφαγεν καὶ ἔπιεν, καὶ ἐπλατύνθη, καὶ ἐπαχύνθη, καὶ ἀπελάκτισεν ὁ ἠγαπημένος) – Citação de Deuteronômio 32.15, onde Deus reprova Israel por sua ingratidão após receber bênçãos. Clemente a utiliza para ilustrar como a abundância levou à apostasia e ao caos na comunidade cristã.

2 Daí vieram o ciúme e a inveja,[55] a contenda e a facção,[56] a perseguição e a desordem,[57] a guerra e o cativeiro.[58]

3 E assim os desonrosos se levantaram contra os honrados,[59] os desordeiros contra os respeitáveis, os insensatos contra os sensatos, os jovens contra os velhos.[60]

4 Por essa razão, a justiça e a paz estão longe,[61] uma vez que cada um abandonou o temor reverente a Deus[62] e se tornou míope na fé,[63] deixando de proceder nas ordenanças de Seus mandamentos[64] e não vivendo de acordo com o que é apropriado em Cristo.[65] Em vez disso,

55 "Ciúme e a inveja" (ζῆλος καὶ φθόνος) – Esses termos frequentemente aparecem juntos no Novo Testamento, especialmente em Gálatas 5.20-21, onde são listados entre as "obras da carne".

56 "Contenda e facção" (ἔρις, καὶ στάσις) – A palavra ἔρις (contenda) é usada por Paulo em 1 Coríntios 1.11, onde menciona as divisões na igreja de Corinto.

57 "Perseguição e desordem" (διωγμὸς καὶ ἀκαταστασία) – A perseguição (διωγμός) refere-se a hostilidades dentro ou fora da igreja. A palavra ἀκαταστασία ("desordem") aparece em Tiago 3.16, onde é associada à inveja.

58 "Guerra e cativeiro" (πόλεμος καὶ αἰχμαλωσία) – O contexto sugere um uso metafórico desses termos para descrever o caos dentro da comunidade cristã.

59 "Os desonrosos se levantaram contra os honrados" (οἱ ἄτιμοι ἐπὶ τοὺς ἐντίμους) – Um eco de Provérbios 30.21-23, que fala de pessoas indignas assumindo posições de poder.

60 "Os jovens contra os velhos" (οἱ νέοι ἐπὶ τοὺς πρεσβυτέρους) – Pode indicar um desafio à autoridade dos presbíteros da igreja, um tema presente em 1 Timóteo 5.1, 17 e Hebreus 13.17.

61 "A justiça e a paz estão longe" (πόρρω ἄπεστιν ἡ δικαιοσύνη καὶ εἰρήνη) – Reflexo da lamentação profética em Isaías 59.14, onde a justiça se distancia porque a verdade foi abandonada.

62 "Cada um abandonou o temor reverente a Deus" (ἐν τῷ ἀπολιπεῖν ἕκαστον τὸν φόβον τοῦ θεοῦ) – Expressão semelhante a Romanos 3.18: "Não há temor de Deus diante de seus olhos"; e Provérbios 1.7.

63 "Se tornou míope na fé" (ἐν τῇ πίστει αὐτοῦ ἀμβλυωπῆσαι) – O verbo ἀμβλυωπέω (tornar-se míope, perder a visão) é raro no grego bíblico, mas a ideia de cegueira espiritual aparece em 2 Pedro 1.9 e Efésios 4.18.

64 "Deixando de proceder nas ordenanças de Seus mandamentos" (μηδὲ ἐν τοῖς νομίμοις τῶν προσταγμάτων αὐτοῦ πορεύεσθαι) – O verbo πορεύομαι (caminhar) é usado figurativamente na Septuaginta e no Novo Testamento para indicar a vida moral e espiritual (Gálatas 5.16: "Andai no Espírito").

65 "E não vivendo de acordo com o que é apropriado em Cristo" (μηδὲ πολιτεύεσθαι κατὰ τὸ καθῆκον τῷ Χριστῷ) – O verbo πολιτεύομαι sugere uma conduta con-

cada um anda de acordo com os desejos do seu coração maligno,[66] que despertaram ciúmes injustos e ímpios[67] – pelos quais também a morte entrou no mundo.[68]

4

1 Pois assim está escrito: "E aconteceu que, passados alguns dias, Caim trouxe uma oferta a Deus dos frutos da terra; e Abel, por sua vez, trouxe dos primogênitos das ovelhas e da sua gordura."[69]
2 E Deus olhou favoravelmente para Abel e suas ofertas, mas não deu atenção a Caim e suas ofertas.[70]
3 Caim ficou extremamente aborrecido e descaiu-lhe o semblante.[71]
4 E Deus disse a Caim: "Por que te tornaste tão abatido e por que caiu o teu rosto? Se procederes bem, não serás aceito? Mas se não procederes bem, o pecado jaz à porta.[72]
5 Acalma-te; o seu desejo será para ti, e tu o dominarás."[73]

forme a "cidadania" no reino de Cristo, como em Filipenses 1.27: "Vivei de modo digno do evangelho de Cristo".

66 "Cada um anda de acordo com os desejos do seu coração maligno" (ἕκαστον βαδίζειν κατὰ τὰς ἐπιθυμίας τῆς καρδίας αὐτοῦ τῆς πονηρᾶς) – Reflexo de Jeremias 17.9, onde o coração humano é descrito como enganoso e desesperadamente corrupto.

67 "Que despertaram ciúmes injustos e ímpios" (ζῆλον ἄδικον καὶ ἀσεβῆ ἀνειληφότας) – A inveja injusta (ζῆλος ἄδικος) aparece como pecado destrutivo em Tiago 3.14-16.

68 "Pelos quais também a morte entrou no mundo" (δι οὗ καὶ θάνατος εἰσῆλθεν εἰς τὸν κόσμον) – Parafraseia Romanos 5.12, onde Paulo afirma que "por um só homem entrou o pecado no mundo, e pelo pecado a morte".

69 "E aconteceu que, passados alguns dias..." (Καὶ ἐγένετο μεθήμέρας) – Citação direta de Gênesis 4.3-4, sobre a oferta de Caim e Abel.

70 "E Deus olhou favoravelmente para Abel..." (καὶ ἐπεῖδεν ὁ θεὸς ἐπὶ Ἄβελ) – Gênesis 4.4-5, onde Deus aceita a oferta de Abel, mas rejeita a de Caim, estabelecendo o tema da justiça divina.

71 "Caim ficou extremamente aborrecido..." (καὶ ἐλυπήθη Κάϊν λίαν) – Gênesis 4.5, que descreve a raiva de Caim e seu semblante caído.

72 "Por que te tornaste tão abatido e por que caiu o teu rosto?" (Ιvατί περίλυπος ἐγένου, καὶ ἱvατί συνέπεσεν τὸ πρόσωπόν σου) – Gênesis 4.6-7, onde Deus questiona Caim e o adverte sobre o pecado.

73 " Acalma-te; o seu desejo será para ti, e tu o dominarás." (ἡσύχασον: πρὸς σὲ ἡ ἀποστροφὴ αὐτοῦ, καὶ σὺ ἄρξεις αὐτοῦ) – Interpretação alternativa do texto de Gênesis 4.7, onde há ambiguidade sobre o sujeito do verbo.

6 E Caim disse a seu irmão Abel: "Vamos ao campo." E aconteceu que, quando estavam no campo, Caim se levantou contra seu irmão Abel e o matou.[74]

7 Vede, irmãos, que o ciúme e a inveja produziram o fratricídio.[75]

8 Por causa do ciúme, nosso pai Jacó fugiu da presença de Esaú, seu irmão.[76]

9 O ciúme fez com que José fosse perseguido até a morte e se tornasse escravo.[77]

10 A inveja obrigou Moisés a fugir da presença de Faraó, rei do Egito, quando ouviu de seu compatriota: "Quem te constituiu árbitro ou juiz sobre nós? Tu queres me matar, como mataste o egípcio ontem?"[78]

11 Por causa do ciúme, Arão e Miriã tiveram de ficar fora do acampamento.[79]

12 A inveja fez com que Datã e Abirão descessem ao Hades vivos, porque criaram uma facção contra o servo de Deus, Moisés.[80]

13 Por causa do ciúme, Davi não só foi alvo da inveja dos estrangeiros, como também foi perseguido por Saul, o rei de Israel.[81]

74 "Vamos ao campo." (Διέλθωμεν εἰς τὸ πεδίον) – Gênesis 4.8, onde Caim atrai Abel ao campo para matá-lo.

75 Referência a Gênesis 4.8, interpretado como um alerta contra a inveja e a discórdia.

76 "Por causa do ciúme, nosso pai Jacó fugiu..." (διὰ ζῆλος ὁ πατὴρ ἡμῶν Ἰακὼβ ἀπέδρα) – Gênesis 27.41-45, onde Esaú planeja matar Jacó após a bênção roubada.

77 "O ciúme fez com que José fosse perseguido..." (ζῆλος ἐποίησεν Ἰωσὴφ μέχρι θανάτου διωχθῆναι) – Gênesis 37.4, 11, 28, que narra a inveja dos irmãos de José e sua venda como escravo.

78 "Quem te constituiu árbitro ou juiz sobre nós?" (Τίς σε κατέστησεν κριτὴν ἢ δικαστὴν ἐφ' ἡμῶν) – Êxodo 2.14, palavras ditas a Moisés antes de sua fuga para Midiã.

79 "Arão e Miriã tiveram de ficar fora do acampamento." (Ααρὼν καὶ Μαριὰμ ἔξω τῆς παρεμβολῆς ηὐλίσθησα) – Números 12.10-15, onde Miriã é punida com lepra por contestar a autoridade de Moisés.

80 "Datã e Abirão desceram ao Hades vivos..." (Δαθὰν καὶ Ἀβειρὼν ζῶντας κατήγαγεν εἰς ᾅδου) – Números 16.31-33, onde a terra se abre e engole os rebeldes.

81 "Davi... foi perseguido... por Saul..." (Δαυείδ... ὑπὸ Σαοὺλ... ἐδιώχθη) – 1 Samuel 18.6-9, 19.1-2, onde Saul tem inveja de Davi e tenta matá-lo.

5 1 Mas, para deixarmos os exemplos antigos, passemos agora aos competidores mais recentes. Devemos considerar os nobres exemplos de nossa própria geração.

2 Por causa do ciúme e da inveja, os maiores e mais íntegros pilares foram perseguidos e lutaram na competição até a morte.

3 Devemos colocar diante de nossos olhos os bons apóstolos.

4 Há Pedro, que, por causa da inveja injusta, suportou as dificuldades não apenas uma ou duas vezes, mas muitas vezes, e, tendo dado seu testemunho, foi para o lugar de glória que lhe era devido.[82]

5 Por causa da inveja e da contenda, Paulo demonstrou a perseverança necessária para alcançar a recompensa.

6 Sete vezes ele suportou correntes; foi exilado e apedrejado; serviu como arauto tanto no Oriente quanto no Ocidente e recebeu uma nobre reputação por sua fé.[83]

7 Ele ensinou a justiça ao mundo inteiro e chegou aos limites do Ocidente, prestando seu testemunho diante dos governantes.[84] E assim foi libertado deste mundo e transportado para o lugar santo, tornando-se o maior exemplo de perseverança.[85]

6 1 A esses homens, que viveram de maneira santa, foi acrescentada uma grande multidão de eleitos, os quais, suportando inúmeros tormentos e torturas por causa da inveja, tornaram-se um excelente exemplo entre nós.

82 "Pedro... foi para o lugar de glória" (Πέτρον... ἐπορεύθη... τόπον τῆς δόξης) – Tradição primitiva que sugere que Pedro foi martirizado em Roma sob Nero (c. 64-68 d.C.). Isso se baseia em João 21.18-19, onde Jesus prediz a morte de Pedro.

83 "Sete vezes ele suportou correntes..." (ἑπτάκις δεσμὰ φορέσας...) – A menção de sete prisões de Paulo não aparece no Novo Testamento, mas pode refletir uma tradição oral. As prisões conhecidas incluem Filipos (Atos 16.23-24), Jerusalém (Atos 21.33), Cesareia (Atos 23.35) e Roma (Atos 28.16).

84 O texto menciona a interpretação tradicional que sugere que Paulo pode ter viajado até a Espanha, conforme mencionado em Romanos 15.24, 28. Essa tradição é confirmada por alguns Pais da Igreja, como Clemente e Eusébio.

85 "Transportado para o lugar santo" (εἰς τὸν ἅγιον τόπον ἀνελήμφθη) – Referência à morte de Paulo, possivelmente decapitado em Roma durante a perseguição de Nero (c. 64-68 d.C.), conforme relatado na tradição cristã.

2 As mulheres foram perseguidas como as Danaides e Dircas[86] e, por causa da inveja, sofreram tormentos terríveis e profanos. No entanto, completaram com confiança a corrida da fé e, apesar da fraqueza de seus corpos, receberam uma nobre recompensa.

3 O ciúme separou as mulheres de seus maridos e anulou o que foi dito por nosso pai Adão: "Esta, afinal, é osso dos meus ossos e carne da minha carne".[87]

4 O ciúme e a contenda destruíram grandes cidades e desarraigaram grandes nações.

7 1 Estamos escrevendo estas coisas, amados, não apenas para aconselhá-los, mas também para nos lembrar. Pois estamos na mesma arena e a mesma disputa está diante de nós.

2 Por essa razão, devemos deixar para trás pensamentos vazios e frívolos e aderir à famosa e venerável regra de nossa tradição.

3 Devemos nos dar conta do que é bom, agradável e aceitável diante daquele que nos criou.

4 Devemos olhar atentamente para o sangue de Cristo e perceber o quanto ele é precioso para o Pai,[88] pois quando foi derramado para nossa salvação, trouxe o dom gracioso do arrependimento para o mundo inteiro.

86 "Danaides e Dircas" (Δαναΐδες καὶ Δίρκαι) – A referência às Danaides pode estar ligada à mitologia grega, onde as 50 filhas de Dânao foram forçadas a casar e depois assassinaram seus maridos. Já Dirce, na mitologia, foi castigada por Zeus, amarrada a um touro e arrastada até a morte. Essas figuras podem ter sido usadas como paralelos simbólicos para perseguições sofridas por cristãs no período romano.

87 "Esta, afinal, é osso dos meus ossos e carne da minha carne" (Τοῦτο νῦν ὀστοῦν ἐκ τῶν ὀστέων μου καὶ σὰρξ ἐκ τῆς σαρκός μου) – Citação de Gênesis 2.23, onde Adão reconhece Eva como parte de si mesmo, destacando a unidade e o vínculo matrimonial que o ciúme pode destruir.

88 "o quanto ele é precioso para o Pai" (ὡς ἔστιν τίμιον τῷ πατρὶ αὐτοῦ) – Essa ênfase na preciosidade do sangue de Cristo pode ser relacionada a 1 Pedro 1.19, onde o sangue de Cristo é descrito como "precioso, como de um cordeiro sem defeito e sem mácula".

5 Revisemos todas as gerações e aprendamos que, de uma geração para outra, o Mestre proporcionou uma oportunidade de arrependimento àqueles que desejavam voltar para Ele.[89]

6 Noé proclamou o arrependimento,[90] e aqueles que o atenderam foram salvos do perigo.

7 Jonas proclamou uma catástrofe para os ninivitas;[91] e aqueles que se arrependeram de seus pecados apaziguaram Deus por meio de suas ações e receberam a salvação, embora tivessem se afastado de Deus.

8 1 Aqueles que administraram o dom gracioso de Deus falaram sobre o arrependimento por meio do Espírito Santo.

2 E o próprio Mestre de todas as coisas falou sobre o arrependimento com um juramento: "Porque eu vivo, diz o Senhor, e não quero que o pecador morra, mas que se arrependa."[92] E a isso ele acrescentou uma boa notícia:

3 "Arrependei-vos de vossa iniquidade, casa de Israel. Dizei aos filhos do meu povo: 'Se os vossos pecados se estenderem da terra ao céu e forem mais vermelhos do que a escarlata e mais negros do que o pano de saco, mas vos voltardes para mim de todo o coração e disserdes: "Pai", eu vos ouvirei como a um povo santo.'"[93]

89 "o Mestre proporcionou uma oportunidade de arrependimento" (μετανοίας τόπον ἔδωκεν ὁ δεσπότης) – A paciência de Deus em conceder oportunidades de arrependimento é uma ideia central em Ezequiel 18.23 e 2 Pedro 3.9, onde Deus não deseja que ninguém pereça, mas que todos cheguem ao arrependimento.

90 "Noé proclamou o arrependimento" (Νῶε ἐκήρυξεν μετάνοιαν) – Noé é apresentado como um "pregador da justiça" em 2 Pedro 2.5, o que sugere que ele advertiu seus contemporâneos antes do dilúvio.

91 "Jonas proclamou uma catástrofe para os ninivitas" (Ιωνᾶς Νινευΐταις καταστροφὴν ἐκήρυξεν) – Baseado em Jonas 3.4-10, onde Jonas anuncia a destruição de Nínive, mas a cidade se arrepende e Deus revoga a sentença.

92 "Porque eu vivo, diz o Senhor, e não quero que o pecador morra, mas que se arrependa." (Ζῶ γὰρ ἐγώ, λέγει κύριος, οὐ βούλομαι τὸν θάνατον τοῦ ἁμαρτωλοῦ ὡς τὴν μετάνοιαν) – Citação de Ezequiel 33.11, onde Deus declara sua vontade de que o ímpio se arrependa e viva.

93 "Se os vossos pecados se estenderem da terra ao céu..." (Ἐὰν ὦσιν αἱ ἁμαρτίαι ὑμῶν ἀπὸ τῆς γῆς ἕως τοῦ οὐρανοῦ...) – Este trecho combina elementos de Isaías 1.18 e Salmo 103.11-12, enfatizando a misericórdia de Deus ao perdoar até mesmo os pecados mais graves.

4 E em outro lugar ele fala da seguinte forma:

"Lavem-se e tornem-se limpos; removam de vocês os males que estão diante dos meus olhos; ponham fim às suas más ações; aprendam a fazer o bem; busquem a justiça, resgatem aqueles que são tratados injustamente, tomem uma decisão para o órfão e façam o que é certo para a viúva. E venham, vamos juntos, diz o Senhor. Mesmo que os vossos pecados sejam como o carmesim, eu os tornarei brancos como a neve; e se forem como a escarlata, eu os tornarei brancos como a lã. Se estiverdes dispostos e me obedecerdes, comereis das coisas boas da terra; mas se não quiserdes e não me obedecerdes, uma espada vos devorará. Porque a boca do Senhor falou estas coisas."[94]

5 Por querer que todos os seus amados participassem do arrependimento, Ele o estabeleceu por meio de sua vontade todo-poderosa.

9 1 Por essa razão, devemos obedecer à sua magnífica e gloriosa vontade e, como suplicantes de sua misericórdia e bondade, prostrar-nos diante dele e nos voltarmos para seus caminhos compassivos, deixando para trás nossa labuta inútil, nossas brigas e o ciúme que leva à morte.

2 Devemos olhar atentamente para aqueles que serviram perfeitamente à sua magnífica glória.

3 Devemos considerar Enoque, que foi transportado para outro lugar porque foi considerado justo em sua obediência; e sua morte nunca foi encontrada.[95]

4 Noé, que foi considerado fiel em seu serviço, proclamou um novo começo para o mundo; e por meio dele o Mestre salvou as criaturas vivas que entraram na arca em harmonia.[96]

94 "Lavem-se e tornem-se limpos..." (Λούσασθε καὶ καθαροὶ γένεσθε...) – Citação de Isaías 1.16-20, onde Deus chama Israel ao arrependimento e promete restauração para aqueles que se voltam para Ele.

95 Referência a Gênesis 5.24, onde se diz que "Enoque andou com Deus, e já não era, porque Deus o tomou para si". Também ecoa Hebreus 11.5, que afirma que Enoque foi trasladado para não ver a morte.

96 "Noé... proclamou um novo começo para o mundo..." (Νῶε... παλιγγενεσίαν κόσμῳ ἐκήρυξεν) – Baseado em Gênesis 6-9, onde Noé, ao ser considerado justo por Deus, é escolhido para construir a arca e preservar a criação durante o

10

1 Abraão, que foi chamado de "O Amigo"[97], foi achado fiel quando se tornou obediente às palavras de Deus.

2 Por obediência, saiu de sua terra, de sua parentela e da casa de seu pai, para que, deixando uma terra pequena, uma parentela fraca e uma casa modesta, pudesse herdar as promessas de Deus. Pois Deus lhe disse:

3 "Sai da tua terra, da tua parentela e da casa de teu pai para a terra que eu te mostrarei. E farei de ti uma grande nação, e abençoar-te-ei, e engrandecerei o teu nome, e serás uma bênção. E abençoarei os que te abençoarem, e amaldiçoarei os que te amaldiçoarem, e em ti serão abençoadas todas as famílias da terra."[98]

4 E novamente, quando Abraão se separou de Ló, Deus lhe disse: "Levanta os teus olhos e olha desde o lugar onde estás, para o norte, para o sul, para o oriente e para o ocidente, porque toda a terra que vês, a ti a darei e à tua descendência para sempre."[99]

5 "E farei a tua descendência como o pó da terra; de modo que, se alguém puder contar o pó da terra, então a tua descendência também será contada."[100]

6 E ainda diz: "Então Deus levou Abraão para fora e disse: 'Olha para o céu e conta as estrelas, se as puderes contar'. E disse-lhe: 'Assim será a tua descendência'. E creu Abraão no Senhor, e isso lhe foi imputado como justiça."[101]

dilúvio. A menção à παλιγγενεσία ("renascimento") sugere uma ligação com a ideia de uma nova criação após o juízo.

97 "Abraão, que foi chamado de 'O Amigo'" (Ἀβραάμ, ὁ φίλος προσαγορευθείς) – Baseado em Isaías 41.8, onde Deus chama Abraão de "meu amigo".

98 "Sai da tua terra..." (Ἄπελθε ἐκ τῆς γῆς σου καὶ ἐκ τῆς συγγενείας σου καὶ ἐκ τοῦ οἴκου τοῦ πατρός σου) – Citação direta de Gênesis 12.1-3, onde Deus faz a primeira promessa a Abraão.

99 "Levanta os teus olhos..." (Ἀναβλέψας τοῖς ὀφθαλμοῖς σου ἴδε ἀπὸ τοῦ τόπου) – Referência a Gênesis 13.14-15, quando Deus renova sua promessa a Abraão após a separação de Ló.

100 "E farei a tua descendência como o pó da terra..." (καὶ ποιήσω τὸ σπέρμα σου ὡς τὴν ἄμμον τῆς γῆς) – Alusão a Gênesis 13.16, onde Deus compara a descendência de Abraão com a areia da terra.

101 "Olha para o céu e conta as estrelas..." (Ἐξήγαγεν ὁ θεὸς τὸν Ἀβραὰμ καὶ εἶπεν αὐτῷ: Ἀνάβλεψον εἰς τὸν οὐρανὸν καὶ ἀρίθμησον τοὺς ἀστέρας) – Baseado em Gê-

7 Por causa da fé e da hospitalidade, foi-lhe dado um filho na sua velhice; e por obediência, ofereceu-o em sacrifício a Deus sobre um dos montes que lhe foi mostrado.[102]

11

1 Por causa de sua hospitalidade e piedade, Ló foi salvo de Sodoma quando toda a região ao redor foi julgada pelo fogo e pelo enxofre. O Mestre demonstrou claramente que não abandona aqueles que nele esperam, mas entrega ao castigo e ao tormento aqueles que se desviam.

2 Pois sua mulher, que partira com ele, por ter um coração dividido e não estar em harmonia, foi posta como um sinal, de modo que se tornou uma estátua de sal até o dia de hoje,[103] para que todos saibam que aqueles que são de espírito duplo e duvidam do poder de Deus são entregues ao juízo e se tornam um exemplo para todas as gerações.

12

1 Por causa de sua fé e hospitalidade, Raabe, a prostituta, foi salva do perigo.[104]

2 Pois, quando Josué, filho de Num, enviou batedores de reconhecimento a Jericó, o rei da terra soube que eles haviam vindo para espionar seu território e enviou homens para prendê-los, a fim de que, uma vez capturados, fossem executados.[105]

3 Assim, Raabe, a hospitaleira, os acolheu e os escondeu na parte superior de sua casa, debaixo de um monte de linho.[106]

nesis 15.5-6, onde Deus assegura a Abraão uma descendência inumerável e sua fé é considerada justiça.

102 "Foi-lhe dado um filho..." (διὰ πίστιν καὶ φιλοξενίαν ἐδόθη αὐτῷ υἱὸς ἐν γήρᾳ) – Referência a Gênesis 21.1-3 (o nascimento de Isaque) e Gênesis 22.1-14 (o sacrifício de Isaque).

103 "Uma estátua de sal até o dia de hoje" (στήλην ἁλὸς ἕως τῆς ἡμέρας ταύτης) – Referência direta a Gênesis 19.26, onde a esposa de Ló olha para trás e se transforma em uma coluna de sal.

104 "Raabe, a prostituta, foi salva" (Ραὰβ ἡ πόρνη ἐσώθη) – Referência a Josué 2.1-21 e Hebreus 11.31, onde Raabe é mencionada por sua fé e hospitalidade.

105 E enviou homens para prendê-los" (καὶ ἐξέπεμψεν ἄνδρας τοὺς συλλημψομένους αὐτούς) – Baseado no relato de Josué 2.2-3, onde o rei de Jericó manda capturar os espias israelitas.

106 De acordo com Josué 2.6, Raabe os escondeu sob as hastes de linho no terraço de sua casa.

4 Quando os homens do rei chegaram e disseram: *"Os espias da nossa terra entraram em tua casa; traze-os para fora, pois assim ordenou o rei"*, ela respondeu: *"Os homens que buscais entraram para ver-me, mas logo partiram e estão a caminho"*, apontando-lhes, no entanto, uma direção equivocada.[107]

5 E disse aos homens: *"Sei com certeza que o Senhor vos entregará esta terra, pois o temor e o terror de vós caíram sobre seus habitantes. Quando, pois, a tomardes, salvai-me e a casa de meu pai"*.

6 E eles lhe disseram: *"Assim será, como disseste. Quando, pois, souberes que estamos nos aproximando, reúne toda a tua família sob o teu teto, e todos serão salvos. Mas quem for encontrado fora de tua casa perecerá"*.

7 E acrescentaram que lhe dariam um sinal: que pendurasse um cordão de escarlata à sua janela, sinal evidente de que, pelo sangue do Senhor, viria a redenção para todos os que nele creem e esperam.[108]

8 Vede, amados, que não somente a fé, mas também a profecia se manifestou nesta mulher.

13 1 Portanto, irmãos, sejamos humildes, rejeitando toda arrogância, presunção, insensatez e ira, e pratiquemos o que está escrito. Pois o Espírito Santo diz:

"Não se glorie o sábio na sua sabedoria, nem o forte na sua força, nem o rico na sua riqueza. Mas aquele que se gloria, glorie-se no Senhor, buscando-o e praticando o juízo e a justiça."[109]

2 Lembremo-nos, especialmente, das palavras do Senhor Jesus, que ensinou sobre a mansidão e a paciência. Pois assim disse ele:

"Tende misericórdia, para que sejais tratados com misericórdia. Perdoai, para que sejais perdoados. Assim como fizerdes, assim vos será

107 Em Josué 2.4-5, Raabe despista os enviados do rei para proteger os espias.

108 "Pelo sangue do Senhor viria a redenção" (διὰ τοῦ αἵματος τοῦ κυρίου λύτρωσις ἔσται) – Alusão ao sangue do Cordeiro na Páscoa (Êxodo 12.13) e à redenção pelo sangue de Cristo (1 Pedro 1.18-19).

109 "Não se glorie o sábio na sua sabedoria" (Μὴ καυχάσθω ὁ σοφὸς ἐν τῇ σοφίᾳ αὐτοῦ) – Citação de Jeremias 9.23-24, onde Deus exorta a confiar nele em vez de confiar na própria força ou sabedoria.

feito. Como derdes, assim vos será dado. Como julgardes, assim sereis julgados. Como agirdes com bondade, assim para vós haverá bondade. E com a mesma medida com que medirdes, vos será medido."[110]

3 Apoiamo-nos, pois, nesse mandamento e nesses preceitos, para que sigamos firmes em obediência às suas palavras santas, em humildade. Pois a palavra sagrada diz:

4 "Para quem olharei, senão para aquele que é manso, pacífico e que treme diante das minhas palavras?"[111]

14 1 Portanto, justo e santo é que sejamos obedientes a Deus, irmãos, em vez de seguirmos aqueles que, em arrogância e desordem, são líderes de um ciúme impuro.

2 Pois não apenas sofreremos um dano qualquer, mas enfrentaremos grande perigo, se nos entregarmos temerariamente aos desejos dos homens que nos lançam em contendas e dissensões, afastando-nos do que é bom.

3 Sejamos bondosos uns para com os outros, conforme a compaixão e a doçura daquele que nos criou.

4 Pois está escrito:

"Os justos habitarão a terra, e os íntegros nela permanecerão. Mas os que praticam a iniquidade serão exterminados dela."[112]

5 E novamente diz:

"Vi o ímpio muito exaltado, elevado como os cedros do Líbano. Mas passei, e eis que ele não estava mais lá. Busquei-o, mas não se encontrou o seu lugar. Guarda a inocência e observa a retidão, pois há um futuro para o homem pacífico."[113]

110 "Tende misericórdia, para que sejais tratados com misericórdia" (Ελεᾶτε, ἵνα ἐλεηθῆτε) – Baseado nos ensinamentos de Jesus, encontrados em Mateus 5.7, Lucas 6.36-38, e Mateus 7.2, que destacam a reciprocidade do juízo e da graça.

111 "Para quem olharei, senão para aquele que é manso..." (Επὶ τίνα ἐπιβλέψω, ἀλλ ἢ ἐπὶ τὸν πραΰν...) – Extraído de Isaías 66.2, onde Deus declara que favorece os humildes que tremem diante de sua palavra.

112 "Os justos habitarão a terra..." (Χρηστοὶ ἔσονται οἰκήτορες γῆς...) – Citação de Provérbios 2.21-22, onde se afirma que os justos permanecerão, enquanto os perversos serão arrancados da terra.

113 "Vi o ímpio muito exaltado..." (Εἶδον ἀσεβῆ ὑπερυψούμενον...) – Baseado em

15

1 Portanto, devemos apegar-nos àqueles que mantêm a paz com piedade, e não àqueles que desejam a paz com hipocrisia.

2 Pois está escrito:

"Este povo honra-me com os lábios, mas o seu coração está longe de mim."[114]

3 E ainda:

"Abençoam com a boca, mas em seu coração amaldiçoam."[115]

4 E novamente diz:

"Eles o amaram com a sua boca e com a sua língua mentiram contra ele; mas o seu coração não era reto para com ele, nem se mostraram fiéis à sua aliança."[116]

5 "Portanto, sejam silenciados os lábios enganosos, que proferem palavras iníquas contra o justo."[117]

6 E novamente:

"Que o Senhor destrua todos os lábios enganosos, a língua jactanciosa, os que dizem: 'Exaltaremos nossa língua; nossos lábios estão sob nosso controle. Quem é senhor sobre nós?'"[118]

Salmos 37.35-37, onde Davi contrasta o destino passageiro dos ímpios com a segurança dos justos.

114 "Este povo honra-me com os lábios..." (Οὗτος ὁ λαὸς τοῖς χείλεσίν με τιμᾷ...) – Citação de Isaías 29.13, também citada por Jesus em Mateus 15.8 e Marcos 7.6, referindo-se à hipocrisia religiosa.

115 "Abençoam com a boca..." (Τῷ στόματι αὐτῶν εὐλογοῦσιν...) – Referência a Salmos 62.4, onde se fala daqueles que enganam com palavras enquanto nutrem intenções perversas.

116 "Eles o amaram com a sua boca..." (Ηγάπησαν αὐτὸν τῷ στόματι αὐτῶν...) – Baseado em Salmos 78.36-37, descrevendo a infidelidade de Israel para com Deus.

117 "Sejam silenciados os lábios enganosos..." (διὰ τοῦτο ἄλαλα γενηθήτω τὰ χείλη τὰ δόλια...) – Citação de Salmos 31.18, onde se pede que Deus cale a boca dos que falam contra os justos com arrogância e malícia.

118 "Que o Senhor destrua todos os lábios enganosos..." (Ἐξολεθρεύσαι κύριος πάντα τὰ χείλη τὰ δόλια...) – Baseado em Salmos 12.3-4, condenando aqueles que se exaltam por meio da fala enganosa.

7 "Agora, diz o Senhor, eu me levantarei por causa da aflição do pobre e do gemido do necessitado. Eu o estabelecerei na salvação, e falarei abertamente sobre isso."[119]

16

1 Pois Cristo pertence aos humildes, e não àqueles que se exaltam sobre o seu rebanho.

2 O cetro da majestade de Deus, o Senhor Jesus Cristo, não veio com ostentação de arrogância nem de soberba – ainda que pudesse -, mas com humildade, conforme o Espírito Santo falou a respeito dele:

3 "Senhor, quem creu em nossa pregação? E a quem foi revelado o braço do Senhor? Ele cresceu diante dele como um renovo tenro, como raiz em terra seca. Não tinha aparência nem formosura; olhamo-lo, mas nenhuma beleza havia que nos agradasse. Foi desprezado e rejeitado pelos homens; homem de dores e que sabe o que é padecer; como alguém de quem os homens escondem o rosto, foi desprezado, e dele não fizemos caso."[120]

4 Ele carregou nossos pecados e sofreu por nossa causa; e nós o consideramos aflito, ferido por Deus e oprimido.

5 "Mas ele foi traspassado por causa das nossas transgressões, esmagado por causa das nossas iniquidades; o castigo que nos traz a paz estava sobre ele, e pelas suas feridas fomos curados."[121]

6 "Todos nós andávamos desgarrados como ovelhas; cada um se desviava pelo seu próprio caminho."[122]

7 E o Senhor fez cair sobre ele a iniquidade de todos nós. Mas ele não abriu a boca por causa dos maus-tratos. Como cordeiro foi levado ao

119 "Agora, diz o Senhor, eu me levantarei..." (νῦν ἀναστήσομαι, λέγει κύριος...) – Referência a Salmos 12.5, onde Deus promete agir em favor dos oprimidos.

120 "Senhor, quem creu em nossa pregação?" (Κύριε. τίς ἐπίστευσεν τῇ ἀκοῇ ἡμῶν) – Citação de Isaías 53.1-3, profecia messiânica sobre o Servo Sofredor.

121 "Mas ele foi traspassado..." (αὐτὸς δὲ ἐτραυματίσθη...) – Citação de Isaías 53.5, destacando o sofrimento vicário do Messias.

122 "Todos nós andávamos desgarrados..." (πάντες ὡς πρόβατα ἐπλανήθημεν...) – Baseado em Isaías 53.6, enfatizando a condição pecaminosa da humanidade.

matadouro, e como uma ovelha diante do que a tosquia, permaneceu calado e não abriu a boca.

8 "Na sua humilhação foi-lhe negada a justiça. Quem poderá falar da sua geração? Pois a sua vida foi tirada da terra dos viventes."[123]

9 Por causa das transgressões do meu povo, ele foi entregue à morte.

10 "E deram-lhe a sepultura com os ímpios, e com o rico na sua morte, embora não tivesse cometido injustiça, nem houvesse engano em sua boca. Mas o Senhor desejou esmagá-lo, fazendo-o sofrer."[124]

11 "Se ofereceres sua vida como oferta pelo pecado, verá sua posteridade e prolongará seus dias."[125]

12 O Senhor quis remover o fardo de sua alma, revelar-lhe a luz e moldá-lo com sabedoria, para justificar o justo, que serviu bem a muitos. E ele mesmo carregará os pecados deles.

13 "Por isso lhe darei uma porção entre os grandes, e com os poderosos repartirá os despojos, porque derramou sua alma na morte e foi contado com os transgressores."[126]

14 Ele carregou os pecados de muitos e intercedeu pelos transgressores.

15 E novamente ele mesmo diz: "Mas eu sou um verme e não um homem, o opróbrio dos homens e desprezado pelo povo."[127]

16 "Todos os que me veem zombam de mim; meneiam a cabeça e dizem: 'Confiou no Senhor; que ele o livre! Que o salve, pois nele tem prazer.'"[128]

123 "Na sua humilhação foi-lhe negada a justiça..." (ἐν τῇ ταπεινώσει ἡ κρίσις αὐτοῦ ἤρθη...) – Extraído de Isaías 53.8, também citado em Atos 8.32-33, onde Filipe explica essa passagem ao eunuco etíope.

124 "E deram-lhe a sepultura com os ímpios..." (καὶ δώσω τοὺς πονηροὺς ἀντὶ τῆς ταφῆς...) – Referência a Isaías 53.9-10, descrevendo a morte injusta do Justo.

125 "Se ofereceres sua vida..." (ἐὰν δῶτε... ἡ ψυχὴ...) – Citação de Isaías 53.10, destacando a recompensa do Servo Sofredor.

126 "Por isso lhe darei uma porção entre os grandes..." (διὰ τοῦτο αὐτὸς κληρονομήσει πολλοὺς...) – Citação de Isaías 53.12, sobre a exaltação do Servo Sofredor.

127 "Mas eu sou um verme..." (Εγὼ δέ εἰμι σκώληξ...) – Citação de Salmos 22.6, prefigurando o desprezo sofrido pelo Messias.

128 "Todos os que me veem zombam..." (πάντες οἱ θεωροῦντές με ἐξεμυκτήρισάν...) – Citação de Salmos 22.7-8, associada à crucificação de Cristo.

17 Vede, amados, o modelo que nos foi dado. Pois, se o Senhor foi assim humilde, que faremos nós, que por meio dele assumimos o jugo de sua graça?

17

1 Devemos tornar-nos imitadores também daqueles que andavam vestidos de peles de cabras e de ovelhas, proclamando a vinda de Cristo. Referimo-nos a Elias e Eliseu, e também a Ezequiel, os profetas; e, além destes, àqueles que receberam bom testemunho.

2 Abraão recebeu grande testemunho e foi chamado de Amigo de Deus.[129] E, enquanto contemplava atentamente a glória de Deus com humildade, disse: "Sou apenas pó e cinza."[130]

3 Também está escrito a respeito de Jó: "Mas Jó era justo e irrepreensível, verdadeiro, temente a Deus e afastado de todo mal."[131]

4 Mas ele se acusou a si mesmo, dizendo: "Ninguém é puro da imundície, nem mesmo se sua vida for de apenas um dia."[132]

5 Moisés foi chamado de fiel em toda a sua casa,[133] e, por meio de seu serviço, Deus julgou o Egito com pragas e tormentos. Mas, mesmo tendo sido grandemente exaltado, não se vangloriou. Pelo contrário, quando Deus lhe falou da sarça ardente, disse: "Quem sou eu para que me envies? Porque sou débil na fala e lento na língua."[134]

6 E novamente disse: "Sou apenas o vapor de uma panela."[135]

129 "Amigo de Deus" (φίλος... τοῦ θεοῦ) – Referência a Isaías 41.8, onde Deus chama Abraão de "meu amigo".

130 "Sou apenas pó e cinza" (Εγὼ δέ εἰμι γῆ καὶ σποδός) – Citação de Gênesis 18.27, quando Abraão intercede por Sodoma e Gomorra.

131 "Mas Jó era justo..." (Ιὼβ δὲ ἦν ...) – Citação de Jó 1.1, descrevendo o caráter íntegro de Jó.

132 "Ninguém é puro da imundície..." (Οὐδεὶς καθαρὸς ἀπὸ ῥύπου...) – Extraído de Jó 14.4-5, onde Jó reconhece a fragilidade humana.

133 "Fiel em toda a sua casa" (πιστὸς ἐν ὅλῳ τῷ οἴκῳ αὐτοῦ) – Referência a Números 12.7, onde Deus testemunha sobre a fidelidade de Moisés.

134 "Quem sou eu para que me envies?" (Τίς εἰμι ἐγώ, ὅτι με πέμπεις) – Citação de Êxodo 3.11 e Êxodo 4.10, quando Moisés expressa sua relutância diante do chamado divino.

135 "Sou apenas o vapor de uma panela" (Εγὼ δέ εἰμι ἀτμὶς ἀπὸ κύθρας) – Citação possível de Jó 7.6 ou Salmos 39.5, simbolizando a brevidade e fragilidade da vida.

18 1 Que diremos, pois, acerca de Davi, a quem foi dado testemunho? Deus falou a seu respeito: "Encontrei um homem segundo o meu coração, Davi, filho de Jessé; com misericórdia eterna ungi-o."[136]

2 Ele mesmo, contudo, diz a Deus: "Tem piedade de mim, ó Deus, segundo a tua grande misericórdia, e segundo a abundância das tuas compaixões, apaga a minha transgressão."[137]

3 "Lava-me ainda mais da minha iniquidade, e purifica-me do meu pecado. Pois a minha transgressão eu conheço, e o meu pecado está sempre diante de mim."[138]

4 "Contra ti somente pequei, e diante de ti pratiquei o mal, para que sejas justificado em tuas palavras e triunfes quando fores julgado."[139]

5 "Eis que em iniquidades fui concebido, e em pecados me gerou minha mãe."[140]

6 "Eis que amaste a verdade; os segredos e ocultos da tua sabedoria me revelaste."[141]

136 "Encontrei um homem segundo o meu coração..." (Εὗρον ἄνδρα κατὰ τὴν καρδίαν μου...) – Citação de Atos 13.22, com eco do Salmo 88.21 LXX (89.20 MT). O uso da expressão "κατὰ τὴν καρδίαν μου" indica mais que afeição pessoal: trata-se de alguém alinhado com os desígnios de Deus. O verbo εὗρον (encontrei) implica uma escolha ativa e deliberada por parte divina.

137 "Tem piedade de mim, ó Deus..." (Ἐλέησόν με, ὁ θεός...) – Salmo 50.3 LXX (51.1 MT). O verbo ἐλέησον (tem piedade) abre este salmo penitencial e evoca não apenas compaixão, mas uma ação concreta de misericórdia. É a súplica de quem reconhece a própria indignidade diante da santidade de Deus.

138 "Lava-me ainda mais..." (ἐπὶ πλεῖον πλῦνόν με...) – Salmo 50.4 LXX. O uso do comparativo ἐπὶ πλεῖον (ainda mais) reforça a intensidade do desejo de purificação, enquanto o verbo πλύνω remete à lavagem ritual e à purificação moral, tornando claro o anseio por transformação total.

139 "Contra ti somente pequei..." (σοὶ μόνῳ ἥμαρτον...) – Salmo 50.6 LXX. A exclusividade do pronome μόνῳ (somente) sublinha a gravidade teológica do pecado como ofensa primária contra Deus, ainda que tenha consequências sociais. O verbo ἁμαρτάνω indica errar o alvo, afastar-se da vontade divina.

140 "Eis que em iniquidades fui concebido..." (ἰδοὺ γὰρ ἐν ἀνομίαις συνελήμφθην...) – Salmo 50.7 LXX. O verbo συνελήμφθην (fui concebido) associa a existência humana à condição pecaminosa desde a origem, reforçando a doutrina da depravação ou inclinação natural ao pecado.

141 "Eis que amaste a verdade..." (ἰδοὺ γὰρ ἀλήθειαν ἠγάπησας...) – Salmo 50.8 LXX. O verbo ἠγάπησας (amaste) é forte e relacional, indicando que Deus deseja não

7 "Aspergir-me-ás com hissopo, e serei purificado; lavar-me-ás, e me tornarei mais branco do que a neve."[142]

8 "Faze-me ouvir júbilo e alegria, e exultarão os ossos que esmagaste."[143]

9 "Desvia o teu rosto dos meus pecados, e apaga todas as minhas iniquidades."[144]

10 "Cria em mim, ó Deus, um coração puro, e renova dentro de mim um espírito reto."[145]

11 "Não me lances fora da tua presença, e o teu Espírito Santo não retires de mim."[146]

12 "Restitui-me a alegria da tua salvação, e sustenta-me com um espírito dirigente."[147]

apenas uma vida correta externamente, mas integridade no íntimo. Os termos ἄδηλα e κρύφια (ocultos, secretos) aludem à sabedoria espiritual revelada no coração.

142 "Aspergir-me-ás com hissopo..." (ῥαντιεῖς με ὑσσώπῳ...) – Salmo 50.9 LXX. O verbo ῥαντίζω (aspergir) conecta-se aos ritos levíticos de purificação (cf. Lv 14), onde o hissopo simboliza a remoção do pecado. A associação com a purificação da lepra reforça a profundidade da culpa reconhecida.

143 "Exultarão os ossos que esmagaste." (ἀγαλλιάσονται ὀστᾶ τεταπεινωμένα) – Salmo 50.10 LXX. Os ὀστᾶ (ossos) simbolizam a estrutura vital do ser humano; seu abatimento (τεταπεινωμένα) indica o efeito devastador do pecado. O verbo ἀγαλλιάομαι (exultar) aponta para a restauração esperada após o perdão.

144 "Desvia o teu rosto..." (ἀπόστρεψον τὸ πρόσωπόν σου...) – Salmo 50.11 LXX. O pedido para Deus "desviar o rosto" é um apelo por anistia divina. O verbo ἀπόστρεψον sugere o afastamento voluntário do olhar que julga, substituído pelo olhar que perdoa.

145 "Cria em mim um coração puro..." (καρδίαν καθαρὰν κτίσον ἐν ἐμοί...) – Salmo 50.12 LXX. O verbo κτίζω (criar) remete à criação ex nihilo, como em Gênesis 1, implicando que somente Deus pode gerar um coração novo e puro (καθαρὰν), sinal de um renascimento espiritual.

146 "Não retires de mim o teu Espírito Santo..." (τὸ πνεῦμα τὸ ἅγιόν σου μὴ ἀντανέλῃς...) – Salmo 50.13 LXX. O verbo ἀνταναιρέω (retirar completamente) indica a perda irreversível da presença divina. É um temor concreto, à semelhança do que ocorreu com Saul (cf. 1Sm 16.14).

147 "Restitui-me a alegria..." (ἀπόδος μοι τὴν ἀγαλλίασιν...) – Salmo 50.14 LXX. O verbo ἀποδίδωμι (restituir) reforça a ideia de uma bênção que foi perdida. A ἀγαλλίασις (alegria jubilosa) é inseparável da salvação experimentada na intimidade com Deus.

13 "Ensinarei aos transgressores os teus caminhos, e os pecadores voltar-se-ão para ti."[148]

14 "Livra-me do sangue, ó Deus, Deus da minha salvação."[149]

15 "Exultará a minha língua em tua justiça. Senhor, abrirás os meus lábios, e a minha boca anunciará o teu louvor."[150]

16 "Pois, se quisesses sacrifício, eu o teria oferecido; holocaustos não te agradarão."[151]

17 "Sacrifício para Deus é espírito contrito; coração quebrantado e humilhado, ó Deus, tu não desprezarás."[152]

19 1 Assim, a humildade e a submissão de tantos e tão ilustres testemunhos, por meio da obediência, tornaram melhores não apenas a nós, mas também as gerações que nos precederam, bem como aqueles que receberam as suas palavras com temor e verdade.[153]

148 "Ensinarei aos transgressores..." (διδάξω ἀνόμους...) – Salmo 50.15 LXX. O verbo διδάσκω (ensinar) aponta para a missão pedagógica do penitente restaurado. Ele se torna um canal de retorno à justiça para os ἀνόμοι (os sem-lei).

149 "Livra-me do sangue..." (ῥῦσαί με ἐξ αἱμάτων...) – Salmo 50.16 LXX. O plural αἵματα (sangues) indica derramamento de sangue inocente, com provável referência à morte de Urias. O verbo ῥύομαι (livrar, resgatar) apela à salvação do peso da culpa extrema.

150 "Abrirás os meus lábios..." (κύριε, τὸ στόμα μου ἀνοίξεις...) – Salmo 50.17 LXX. O louvor não é autogerado: Deus é quem capacita o ser humano a anunciar Sua glória. A abertura dos lábios sugere libertação do peso do pecado que antes silenciava.

151 "Se quisesses sacrifício..." (ὅτι εἰ ἠθέλησας θυσίαν...) – Salmo 50.18 LXX. O verbo ἠθέλησας (desejar) em construção condicional exprime que o culto externo não é suficiente para alcançar o favor divino – ideia em consonância com os profetas (cf. Is 1.11-17).

152 "Sacrifício para Deus é espírito contrito..." (θυσία τῷ θεῷ πνεῦμα συντετριμμένον...) – Salmo 50.19 LXX. O termo συντετριμμένον (quebrantado) exprime arrependimento profundo. Deus se agrada não do ritual, mas do coração humilhado e sincero, como já afirmado em Isaías 57.15.

153 "Assim, a humildade e a submissão..." (τὸ ταπεινόφρον καὶ τὸ ὑποδεὲς διὰ τῆς ὑπακοῆς...) – A obediência (ὑπακοή), associada à humildade (ταπεινόφρον) e à condição inferior (ὑποδεής), é exaltada como força transformadora não só no indivíduo, mas em gerações inteiras. A linguagem ecoa a ética cristã primitiva, particularmente a teologia paulina sobre Cristo como modelo de submissão (cf. Fp 2.8), e insinua que a obediência molda o caráter coletivo do povo de Deus.

2 Sendo nós participantes de tantas ações grandiosas, magníficas e gloriosas, retornemos ao propósito da paz que nos foi transmitido desde o princípio. E fixemos o olhar no Pai e Criador do universo, unindo-nos aos seus dons esplêndidos e extraordinários, às suas bênçãos e aos benefícios da paz.[154]

3 Contemplemo-lo com o entendimento e fixemos os olhos da alma em sua vontade longânime.[155] Compreendamos quão isento de ira ele é para com toda a sua criação.[156]

20

1 Os céus, abalados por sua ordem, permanecem em paz sob sua autoridade.[157]

2 O dia e a noite percorrem o caminho que lhes foi determinado por ele, sem que um impeça o outro.[158]

154 "Retornemos ao propósito da paz..." (ἐπαναδράμωμεν ἐπὶ τὸν... σκοπόν) – O verbo ἐπαναδράμωμεν (voltar, retornar) marca um apelo ao arrependimento coletivo e à retomada do ideal original. A palavra εἰρήνη (paz) aqui não designa mera tranquilidade, mas uma realidade escatológica e cósmica vinculada à vontade de Deus. O "propósito" (σκοπός) remete à meta espiritual que rege a vida cristã.

155 "Fixemos os olhos da alma..." (ἐμβλέψωμεν τοῖς ὄμμασιν τῆς ψυχῆς...) – A metáfora da visão interior, com raízes na filosofia helenística, sobretudo no platonismo, indica um tipo de contemplação espiritual que transcende a percepção sensível. A alma é aqui apresentada como dotada de "olhos" capazes de discernir a vontade divina, especialmente o "desígnio longânimo" (τὸ μακρόθυμον βούλημα) de Deus.

156 "Quão isento de ira ele é..." (πῶς ἀόργητος ὑπάρχει...) – O termo ἀόργητος (sem ira) contrapõe-se à noção pagã de deuses facilmente irritáveis. Aqui, Clemente reforça a imagem do Deus cristão como longânimo (μακρόθυμος), paciente com toda a criação. Essa ênfase na misericórdia divina fortalece o chamado à imitação e ao abandono de contendas internas na comunidade.

157 "Os céus, abalados por sua ordem..." (Οἱ οὐρανοὶ τῇ διοικήσει αὐτοῦ σαλευόμενοι...) – A submissão dos céus à διοίκησις (governo, administração) divina alude à ordem universal mantida por Deus. A ideia reflete tanto a teologia judaico-cristã (cf. Sl 103.19 LXX: "O Senhor estabeleceu o seu trono nos céus") quanto a cosmologia helenística, onde o cosmos funciona em obediência ao *Logos* divino.

158 "O dia e a noite percorrem..." (ἡμέρα τε καὶ νὺξ... δρόμον διανύουσιν...) – A imagem dos ciclos temporais obedecendo ao caminho prescrito (δρόμος) ecoa Gênesis 1.14-18 e Salmo 18.5-7 (19.4-6 MT). Aqui, a regularidade do tempo é evidência da fidelidade do Criador e da ordem cósmica.

3 O sol e a lua, bem como os coros dos astros, conforme sua disposição, seguem em perfeita harmonia os cursos que lhes foram designados, sem qualquer desvio.[159]

4 A terra, segundo sua vontade, faz brotar, nos tempos próprios, um alimento abundante para os homens, os animais e todos os seres vivos que nela habitam, sem dissensão nem alteração de seus decretos.[160]

5 Os abismos insondáveis e as regiões inferiores, que não podem ser descritas, são mantidos em ordem pelas mesmas determinações.[161]

6 A vastidão do mar infinito, formado segundo sua criação, permanece dentro dos limites que lhe foram estabelecidos, sem ultrapassar os portões que lhe foram impostos. Obedece estritamente à ordem que lhe foi dada.[162]

7 Pois disse: "Até aqui chegarás, e dentro de ti serão quebradas as tuas ondas."[163]

8 O oceano sem fim para os homens e os mundos que o seguem são dirigidos pelas mesmas disposições do Senhor.[164]

159 "O sol e a lua... coros dos astros..." (ἥλιός τε καὶ σελήνη, ἀστέρων τε χοροί...) – A harmonia dos astros que obedecem às determinações divinas (διαταγή, ἐπιτεταγμένοι ὁρισμοί) é tema recorrente na literatura sapiencial judaica (cf. Eclo 43.2-10) e ressoa com a concepção pitagórica de um universo regido por proporções musicais e harmonia celeste.

160 "A terra, segundo sua vontade..." (γῆ κυοφοροῦσα κατὰ τὸ θέλημα αὐτοῦ...) – A fertilidade da terra nos tempos apropriados (καιροῖς) é vista como manifestação da providência divina. A imagem remete ao Salmo 64.10-14 (65.9-13 MT), em que Deus é quem cultiva a terra e provê o sustento.

161 "Os abismos insondáveis..." (ἀβύσσων τε ἀνεξιχνίαστα...) – A referência aos abismos conecta-se ao *Tehom* de Gênesis 1.2 e à concepção de regiões inferiores sob o controle soberano de Deus (cf. Jó 38.16). O uso de termos como ἀνεξιχνίαστα *e* ἀνεκδιήγητα sublinha a inefabilidade e profundidade dessas regiões.

162 "A vastidão do mar infinito..." (τὸ κύτος τῆς ἀπείρου θαλάσσης...) – O mar, tradicionalmente símbolo do caos na literatura bíblica, aqui é retratado como perfeitamente submisso à ordem divina (cf. Sl 104.6-9). As "trancas" (κλεῖθρα) e os "limites" revelam a autoridade absoluta de Deus sobre as forças naturais.

163 "Até aqui chegarás..." (Ἕως ὧδε ἥξεις...) – Citação de Jó 38.11 LXX. Deus impõe limites ao mar e às suas ondas, reiterando o domínio do Criador sobre o caos e sua capacidade de conter o que parece indomável.

164 "O oceano sem fim para os homens..." (ὠκεανὸς ἀπέραντος ἀνθρώποις...) – A vastidão do oceano era símbolo do mistério e da majestade da criação. A menção

9 As estações da primavera, do verão, do outono e do inverno sucedem-se mutuamente em paz.[165]

10 Os ventos cumprem sua função sem obstáculos em seus devidos tempos. As fontes perenes, criadas para benefício e saúde, fluem sem falha alguma, oferecendo sustento contínuo para a vida dos homens.[166]

11 Até os menores dos seres vivos realizam suas reuniões em harmonia e paz.[167]

12 Todas essas coisas foram ordenadas pelo grande Criador e Senhor de todas as coisas para existirem em paz e concórdia, beneficiando todas as criaturas e, sobremaneira, a nós, que recorremos às suas misericórdias por meio de nosso Senhor Jesus Cristo, a quem pertencem a glória e a majestade pelos séculos dos séculos. Amém.[168]

21

1 Vede, caríssimos, que as muitas misericórdias de Deus não se convertam em juízo contra nós, se não nos conduzirmos dignamente segundo Ele, praticando, em concórdia, o que é bom e agradável diante d'Ele.[169]

aos "mundos após ele" (οἱ μετ' αὐτὸν κόσμοι) pode referir-se a outras partes do cosmos ou à sucessão dos tempos, todos subordinados ao decreto do Senhor.

165 "As estações sucedem-se mutuamente..." (καιροὶ... μεταπαραδιδόασιν ἀλλήλοις) – A transição pacífica entre estações simboliza a ordem divina no tempo. A imagem evoca Gênesis 8.22 e reflete também uma visão estoica do universo como regulado pela razão divina.

166 "As fontes perenes..." (ἀέναοί τε πηγαί...) – As águas permanentes, dom para fruição (ἀπόλαυσις) e saúde (ὑγεία), reforçam a imagem da criação como boa e generosa. A associação da água à vida e à bênção aparece em Isaías 35.6-7 e Provérbios 5.15.

167 "Até os menores dos seres vivos..." (τά τε ἐλάχιστα τῶν ζώων...) – A menção à organização das criaturas mais humildes reforça a noção de que toda a criação participa da ordem e da paz estabelecidas por Deus. Cf. Provérbios 30.24-28, onde animais pequenos são exemplos de sabedoria e organização.

168 "A quem pertencem a glória..." (ᾧ ἡ δόξα καὶ ἡ μεγαλωσύνη...) – Doxologia final dirigida a Cristo, marcada por expressões típicas da tradição cristã primitiva. A glória (δόξα) e majestade (μεγαλωσύνη) são atributos divinos frequentemente aplicados ao Senhor na literatura paulina e apocalíptica (cf. Rm 16.27; Ap 5.13).

169 "Que as muitas misericórdias de Deus não se convertam em juízo contra nós" (μὴ αἱ εὐεργεσίαι αὐτοῦ αἱ πολλαὶ γένωνται εἰς κρίμα ἡμῖν) – A advertência expressa aqui é que a abundância das dádivas divinas pode agravar nossa culpa, caso

2 Pois algures se diz: "O espírito do Senhor é uma lâmpada que perscruta os recônditos do ventre."[170]

3 Consideremos, portanto, quão próximo Ele está, e que nada escapa ao seu olhar, seja dos nossos pensamentos, seja dos nossos raciocínios e intenções.[171]

4 Justo é, pois, que não desertemos de sua vontade.

5 Antes, é melhor escandalizarmo-nos com homens insensatos, sem entendimento, arrogantes e vangloriosos em sua altivez de palavras, do que com Deus.

6 Envergonhemo-nos do Senhor Jesus Cristo, por quem foi derramado o seu sangue por nós; respeitemos aqueles que nos precederam; honremos os presbíteros; eduquemos os jovens na disciplina do temor de Deus; corrijamos nossas mulheres para o bem.[172]

7 Manifestem elas um caráter digno de amor pela castidade; demonstrem uma vontade íntegra por meio da mansidão; façam evidente, por meio do silêncio, a moderação de sua língua; e ofereçam sua caridade não por preferência pessoal, mas santa e igualmente a todos os que temem a Deus.

8 Que nossos filhos participem da instrução em Cristo; que aprendam quão poderosa é a humildade diante de Deus, que força tem o

não vivamos de modo digno delas. Essa noção aparece também em Romanos 2.4-5, onde a benignidade de Deus visa ao arrependimento, não à negligência.

170 "O espírito do Senhor é uma lâmpada que perscruta os recônditos do ventre" (Πνεῦμα Κυρίου λύχνος ἐρευνῶν τὰ ταμιεῖα τῆς γαστρός) – Citação de Provérbios 20.27 (LXX), em que o "espírito" humano dado por Deus é apresentado como uma luz que investiga o mais íntimo do ser. Clemente a utiliza para indicar que nenhum pensamento ou desejo está oculto aos olhos divinos.

171 "Nada escapa ao seu olhar" (ὅτι οὐδὲν λέληθεν αὐτὸν) – A ênfase está na onisciência de Deus, que conhece não apenas os atos externos, mas também as intenções e motivações do coração, como reiterado em 1 Samuel 16.7 e Hebreus 4.12-13.

172 "Por quem foi derramado o seu sangue por nós" (οὗ τὸ αἷμα ὑπὲρ ἡμῶν ἐδόθη) – Referência à morte sacrificial de Cristo, um tema cristológico central tanto no Novo Testamento (cf. Marcos 14.24; Hebreus 9.14) quanto na 1 Clemente, onde a entrega do sangue é fundamento da unidade e da conduta santa da comunidade.

amor puro diante d'Ele, e quão belo, grandioso e salvador é o seu temor para todos os que com piedade se conduzem n'Ele, com mente pura.[173]

9 Pois Ele é examinador dos pensamentos e das reflexões; e seu sopro está em nós, e, quando quiser, retirá-lo-á.[174]

22 1 Todas essas coisas são confirmadas pela fé em Cristo, pois Ele mesmo, por meio do Espírito Santo, assim nos convida: "Vinde, filhos, ouvi-me; ensinar-vos-ei o temor do Senhor."[175]

2 "Quem é o homem que deseja a vida e ama ver dias bons?"[176]

3 "Guarda tua língua do mal e teus lábios de proferirem engano."[177]

4 "Afasta-te do mal e faze o bem."[178]

5 "Busca a paz e segue-a."[179]

173 "Que nossos filhos participem da instrução em Cristo" (τὰ τέκνα ἡμῶν τῆς ἐν Χριστῷ παιδείας μεταλαμβανέτωσαν) – A expressão παιδεία ἐν Χριστῷ refere-se à formação moral e espiritual das crianças dentro da fé cristã. No contexto greco-romano, παιδεία era a educação integral do cidadão; Clemente adapta o termo à realidade da vida cristã.

174 "Seu sopro está em nós, e, quando quiser, retirá-lo-á" (οὗ ἡ πνοὴ αὐτοῦ ἐν ἡμῖν ἐστίν, καὶ ὅταν θέλῃ, ἀνελεῖ αὐτήν) – Referência à dependência absoluta do ser humano em relação a Deus, cuja "pneuma" (sopro) é tanto princípio de vida (cf. Gênesis 2.7) quanto realidade espiritual que pode ser retirada a qualquer momento (cf. Jó 34.14-15).

175 "Vinde, filhos, ouvi-me; ensinar-vos-ei o temor do Senhor." (Δεῦτε, τέκνα, ἀκούσατέ μου, φόβον κυρίου διδάξω ὑμᾶς) – Citação do Salmo 33.12 LXX (34.11 MT), em que o salmista exorta à obediência a Deus como caminho para a sabedoria e a vida.

176 "Quem é o homem que deseja a vida e ama ver dias bons?" (τίς ἐστιν ἄνθρωπος ὁ θέλων ζωήν, ἀγαπῶν ἡμέρας ἰδεῖν ἀγαθάς) – Continuação do Salmo 33.13 LXX (34.12 MT). A pergunta introduz um ensinamento sapiencial sobre a conduta reta.

177 "Guarda tua língua do mal e teus lábios de proferirem engano." (παῦσον τὴν γλῶσσάν σου ἀπὸ κακοῦ, καὶ χείλη σου τοῦ μὴ λαλῆσαι δόλον) – Citação do Salmo 33.14 LXX (34.13 MT), enfatizando o papel da palavra na moralidade bíblica.

178 "Afasta-te do mal e faze o bem." (ἔκκλινον ἀπὸ κακοῦ, καὶ ποίησον ἀγαθόν) – Salmo 33.15a LXX (34.14a MT). A ética do arrependimento e da prática do bem está no cerne da espiritualidade cristã.

179 "Busca a paz e segue-a." (ζήτησον εἰρήνην, καὶ δίωξον αὐτήν) – Salmo 33.15B LXX (34.14b MT). A paz (εἰρήνη) na Bíblia vai além da ausência de conflito; refere-se a uma condição de harmonia com Deus e com os homens.

6 "Os olhos do Senhor estão sobre os justos, e seus ouvidos atentos à sua súplica; mas o rosto do Senhor volta-se contra os que praticam o mal, para apagar da terra a memória deles."[180]

7 "O justo clamou, e o Senhor o ouviu, e de todas as suas aflições o livrou."[181]

8 "Muitas são as tribulações do pecador, mas a misericórdia envolverá os que esperam no Senhor."[182]

23 1 O Pai misericordioso em tudo e benfazejo compadece-se dos que o temem, e com suavidade e benevolência concede suas graças àqueles que a Ele se aproximam com mente simples.[183]

2 Por isso, não sejamos de ânimo dobrado, nem se perturbe a nossa alma diante das suas dádivas grandiosas e gloriosas.[184]

3 Longe de nós esteja esta Escritura, em que se diz: "Miseráveis são os que têm ânimo dobre, que duvidam em sua alma e dizem: Estas

180 "Os olhos do Senhor estão sobre os justos, e seus ouvidos atentos à sua súplica; mas o rosto do Senhor volta-se contra os que praticam o mal, para apagar da terra a memória deles." (ὀφθαλμοὶ κυρίου ἐπὶ δικαίους, καὶ ὦτα αὐτοῦ πρὸς δέησιν αὐτῶν· πρόσωπον δὲ κυρίου ἐπὶ ποιοῦντας κακά, τοῦ ἐξολεθρεῦσαι ἐκ γῆς τὸ μνημόσυνον αὐτῶν) – Salmo 33.16-17 LXX (34.15-16 MT). Expressa a proteção de Deus sobre os justos e sua retribuição aos ímpios.

181 "O justo clamou, e o Senhor o ouviu, e de todas as suas aflições o livrou." (ἐκέκραξεν ὁ δίκαιος, καὶ ὁ κύριος εἰσήκουσεν αὐτοῦ, καὶ ἐκ πασῶν τῶν θλίψεων αὐτοῦ ἐρύσατο αὐτόν) – Salmo 33.18 LXX (34.17 MT), reforçando a promessa de livramento aos que confiam no Senhor.

182 "Muitas são as tribulações do pecador, mas a misericórdia envolverá os que esperam no Senhor." (Πολλαὶ αἱ μάστιγες τοῦ ἁμαρτωλοῦ, τοὺς δὲ ἐλπίζοντας ἐπὶ κύριον ἔλεος κυκλώσει) – Salmo 31.10 LXX (32.10 MT). A passagem contrapõe o destino dos pecadores e dos fiéis, destacando a misericórdia divina.

183 "Com mente simples" (ἁπλῇ διανοίᾳ) – O adjetivo ἁπλοῦς, especialmente em contextos morais, denota sinceridade, ausência de duplicidade ou cálculo. A expressão é frequente na tradição cristã primitiva para designar a atitude reta do fiel diante de Deus (cf. Tiago 1.5-8).

184 "Não sejamos de ânimo dobrado" (μὴ διψυχῶμεν) – A palavra δίψυχος, literalmente "duplo de alma", descreve o que é inconstante ou vacilante. O termo aparece em Tiago 1.8 e 4.8, com forte conotação de infidelidade ou falta de confiança em Deus.

coisas ouvimos também em tempo de nossos pais, e eis que envelhecemos, e nada disso nos sobreveio."[185]

4 Ó insensatos, comparai-vos a uma árvore: tomai a videira – primeiro perde as folhas, depois brota o renovo, depois vem a folha, em seguida a flor, e depois disso o bago, e então o cacho amadurecido. Vede como em pouco tempo o fruto da árvore chega à sua perfeição.[186]

5 Com efeito, logo e de súbito se cumprirá sua vontade, conforme também testifica a Escritura: "Virá apressadamente e não tardará, e de súbito entrará o Senhor em seu templo, o Santo que vós esperais."[187]

24

1 Compreendamos, caríssimos, como o Senhor continuamente nos mostra que haverá uma futura ressurreição, da qual fez as primícias o Senhor Jesus Cristo, ressuscitando-o dentre os mortos.[188]

2 Consideremos, caríssimos, a ressurreição que ocorre segundo o tempo.

185 "Miseráveis são os que têm ânimo dobre..." (Ταλαίπωροί εισιν οἱ δίψυχοι...) – Essa citação parece ser um eco de tradições sapienciais judaicas e apocalípticas, ainda que não tenha paralelo exato no cânone do Antigo Testamento. Clemente repreende os que, duvidando das promessas divinas, entregam-se ao ceticismo, argumentando com o aparente atraso do cumprimento das profecias.

186 "Comparai-vos a uma árvore" (συμβάλετε ἑαυτοὺς ξύλῳ) – Clemente utiliza aqui uma analogia agrícola para ilustrar o processo gradual, mas certo, do cumprimento das promessas divinas. A imagem da videira e seu desenvolvimento até o fruto maduro era comum na literatura bíblica e helenística para simbolizar crescimento espiritual, paciência e escatologia (cf. João 15.1-5; Eclesiástico 24.17-21).

187 "Virá apressadamente e não tardará..." (ταχὺ ἥξει καὶ οὐ χρονιεῖ, καὶ ἐξαίφνης ἥξει ὁ κύριος εἰς τὸν ναὸν αὐτοῦ, καὶ ὁ ἅγιος, ὃν ὑμεῖς προσδοκᾶτε) – Combinação de Habacuque 2.3 e Malaquias 3.1 (LXX). A citação conjuga a certeza da vinda do Senhor com sua repentina manifestação, um tema escatológico que percorre o pensamento profético e reaparece com força na literatura cristã primitiva.

188 "Da qual fez as primícias o Senhor Jesus Cristo" (ἧς τὴν ἀπαρχὴν ἐποιήσατο τὸν κύριον Ἰησοῦν Χριστόν) – A ideia de Cristo como "primícias" da ressurreição provém de 1 Coríntios 15.20-23. No pensamento paulino, a ressurreição de Jesus é a garantia da ressurreição futura dos crentes. Clemente retoma esse ponto como base para a fé na vida futura.

3 O dia e a noite nos manifestam a ressurreição: a noite adormece, o dia se levanta; o dia parte, a noite sobrevém.[189]

4 Tomemos os frutos da terra: de que maneira, e como acontece a produção a partir da semente?[190]

5 Saiu o semeador e lançou cada uma das sementes na terra, e estas, ao caírem na terra, secas e nuas, se dissolvem; depois, da dissolução, a magnificência da providência do Senhor as faz ressurgir, multiplicando-as a partir de uma só e fazendo-as produzir fruto.[191]

25

1 Consideremos o prodigioso sinal que ocorre nas regiões orientais, isto é, nas cercanias da Arábia.[192]

2 Pois há uma ave chamada fênix; sendo única de sua espécie, ela vive quinhentos anos. Quando se aproxima o momento de sua dissolução pela morte, constrói para si um sepulcro de incenso, mirra e outros aromas, no qual, cumprido o tempo, entra e morre.[193]

189 "A noite adormece, o dia se levanta" (κοιμᾶται ἡ νὺξ, ἀνίσταται ἡ ἡμέρα) – Aqui Clemente utiliza um paralelismo natural para ilustrar o princípio da ressurreição. A alternância de noite e dia é vista como sinal diário da possibilidade da vida que retorna, um tema comum na literatura apocalíptica e patrística.

190 "Tomemos os frutos... como acontece a produção a partir da semente?" (λάβωμεν τοὺς καρπούς... ὁ σπόρος πῶς καὶ τίνα τρόπον γίνεται) – Clemente convida à contemplação da agricultura como analogia da ressurreição, como faz também o apóstolo Paulo em 1 Coríntios 15.36-38.

191 "Da dissolução... a magnificência da providência do Senhor as faz ressurgir" (ἐκ τῆς διαλύσεως ἡ μεγαλειότης τῆς προνοίας τοῦ δεσπότου ἀνίστησιν αὐτά) – A imagem do grão que "morre" na terra para depois dar fruto simboliza a passagem da morte para a vida. A ênfase na providência divina (πρόνοια) é típica do vocabulário ético-religioso do helenismo, aqui reinterpretado teologicamente por Clemente.

192 "O prodigioso sinal que ocorre nas regiões orientais" (τὸ παράδοξον σημεῖον τὸ γινόμενον ἐν τοῖς ἀνατολικοῖς τόποις) – Clemente introduz aqui um exemplo natural extraordinário com valor simbólico. O uso do termo σημεῖον (sinal) sugere que se trata de um fenômeno interpretado como testemunho da providência ou poder divino.

193 "Há uma ave chamada fênix" (ὄρνεον... φοῖνιξ) – A fênix era uma figura mítica de origem egípcia, que simbolizava a renovação cíclica da vida. Os primeiros cristãos, incluindo Clemente, viram nela uma figura da ressurreição. O relato de Clemente é o mais antigo testemunho cristão de sua apropriação simbólica.

3 Quando sua carne se decompõe, nasce um verme, que se alimenta do fluido do animal morto, e, crescendo, cria asas. Tornando-se então vigoroso, toma aquele sepulcro onde estão os ossos do anterior, e, transportando-o, percorre o caminho desde a terra da Arábia até o Egito, à cidade chamada Heliópolis.[194]

4 E, em pleno dia, à vista de todos, pousa sobre o altar do sol e ali deposita os ossos, e assim retorna ao lugar de onde viera.

5 Os sacerdotes, então, consultam os registros cronológicos e verificam que ele veio ao completar-se o quinquagésimo centésimo ano.[195]

26 1 Consideramos, porventura, grande e admirável que o Criador de todas as coisas realizará a ressurreição dos que lhe serviram com piedade, na confiança de uma fé reta, quando até mesmo por meio de uma ave Ele nos manifesta a magnificência de sua promessa?[196]

2 Pois diz algures: "E me ressuscitarás, e eu te louvarei"; e também: "Adormeci e dormi, e ressurgi, porque tu estás comigo."[197]

194 "Heliópolis" (Ηλιούπολις) – Cidade do Egito antigo, cujo nome significa "cidade do sol". Era centro de culto solar, associando-se ao deus Rá. O altar do sol mencionado remete ao templo solar egípcio, onde o fenômeno da fênix era tradicionalmente vinculado. Clemente incorpora esse elemento à argumentação sobre a ressurreição, apelando à tradição pagã para ilustrar um princípio cristão.

195 "Verificam que ele veio ao completar-se o quinquagésimo centésimo ano" (πεντακοσιοστοῦ ἔτους πεπληρωμένου) – O detalhe cronológico visa reforçar a regularidade e confiabilidade do fenômeno. Clemente recorre à autoridade dos registros sacerdotais egípcios para legitimar o testemunho da natureza quanto à ressurreição futura.

196 "Por meio de uma ave Ele nos manifesta a magnificência de sua promessa" (δὶ ὀρνέου δείκνυσιν ἡμῖν τὸ μεγαλεῖον τῆς ἐπαγγελίας αὐτοῦ) – Referência à seção anterior sobre a fênix, usada por Clemente como um testemunho natural (ainda que lendário) da possibilidade da ressurreição. O argumento é que, se a natureza testemunha tal renovação, quanto mais o fará o Deus Criador em relação aos seus servos.

197 "E me ressuscitarás, e eu te louvarei" (Καὶ ἐξαναστήσεις με, καὶ ἐξομολογήσομαί σοι); "Adormeci e dormi, e ressurgi, porque tu estás comigo." (Εκοιμήθην καὶ ὕπνωσα, ἐξηγέρθην, ὅτι σὺ μετμοῦ εἶ) – As duas citações são tiradas dos Salmos (Sl 27.7 e 3.6 LXX; 28.7 e 3.5 MT). Clemente as reúne para afirmar a esperança na ressurreição baseada na experiência de fé e proteção de Deus.

3 E novamente, Jó diz: "E ressuscitarás esta minha carne, que suportou todas essas coisas."[198]

27 1 A esta esperança, pois, estejam ligadas as nossas almas, ao fiel em suas promessas e ao justo em seus juízos.[199]

2 Aquele que ordenou que não se mentisse, muito mais Ele mesmo não mentirá;[200] pois nada é impossível para Deus, exceto mentir.[201]

3 Reacenda-se, portanto, a fé n'Ele em nós, e compreendamos que tudo está próximo d'Ele.

4 Pela palavra de sua majestade estabeleceu Ele todas as coisas, e com a palavra pode também destruí-las.[202]

5 Quem Lhe dirá: Que fizeste? Ou quem resistirá ao poder de sua força? Quando quiser, e como quiser, tudo fará, e nada do que foi decretado por Ele deixará de cumprir-se.[203]

198 "E ressuscitarás esta minha carne, que suportou todas essas coisas." (Καὶ ἀναστήσεις τὴν σάρκα μου ταύτην τὴν ἀναντλήσασαν ταῦτα πάντα) – Citação de Jó 19.26 segundo a forma da Septuaginta, embora em forma mais livre. Clemente emprega o texto como testemunho veterotestamentário da crença na ressurreição corporal.

199 "Ao fiel em suas promessas e ao justo em seus juízos" (τῷ πιστῷ ἐν ταῖς ἐπαγγελίαις καὶ τῷ δικαίῳ ἐν τοῖς κρίμασιν) – Clemente reafirma o caráter confiável de Deus, tanto em sua bondade (promessas) quanto em sua justiça (julgamentos), baseando a esperança na fidelidade divina.

200 "Aquele que ordenou que não se mentisse, muito mais Ele mesmo não mentirá" (ὁ παραγγείλας μὴ ψεύδεσθαι, πολλῷ μᾶλλον αὐτὸς οὐ ψεύσεται) – Argumento a fortiori típico da retórica helenística: se Deus exige a verdade dos homens, quanto mais Ele próprio será verdadeiro.

201 "Nada é impossível para Deus, exceto mentir" (οὐδὲν γὰρ ἀδύνατον παρὰ τῷ θεῷ εἰ μὴ τὸ ψεύσασθαι) – Expressão de raiz bíblica e filosófica. Cf. Tito 1.2 ("Deus, que não pode mentir") e Hebreus 6.18. Na tradição cristã, a impossibilidade do erro e da mentira em Deus fundamenta a certeza da fé.

202 "Pela palavra de sua majestade estabeleceu Ele todas as coisas..." (ἐν λόγῳ τῆς μεγαλωσύνης αὐτοῦ...) – Alusão à criação por meio do Logos (cf. Gênesis 1; Sabedoria 9.1; João 1.1-3), tema recorrente tanto na tradição judaica quanto na teologia cristã helenística.

203 "Nada do que foi decretado por Ele deixará de cumprir-se" (οὐδὲν μὴ παρέλθῃ τῶν δεδογματισμένων ὑπ̓ αὐτοῦ) – A expressão δεδογματισμένα (coisas decretadas) indica que os atos divinos são determinados e irrevogáveis. Ver também Isaías 14.27 e Romanos 11.29.

6 Todas as coisas estão diante d'Ele, e nada escapa ao seu desígnio.[204]

7 "Os céus proclamam a glória de Deus, e o firmamento anuncia a obra de suas mãos. Um dia transmite a palavra ao outro, e uma noite à outra declara o conhecimento. Não há linguagem nem palavras, e suas vozes não são ouvidas."[205]

28

1 Diante de tudo quanto se vê e se ouve, temamos a Ele, e abandonemos as impuras concupiscências das obras más, a fim de que, por sua misericórdia, sejamos protegidos dos juízos que estão para vir.[206]

2 Pois quem dentre nós poderá fugir da força de sua mão poderosa? E que parte do mundo acolherá algum dos que desertam d'Ele?[207]

3 Pois diz algures a Escritura: "Para onde irei e onde me esconderei da tua face? Se eu subir ao céu, tu lá estás; se descer às extremidades da terra, ali está a tua destra; se me deitar nas profundezas, ali está o teu Espírito."[208]

204 "Todas as coisas estão diante d'Ele, e nada escapa ao seu desígnio" (πάντα ἐνώπιον αὐτοῦ εἰσίν, καὶ οὐδὲν λέληθεν τὴν βουλὴν αὐτοῦ) – Declaração da onisciência divina, comum tanto na tradição bíblica (cf. Salmo 139) quanto na filosofia estóica aplicada à providência divina.

205 "Os céus proclamam a glória de Deus..." (οἱ οὐρανοὶ διηγοῦνται δόξαν θεοῦ...) – Citação do Salmo 18.2-4 LXX (19.1-3 MT), utilizada aqui como testemunho cósmico da revelação e da ordem divina. A linguagem poética ressalta a comunicação da criação com o Criador, mesmo sem palavras audíveis.

206 "Para que, por sua misericórdia, sejamos protegidos dos juízos que estão para vir" (ἵνα τῷ ἐλέει αὐτοῦ σκεπασθῶμεν ἀπὸ τῶν μελλόντων κριμάτων) – Clemente aqui apela ao temor reverente e à conversão como meios de escapar do juízo vindouro. A expressão ecoa temas escatológicos do Novo Testamento, como em Lucas 21.36.

207 "Dos que desertam d'Ele" (τῶν αὐτομολούντων ἀπ' αὐτοῦ) – O termo αὐτομολεῖν, usado em contexto militar, significa "desertar" ou "passar para o inimigo". Clemente aplica-o à apostasia, sugerindo que afastar-se de Deus é uma traição voluntária.

208 "Para onde irei e onde me esconderei da tua face? Se eu subir ao céu..." (Ποῦ ἀφήξω καὶ ποῦ κρυβήσομαι ἀπὸ τοῦ προσώπου σου...) – Citação do Salmo 138.7-10 LXX (139.7-10 MT). Este salmo exalta a onipresença divina: não há lugar no universo onde o ser humano possa escapar da presença de Deus.

4 Para onde, pois, alguém partirá ou para onde fugirá daquele que tudo contém?[209]

29

1 Aproximemo-nos, pois, d'Ele com santidade de alma, erguendo mãos puras e imaculadas para junto d'Ele, amando nosso Pai, que é benigno e compassivo, o qual nos fez para si porção de eleição.[210]

2 Pois assim está escrito: "Quando o Altíssimo distribuía as nações, quando dispersava os filhos de Adão, estabeleceu os limites das nações segundo o número dos anjos de Deus. Tornou-se porção do Senhor o seu povo, Jacó, a medida da sua herança, Israel."[211]

3 E noutro lugar diz: "Eis que o Senhor toma para si um povo do meio das nações, assim como um homem toma as primícias da sua eira; e sairá desse povo um santo dos santos."[212]

30

1 Sendo, pois, porção do Santo, pratiquemos tudo o que diz respeito à santificação: fujamos da maledicência, das associações impuras e indecentes, da embriaguez, das

209 "Daquele que tudo contém" (τοῦ τὰ πάντα ἐμπεριέχοντος) – A expressão evoca a concepção de Deus como aquele que abarca, sustenta e governa toda a criação. A imagem é próxima da ideia do *Logos* como princípio ordenador do mundo, presente em Sabedoria 1.7 e João 1.3.

210 "O qual nos fez para si porção de eleição" (ὃς ἐκλογῆς μέρος ἡμᾶς ἐποίησεν ἑαυτῷ) – Clemente apresenta a comunidade cristã como porção escolhida de Deus, retomando a imagem veterotestamentária de Israel como herança divina (cf. Deuteronômio 7.6). A expressão destaca a iniciativa divina na salvação.

211 "Quando o Altíssimo distribuía as nações..." (Ὅτε διεμέριζεν ὁ ὕψιστος ἔθνη...) – Citação de Deuteronômio 32.8-9 segundo a Septuaginta. A versão grega difere da massorética ao dizer que os limites das nações foram fixados "segundo o número dos anjos de Deus" (em vez de "filhos de Israel"), refletindo uma visão mais celestial da ordem das nações.

212 "Eis que o Senhor toma para si um povo..." (Ἰδού, κύριος λαμβάνει ἑαυτῷ ἔθνος...) – Trata-se de uma combinação de imagens bíblicas presentes em Êxodo 19.5-6 e Números 18.27. A metáfora agrícola (a primícia da eira) era frequentemente utilizada para designar o povo eleito como o melhor e o primeiro da produção. "Santo dos santos" sugere a separação e consagração absoluta a Deus.

novidades, dos desejos abomináveis, do adultério abjeto e da soberba detestável.[213]

2 Pois Deus, como se diz, "resiste aos soberbos, mas aos humildes concede graça."[214]

3 Unamo-nos, pois, àqueles a quem a graça foi concedida por Deus. Revistamo-nos da concórdia, sendo humildes de espírito, continentes, afastando-nos completamente de toda murmuração e maledicência, sendo justificados pelas obras, e não pelas palavras.[215]

4 Pois diz: "O que muito fala será também ouvido em resposta; ou pensa o homem de palavras suaves ser justo?"[216]

5 "Bendito o homem nascido de mulher, breve em seus dias. Não sejas prolixo em palavras."[217]

6 Seja o nosso louvor em Deus, e não de nós mesmos; pois Deus odeia os que se louvam a si mesmos.

7 O testemunho das nossas boas obras seja dado por outros, assim como foi dado aos nossos justos pais.

213 "Sendo porção do Santo" (Ἁγίου οὖν μερὶς ὑπάρχοντες) – A expressão retoma a ideia veterotestamentária de Israel como porção do Senhor (cf. Deuteronômio 32.9). Clemente aplica esse título à comunidade cristã, exigindo, por consequência, pureza e separação do pecado.

214 "Resiste aos soberbos, mas aos humildes concede graça." (Θεὸς… ὑπερηφάνοις ἀντιτάσσεται, ταπεινοῖς δὲ δίδωσιν χάριν) – Citação de Provérbios 3.34 (LXX) e retomada em Tiago 4.6 e 1 Pedro 5.5. O contraste entre soberba e humildade é central à espiritualidade bíblica e patrística.

215 "Sendo justificados pelas obras, e não pelas palavras" (ἔργοις δικαιούμενοι, μὴ λόγοις) – Enfatiza uma teologia moral onde a prática vale mais que a profissão de fé. Ecoa Tiago 2.17-26. "A fé sem obras é morta."

216 "O que muito fala será também ouvido em resposta…" (Ὁ τὰ πολλὰ λέγων καὶ ἀντακούσεται…) – Trata-se de uma citação ou paráfrase de um provérbio sapiencial, provavelmente extraído da tradição oral ou de fontes similares aos livros sapienciais da Septuaginta.

217 "Bendito o homem nascido de mulher, breve em seus dias. Não sejas prolixo em palavras." (εὐλογημένος γεννητὸς γυναικὸς ὀλιγόβιος. μὴ πολὺς ἐν ῥήμασιν γίνου) – Esse trecho combina elementos do livro de Jó (cf. Jó 14.1) com advertências sobre o uso da palavra típicas da sabedoria bíblica (cf. Provérbios 10.19). Valoriza a modéstia verbal como sinal de sabedoria e reverência.

8 Atrevimento, insolência e arrogância pertencem aos que são malditos por Deus; mansidão, humildade e brandura estão entre os que são abençoados por Deus.[218]

31 1 Apeguemo-nos, pois, à sua bênção, e vejamos quais são os caminhos da bênção. Revivamos os acontecimentos desde o princípio.[219]

2 Por que foi abençoado nosso pai Abraão? Não foi por ter praticado justiça e verdade mediante a fé?[220]

3 Isaque, com plena confiança, soube o que estava por vir e com alegria se ofereceu como sacrifício.[221]

4 Jacó, com humildade, saiu da sua terra por causa de seu irmão, e foi para junto de Labão, e ali serviu – e foi-lhe concedido o cetro das doze tribos de Israel.[222]

218 "Pertencem aos que são malditos por Deus... entre os que são abençoados" (τοῖς κατηραμένοις... τοῖς ηὐλογημένοις) – Contraste entre vícios e virtudes, estruturado em forma de antítese. Clemente associa humildade e mansidão à bênção divina, e orgulho e arrogância à reprovação, retomando temas dos Salmos e das Bem-Aventuranças (cf. Mateus 5.3-5).

219 "Revivamos os acontecimentos desde o princípio" (ἀνατυλίξωμεν τὰ ἀπάρχῆς γενόμενα) – O verbo ἀνατυλίσσω pode significar "desenrolar um livro" ou "relembrar". Clemente convida os leitores a recordarem os fundamentos da fé, remontando aos patriarcas como modelos da bênção divina.

220 "Não foi por ter praticado justiça e verdade mediante a fé?" (οὐχὶ δικαιοσύνην καὶ ἀλήθειαν διὰ πίστεως ποιήσας) – Clemente resume aqui o testemunho bíblico sobre Abraão, especialmente conforme Romanos 4 e Gênesis 15.6, onde se afirma que "Abraão creu em Deus, e isso lhe foi imputado como justiça".

221 "Com alegria se ofereceu como sacrifício" (ἡδέως προσήγετο θυσία) – Referência à disposição de Isaque em aceitar o próprio sacrifício (cf. Gênesis 22). Embora a Bíblia não registre expressamente a reação emocional de Isaque, a tradição judaica e cristã posterior frequentemente lhe atribui obediência voluntária.

222 "Foi-lhe concedido o cetro das doze tribos de Israel" (ἐδόθη αὐτῷ τὸ δωδεκάσκηπτρον τοῦ Ἰσραήλ) – O "cetro das doze tribos" é uma imagem simbólica da liderança patriarcal de Jacó, pai dos doze filhos que dariam origem às doze tribos. Clemente ressalta que tal bênção foi resultado da humildade e da fidelidade no exílio e no serviço.

32

1 Aquele que considerar sinceramente cada um destes pontos, reconhecerá a grandeza dos dons concedidos por Ele.[223]

2 Pois d'Ele procedem os sacerdotes e todos os levitas que ministram ao altar de Deus;[224] d'Ele procede o Senhor Jesus segundo a carne; d'Ele procedem os reis, os príncipes e os governantes segundo Judá; e os demais cetros de sua descendência não têm pouca glória, conforme a promessa de Deus: "A tua descendência será como as estrelas do céu."[225]

3 Todos, portanto, foram glorificados e engrandecidos, não por si mesmos, nem por suas obras, nem pela justiça que praticaram, mas pela sua vontade.[226]

4 Também nós, chamados por sua vontade em Cristo Jesus, não somos justificados por nós mesmos, nem por nossa sabedoria, ou inteligência, ou piedade, ou pelas obras que tenhamos praticado em santidade de coração, mas pela fé, por meio da qual o Deus todo-poderoso justificou todos os que desde os séculos foram agradáveis a Ele.[227] A Ele seja a glória pelos séculos dos séculos. Amém.

223 "Reconhecerá a grandeza dos dons concedidos por Ele" (ἐπιγνώσεται μεγαλεῖα τῶν ὑπαὐτοῦ δεδομένων δωρεῶν) – Clemente remete à consciência da providência divina em favor de Israel e da Igreja, chamando à admiração diante da história da salvação.

224 "Todos os levitas que ministram ao altar de Deus" (Λευῖται πάντες οἱ λειτουργοῦντες τῷ θυσιαστηρίῳ τοῦ θεοῦ) – Referência à organização cultual do Antigo Testamento, especialmente em Números 3-4 e 1 Crônicas 23. O culto levítico é apresentado como instituído por Deus.

225 "A tua descendência será como as estrelas do céu" (ἔσται τὸ σπέρμα σου ὡς οἱ ἀστέρες τοῦ οὐρανοῦ) – Citação de Gênesis 15.5 e 22.17, onde Deus promete a Abraão uma posteridade inumerável. Clemente aplica essa promessa a toda a linhagem eleita, incluindo Cristo.

226 "Não por si mesmos... mas pela sua vontade" (οὐ δἰ αὐτῶν... ἀλλὰ διὰ τοῦ θελήματος αὐτοῦ) – A ênfase aqui recai sobre a soberania da graça divina. A eleição e a glória dos patriarcas e líderes não derivam de mérito humano, mas da iniciativa salvífica de Deus.

227 "Mas pela fé, por meio da qual... Deus justificou todos" (διὰ τῆς πίστεως, δἰ ἧς... ἐδικαίωσεν) – Reafirmação da doutrina da justificação pela fé, tal como exposta em Gênesis 15.6 e desenvolvida em Romanos 4. Clemente une o Antigo e o Novo Testamento sob a lógica da graça.

33 1 Que faremos, pois, irmãos? Cessaremos de praticar o bem e abandonaremos o amor? Não permita de modo algum o Senhor que isso venha a acontecer entre nós! Antes, apressemos-nos, com empenho e prontidão, a realizar toda boa obra.[228]

2 Pois o próprio Criador e Senhor de todas as coisas alegra-se em suas obras.

3 Pelo seu poder infinitamente grandioso firmou os céus, e por sua inteligência incompreensível adornou-os. Separou a terra das águas que a envolviam, e a estabeleceu sobre o firme fundamento de sua própria vontade.[229] Ordenou que os seres vivos nela habitassem segundo sua disposição. Preparou o mar com os seres que nele vivem e encerrou-o com seu poder.

4 E, acima de todas as coisas, criou o mais excelente e grandioso em pensamento: o homem, a quem formou com suas santas e imaculadas mãos como imagem de sua própria semelhança.[230]

5 Pois assim diz Deus: "Façamos o homem à nossa imagem e conforme a nossa semelhança"; e "Deus criou o homem; macho e fêmea os criou."[231]

6 Tendo, pois, completado todas essas coisas, louvou-as e abençoou-as, e disse: "Crescei e multiplicai-vos."[232]

228 "Realizar toda boa obra" (πᾶς ἔργον ἀγαθὸν ἐπιτελεῖν) – O apelo à ação lembra Tiago 1.22. "Sede praticantes da palavra e não somente ouvintes". Clemente insiste que o amor não é apenas sentimento, mas se expressa em obras concretas.

229 "Sobre o firme fundamento de sua própria vontade" (ἐπὶ τὸν ἀσφαλῆ τοῦ ἰδίου βουλήματος θεμέλιον) – Essa imagem teológica da criação evoca a soberania absoluta de Deus. Cf. Salmo 104(103):5. "Fundaste a terra sobre seus alicerces".

230 "Imagem de sua própria semelhança" (τῆς ἑαυτοῦ εἰκόνος χαρακτῆρα) – A linguagem é moldada a partir de Gênesis 1.26-27, mas Clemente a reformula com vocabulário filosófico e reverente, destacando a dignidade do ser humano como reflexo de Deus.

231 "Façamos o homem à nossa imagem..." (Ποιήσωμεν ἄνθρωπον...) – Citações diretas de Gênesis 1.26-27. O uso do plural divino "façamos" tem sido objeto de interpretações cristãs trinitárias, embora no contexto original possivelmente aluda à corte celestial.

232 "Crescei e multiplicai-vos" (Αὐξάνεσθε καὶ πληθύνεσθε) – Gênesis 1.28. Clemente conclui a descrição da criação com a bênção da fecundidade, sinal do favor divino e do propósito de propagação da vida.

7 Vejamos, pois, que todos os justos se adornaram com boas obras, e o próprio Senhor, adornando-se com boas obras, alegrou-se.

8 Tendo, pois, este modelo, aproximemo-nos sem preguiça da sua vontade; com todas as nossas forças trabalhemos na obra da justiça.

34

1 O bom trabalhador recebe com confiança o pão do seu labor; o negligente e indolente, porém, não ousa encarar aquele que lhe delegou o trabalho.[233]

2 É, pois, necessário que sejamos zelosos na prática do bem, pois todas as coisas vêm d'Ele.[234]

3 Com efeito, Ele nos antecipa, dizendo: "Eis que o Senhor, e o seu galardão está diante do seu rosto, para retribuir a cada um segundo a sua obra."[235]

4 Exorta-nos, portanto, a crer n'Ele de todo o coração, para que não sejamos indolentes nem negligentes em toda boa obra.

5 Seja o nosso louvor e a nossa confiança n'Ele; submetamo-nos à sua vontade. Consideremos como a multidão inteira dos seus anjos permanece ao seu serviço, cumprindo sua vontade.[236]

6 Pois a Escritura diz: "Miríades de miríades estavam diante d'Ele, e milhares de milhares o serviam, e clamavam: Santo, santo, santo é o Senhor Sabaoth; toda a criação está cheia da sua glória."[237]

233 "Não ousa encarar aquele que lhe delegou o trabalho" (οὐκ ἀντοφθαλμεῖ τῷ ἐργοπαρέκτῃ αὐτοῦ) – A expressão descreve a vergonha do servo negligente diante de seu superior, refletindo uma ética laboriosa que atravessa a epístola.

234 "Pois todas as coisas vêm d'Ele" (ἐξ αὐτοῦ γάρ ἐστιν τὰ πάντα) – Fórmula paulina (cf. Romanos 11.36), que expressa a absoluta soberania de Deus como origem e fim de tudo.

235 "Eis que o Senhor... para retribuir a cada um segundo a sua obra" (Ἰδοὺ ὁ κύριος, καὶ ὁ μισθὸς αὐτοῦ...) – Citação de Isaías 40.10 e 62.11, também retomada em Apocalipse 22.12, expressando o juízo vindouro com base nas obras.

236 "Como a multidão inteira dos seus anjos permanece ao seu serviço" – Clemente recorre aqui a uma visão celeste de adoração, inspirada em livros como Daniel 7.10 e Hebreus 1.14.

237 "Miríades de miríades... Santo, santo, santo..." – Citação combinada de Daniel 7.10 e Isaías 6.3, evocando a liturgia celestial. O "Santo, Santo, Santo" é também incorporado na liturgia cristã antiga como o "Triságio".

7 Também nós, pois, reunidos em concórdia no mesmo lugar, clamemos a Ele com uma só consciência e com grande fervor, a fim de que nos torne participantes de suas grandes e gloriosas promessas.

8 Pois Ele diz: "Olho não viu, nem ouvido ouviu, nem subiu ao coração do homem o que o Senhor preparou para os que o amam."[238]

35

1 Quão bem-aventurados e admiráveis são os dons de Deus, ó amados!

2 Vida na imortalidade, esplendor na justiça, verdade com confiança, fé com certeza, temperança na santificação – e tudo isso foi submetido à nossa inteligência.[239]

3 Que diremos, então, das coisas que estão sendo preparadas para os que perseveram? O Criador e Pai dos séculos, o Santíssimo, Ele mesmo conhece o seu número e beleza.[240] Combatamos, pois, para sermos achados no número dos que perseveram, a fim de que participemos dos dons prometidos.

4 E como acontecerá isso, ó amados? Se a nossa mente estiver firmemente voltada com fé para Deus; se buscarmos as coisas que lhe são agradáveis e aceitáveis; se cumprirmos o que pertence à sua vontade irrepreensível;[241] e seguirmos o caminho da verdade, tendo lançado para longe de nós toda injustiça e malícia, avareza, discórdias,

238 "Olho não viu... o que o Senhor preparou para os que o amam" (Ὀφθαλμὸς οὐκ εἶδεν...) – Citação de 1 Coríntios 2.9, com provável eco de Isaías 64.4. Utilizada para expressar a glória futura reservada aos fiéis.

239 "E tudo isso foi submetido à nossa inteligência" (καὶ ταῦτα ὑπέπιπτεν πάντα ὑπὸ τὴν διάνοιαν ἡμῶν) – Clemente afirma que os dons divinos, embora sublimes, são compreensíveis à mente humana iluminada pela fé. O uso do verbo ὑποπίπτω implica percepção espiritual e racional.

240 "O Criador e Pai dos séculos, o Santíssimo" (ὁ δημιουργὸς καὶ πατὴρ τῶν αἰώνων ὁ πανάγιος) – Títulos que ressaltam a eternidade e a santidade absolutas de Deus, em linguagem fortemente influenciada pela tradição sapiencial e apocalíptica judaica.

241 "A sua vontade irrepreensível" (ἀμώμῳ βουλήσει αὐτοῦ) – Expressão de teor teológico, remetendo à vontade soberana e perfeita de Deus, à qual o crente deve aderir de modo puro e obediente (cf. Romanos 12.2).

malignidade e engano, murmurações e maledicências, ódio a Deus, soberba e arrogância, vanglória e inospitalidade.[242]

5 Pois os que praticam estas coisas são abomináveis a Deus – não apenas os que as praticam, mas também os que aprovam os que as fazem.

6 Pois diz a Escritura: "Ao pecador, porém, disse Deus: Por que narras os meus estatutos e levas a minha aliança em tua boca?

7 Tu odiaste a correção e lançaste para trás de ti os meus discursos. Quando vias o ladrão, corrias com ele; e com os adúlteros repartias tua porção.

8 Tua boca transbordou malícia, e tua língua tramava engano. Sentado, caluniavas a teu irmão, lançavas escândalo contra o filho de tua mãe.

9 Estas coisas fizeste, e Eu me calei; pensaste, ó iníquo, que Eu seria semelhante a ti.

10 Eu te repreenderei e colocarei tudo diante de tua face.

11 Considerai, pois, vós que vos esqueceis de Deus, para que Ele não arrebate como o leão, e não haja quem vos livre.

12 O sacrifício de louvor me glorificará, e ali está o caminho no qual Eu lhe mostrarei a salvação de Deus."[243]

36

1 Este é o caminho, amados, no qual encontramos a nossa salvação: Jesus Cristo, o sumo sacerdote das nossas oferendas, o protetor e ajudador da nossa fraqueza.[244]

242 "Ódio a Deus" (θεοστυγίαν) – Termo forte, raro, que significa repulsa ao sagrado ou rejeição deliberada da vontade divina. A lista de vícios segue um padrão comum nas admoestações éticas do judaísmo e cristianismo antigo (cf. Romanos 1.29-31).

243 "Ao pecador, porém, disse Deus..." – Citação integral do Salmo 49 (50 LXX):16-23, que denuncia a hipocrisia dos que falam de Deus mas vivem no pecado. Clemente aplica esse trecho como advertência contra os que praticam ou consentem no mal.

244 "Jesus Cristo, o sumo sacerdote das nossas oferendas" (Ιησοῦν Χριστόν, τὸν ἀρχιερέα τῶν προσφορῶν ἡμῶν) – Clemente destaca aqui a função sacerdotal de Cristo, em consonância com a teologia da Epístola aos Hebreus, onde Ele é apresentado como o Sumo Sacerdote da nova aliança (cf. Hebreus 4.14-5.10).

2 Por Ele, elevamos nossos olhares às alturas dos céus; por Ele, contemplamos o esplendor imaculado e supremo de Deus; por Ele, foram abertos os olhos de nosso coração; por Ele, nossa mente insensata e obscurecida refloriu para a luz; por Ele, o Senhor da ciência imortal quis que dela nos tornássemos participantes.[245] Sendo Ele o resplendor da sua majestade, é tanto maior do que os anjos quanto herdou um nome mais excelente do que eles.[246]

3 Pois assim está escrito: "Ele faz dos seus anjos espíritos, e de seus ministros, chama de fogo."[247]

4 Mas a respeito de seu Filho, o Senhor disse assim: "Tu és meu Filho, Eu hoje te gerei. Pede-me, e te darei as nações por herança e os confins da terra por possessão."[248]

5 E ainda diz a Ele: "Assenta-te à minha direita, até que Eu ponha os teus inimigos por escabelo de teus pés."[249]

6 Quem são, pois, os inimigos? Aqueles que são maus e que resistem à sua vontade.

245 "O Senhor da ciência imortal quis que dela nos tornássemos participantes" – A "ciência imortal" (γνῶσις ἀθάνατος) reflete um tema filosófico comum nos escritos helenísticos, agora aplicado à revelação cristã por meio de Cristo.

246 "Resplendor da sua majestade" (ἀπαύγασμα τῆς μεγαλωσύνης) – Eco de Hebreus 1.3. O termo designa Cristo como o brilho ou irradiação da glória de Deus, em linguagem que combina tradição bíblica e retórica filosófica.

247 "Ele faz dos seus anjos espíritos, e de seus ministros, chama de fogo" – Citação do Salmo 103(104):4, também usado em Hebreus 1.7, para destacar a diferença ontológica entre os anjos e o Filho.

248 "Tu és meu Filho, Eu hoje te gerei..." – Citação do Salmo 2.7-8, empregada no Novo Testamento (Atos 13.33; Hebreus 1.5; 5.5) como referência messiânica e real ao Cristo ressuscitado.

249 "Assenta-te à minha direita..." – Citação do Salmo 109(110):1, frequentemente usada no Novo Testamento (cf. Marcos 12.36; Hebreus 1.13) como testemunho da exaltação de Cristo e sua autoridade soberana.

37

1 Combatamos, pois, varões irmãos, com todo empenho, nas ordens irrepreensíveis d'Ele.[250]

2 Consideremos os que servem militarmente sob os nossos comandantes: com quanta disciplina, com quanta obediência, com quanta submissão executam o que lhes é ordenado.

3 Nem todos são prefeitos, nem tribunos, nem centuriões, nem chefes de cinquenta, nem de graus inferiores, mas cada um, no seu próprio posto, cumpre o que é ordenado pelo rei e pelos que têm autoridade.[251]

4 Os grandes não podem existir sem os pequenos, nem os pequenos sem os grandes; há uma combinação harmoniosa em todas as coisas, e utilidade nesses papéis distintos.[252]

5 Tomemos o nosso corpo como exemplo: a cabeça nada é sem os pés, nem os pés sem a cabeça. E até os membros menores do nosso corpo são necessários e úteis para o todo; todos respiram juntos, e se servem de uma mesma submissão, para que o corpo inteiro seja salvo.[253]

38

1 Seja, pois, salvo todo o nosso corpo em Cristo Jesus, e submeta-se cada um ao seu próximo, conforme lhe foi atribuído no seu dom.[254]

250 "Combatamos... nas ordens irrepreensíveis d'Ele" (Στρατευσώμεθα... ἐν τοῖς ἀμώμοις προστώγμασιν) – O vocabulário militar é usado para exortar à obediência à vontade de Deus. "Combater" aqui equivale a engajar-se espiritualmente com zelo na disciplina divina.

251 "Nem todos são prefeitos, nem tribunos..." – Clemente utiliza a estrutura militar romana como metáfora da ordem na Igreja. Os títulos mencionados (ἔπαρχοι, χιλίαρχοι etc.) refletem uma hierarquia funcional onde cada um cumpre seu papel.

252 "Há uma combinação harmoniosa em todas as coisas" (σύγκρασίς τίς ἐστιν ἐν πᾶσιν) – Termo técnico de origem estoica usado para indicar a mútua interdependência entre partes diferentes, aplicada aqui à vida comunitária e eclesial.

253 "Para que o corpo inteiro seja salvo" – A metáfora do corpo retoma a imagem paulina de 1 Coríntios 12.12-27 e Romanos 12.4-5, aplicada por Clemente à necessidade de unidade e cooperação entre os membros da Igreja.

254 "Conforme lhe foi atribuído no seu dom" (ἐτέθη ἐν τῷ χαρίσματι αὐτοῦ) – Refere-se à distribuição dos dons (χαρίσματα) segundo a vontade divina. Clemente retoma aqui o ensino paulino de que cada membro da comunidade recebeu de Deus um dom específico para servir ao corpo inteiro (cf. 1 Coríntios 12.4-7).

2 O forte tenha cuidado do fraco, e o fraco tenha reverência para com o forte. O rico socorra ao pobre, e o pobre dê graças a Deus, porque lhe concedeu alguém por meio de quem seja suprida a sua necessidade.

3 O sábio mostre sua sabedoria, não em palavras, mas por obras boas. O humilde não dê testemunho de si mesmo, mas permita que outro o testemunhe. O puro na carne não se vanglorie, sabendo que é outro quem lhe concede o dom da continência.[255]

4 Reflitamos, pois, irmãos, de que matéria fomos formados, quem e como éramos ao entrar no mundo, e de qual sepulcro e trevas Aquele que nos formou e criou nos introduziu em seu mundo, tendo preparado os seus benefícios antes mesmo que nascêssemos.[256]

5 Tendo recebido todas essas coisas d'Ele, devemos, em tudo, render-Lhe graças. A Ele seja a glória pelos séculos dos séculos. Amém.

39

1 Os insensatos, sem entendimento, néscios e ignorantes zombam de nós e escarnecem, desejando exaltar-se em seus próprios pensamentos.

2 Pois que pode o mortal? Ou qual é a força do nascido da terra?[257]

3 Está escrito: "Não havia forma diante dos meus olhos, mas apenas ouvi um sopro e uma voz."[258]

255 "É outro quem lhe concede o dom da continência" (ἕτερός ἐστιν ὁ ἐπιχορηγῶν αὐτῷ τὴν ἐγκράτειαν) – A castidade e o domínio próprio são entendidos não como mérito pessoal, mas como graça de Deus. Essa humildade impede a jactância espiritual, tema recorrente na epístola.

256 "Antes mesmo que nascêssemos" (πρὶν ἡμᾶς γεννηθῆναι) – A providência divina é ressaltada aqui como antecipação amorosa: Deus, antes de nossa existência, já havia preparado os bens que nos sustentariam. Esta ideia remete a textos como Jeremias 1.5 e Efésios 2.10.

257 "Que pode o mortal? Ou qual é a força do nascido da terra?" (τί γὰρ δύναται θνητός; ἢ τίς ἰσχὺς γηγενοῦς) – Reflexão sapiencial que sublinha a fragilidade humana, ecoando Jó 4.17-19.

258 "Não havia forma diante dos meus olhos, mas apenas ouvi um sopro e uma voz" – Citação livre de Jó 4.16, parte da experiência visionária de Elifaz, apresentada como revelação do limite humano diante do divino.

4 Que dirás? Será puro o mortal diante do Senhor? Ou será irrepreensível o homem por causa das suas obras, se contra os seus servos Ele não tem confiança, e até em seus anjos encontrou algo tortuoso?[259]

5 Nem mesmo o céu é puro aos seus olhos. Quanto mais os que habitam casas de barro – dos quais também nós somos feitos da mesma argila! Como traça os feriu, e desde a manhã até o entardecer já não existem mais; por não poderem socorrer a si mesmos, pereceram.

6 Soprou sobre eles, e pereceram, porque não possuíam sabedoria.

7 Clama, pois, se alguém te ouvir; ou se vês algum dos santos anjos. Porque a ira mata o insensato, e o zelo destrói o que se desviou.[260]

8 Eu vi insensatos lançando raízes, mas logo sua morada foi consumida.

9 Afastem-se seus filhos da salvação! Que mendiguem às portas dos inferiores, e não haja quem os liberte. Pois aquilo que foi preparado para eles, os justos comerão; mas eles não serão libertos de seus males.

40

1 Sendo, pois, estas coisas manifestas para nós, e tendo-nos inclinado às profundezas da ciência divina, devemos fazer tudo com ordem, tudo o que o Senhor mandou que se cumprisse nos tempos estabelecidos.

2 Tanto as ofertas quanto os serviços litúrgicos não ordenou Ele que fossem realizados de modo aleatório ou desordenado, mas em tempos e horas determinados.

3 Onde, e por meio de quem se devam realizar, Ele mesmo fixou segundo a sua suprema vontade, para que todas as coisas, sendo feitas santamente, sejam agradáveis e aceitas à sua vontade.[261]

259 "Se contra os seus servos Ele não tem confiança..." – Alusão a Jó 4.18 e 15.15, usada aqui por Clemente para mostrar que nem mesmo os anjos são irrepreensíveis diante de Deus, quanto mais os homens.

260 "Porque a ira mata o insensato, e o zelo destrói o que se desviou" – Parafraseia Jó 5.2. A tradição interpreta esse texto como advertência contra o orgulho e a imprudência que afastam o homem da sabedoria divina.

261 "Onde, e por meio de quem se devam realizar..." – Clemente faz referência à regulamentação sacerdotal conforme o modelo veterotestamentário, particularmente conforme descrito no Pentateuco (cf. Números 18; Levítico 16). Essa ordem é apresentada como reflexo da vontade divina, não como convenção humana.

4 Aqueles, pois, que fazem suas ofertas nos tempos determinados são aceitáveis e bem-aventurados, pois, seguindo os preceitos do Senhor, não erram.

5 Ao sumo sacerdote foram confiadas funções próprias; aos sacerdotes, lugares determinados foram designados; e aos levitas, ministérios particulares estão incumbidos. Mas ao leigo foi imposta a disciplina própria dos leigos.[262]

41

1 Cada um de nós, irmãos, procure agradar a Deus em seu próprio posto, conservando boa consciência e não transgredindo, com reverência, o limite estabelecido para seu ministério.[263]

2 Nem em todo lugar, irmãos, são oferecidos sacrifícios perpétuos, ou súplicas, ou oferendas pelos pecados e transgressões, mas apenas em Jerusalém. E ali também, não em qualquer lugar, mas diante do templo, junto ao altar, com a oferta examinada quanto a defeitos, por intermédio do sumo sacerdote e dos ministros previamente designados.[264]

3 Aqueles, pois, que agem fora daquilo que é devido à sua função, incorrem em pena de morte.[265]

262 "Mas ao leigo foi imposta a disciplina própria dos leigos" (ὁ λαϊκὸς ἄνθρωπος τοῖς λαϊκοῖς προστάγμασιν δέδεται) – Clemente reconhece uma estrutura litúrgica e hierárquica precisa na Igreja primitiva, em que a função do laico é distinta da dos ministros ordenados. Isso ecoa o princípio da "ordem" (τάξις) como valor eclesial e cultual.

263 "Cada um... em seu próprio posto" (Ἕκαστος... ἐν τῷ ἰδίῳ τάγματι) – Clemente retoma a metáfora militar e cultual do "táxis" (S = posto, ordem), para insistir na ideia de que a vida cristã exige obediência à função atribuída a cada um dentro da comunidade, tal como no culto antigo.

264 "Mas apenas em Jerusalém... diante do templo" – Referência direta ao sistema sacerdotal do Antigo Testamento, segundo o qual os sacrifícios por pecados e oferendas só podiam ser feitos no templo de Jerusalém, por sacerdotes devidamente autorizados (cf. Deuteronômio 12.13-14; Levítico 1-7).

265 "Incorrem em pena de morte" – Clemente alude aqui às prescrições da Lei mosaica segundo as quais transgressões rituais podiam ser punidas com a morte (cf. Números 3.10; 16.35). A advertência serve para sublinhar a seriedade da disciplina eclesial.

4 Vede, irmãos: quanto maior o grau de conhecimento que recebemos, tanto mais estamos expostos ao perigo.[266]

42

1 Os apóstolos receberam de nosso Senhor Jesus Cristo a boa nova, e Jesus Cristo foi enviado por Deus.

2 Cristo, pois, procede de Deus, e os apóstolos procedem de Cristo; e ambos aconteceram de modo ordenado, segundo a vontade de Deus.[267]

3 Tendo, então, recebido ordens e estando plenamente assegurados por meio da ressurreição de nosso Senhor Jesus Cristo, e confirmados na palavra de Deus, saíram com a plena certeza do Espírito Santo, anunciando que o Reino de Deus estava para vir.[268]

4 Assim, proclamando a palavra pelas regiões e cidades, estabeleciam as primícias daqueles que cressem, depois de prová-los no Espírito, como bispos e diáconos para os que viriam a crer.[269]

5 E isto não foi feito de modo novo: com efeito, já desde há muito estava escrito a respeito dos bispos e diáconos. Pois assim diz, algures, a Escritura: "Estabelecerei os seus bispos em justiça, e os seus diáconos em fé."[270]

266 "Tanto mais estamos expostos ao perigo" – Este princípio, frequentemente reiterado nos escritos patrísticos, afirma que quanto mais alguém conhece os mistérios divinos, mais responsável é diante de Deus. Trata-se de uma ética da consciência iluminada: maior privilégio implica maior vigilância.

267 "Cristo, pois, procede de Deus, e os apóstolos procedem de Cristo" – Afirmação da cadeia missionária conforme o plano divino: Deus → Cristo → Apóstolos → Igreja. Este princípio de mediação ordenada sustenta a autoridade eclesial nos escritos dos Padres apostólicos.

268 "Anunciando que o Reino de Deus estava para vir" – Ecoa a pregação inicial tanto de João Batista quanto de Jesus e dos apóstolos (cf. Mateus 3.2; Marcos 1.15; Atos 1.3), reafirmando a urgência escatológica da missão cristã primitiva.

269 "Estabeleciam... como bispos e diáconos" – Clemente testemunha aqui a origem apostólica do episcopado e do diaconato, indicando que esses ministérios não surgiram posteriormente, mas foram instituídos pelos próprios apóstolos mediante discernimento espiritual.

270 "Estabelecerei os seus bispos em justiça, e os seus diáconos em fé" – Provável citação de uma tradição profética não canônica ou paráfrase de Isaías 60.17: "teus magistrados, em paz, e teus opressores, em justiça"; interpretada à luz da organização eclesial. Trata-se de uma interpretação tipológica comum na patrística.

43 1 E que há de admirável, se aqueles que foram confiados a Cristo por Deus instituíram os referidos homens em tal ministério? Pois também o bem-aventurado Moisés, servo fiel em toda a sua casa, inscreveu nas sagradas Escrituras todas as coisas que lhe foram ordenadas, às quais seguiram também os outros profetas, dando testemunho em conjunto daquilo que fora por ele legislado.[271]

2 Quando sobreveio o zelo a respeito do sacerdócio, e as tribos contendiam entre si sobre qual delas seria adornada com o nome glorioso, ele ordenou que os doze chefes das tribos lhe trouxessem varas, cada uma com o nome de sua tribo escrito nela. E, tendo-as recebido, atou-as e as selou com os anéis dos chefes das tribos, e as depositou na tenda do testemunho sobre a mesa de Deus.

3 E, tendo fechado a tenda, selou as chaves do mesmo modo que as varas,

4 e disse-lhes: "Homens irmãos, a vara da tribo que florescer é aquela que Deus escolheu para exercer o sacerdócio e ministrar diante d'Ele."

5 Quando amanheceu, Moisés reuniu todo o Israel, as seiscentas mil pessoas, e mostrou aos chefes das tribos os selos, e abriu a tenda do testemunho, e retirou as varas. E a vara de Aarão foi achada não apenas florescida, mas com fruto.[272]

6 Que vos parece, amados? Acaso Moisés não sabia de antemão que isso aconteceria? Certamente o sabia. Mas fê-lo para que não houvesse desordem em Israel, e para que o nome do verdadeiro e único Deus fosse glorificado.[273] A Ele seja a glória pelos séculos dos séculos. Amém.

271 "Moisés... inscreveu nas sagradas Escrituras" – Referência à tradição mosaica da redação dos livros da Lei (Torá). A expressão "servo fiel em toda a sua casa" remete a Números 12.7, frequentemente citada na literatura cristã antiga como modelo de fidelidade profética.

272 "A vara de Aarão... com fruto" – Relato baseado em Números 17.1-8, no qual Deus confirma a escolha de Aarão como sumo sacerdote por meio do florescimento milagroso de sua vara. Essa narrativa é aqui usada por Clemente como figura do princípio de eleição divina e de ordem na liderança da comunidade.

273 "Para que... o nome do verdadeiro e único Deus fosse glorificado" – Clemente

44

1 E os nossos apóstolos souberam, por nosso Senhor Jesus Cristo, que haveria contenda acerca do nome do episcopado.

2 Por esta razão, portanto, tendo recebido plena previsão, instituíram os anteriormente mencionados, e "estabeleceram uma sucessão ordenada" (καὶ μπταξὺ ἐπινομὴν δεδωκασιν), para que, ao adormecerem, outros homens aprovados lhes sucedam no ministério.[274]

3 Aqueles, pois, que foram constituídos por eles ou, posteriormente, por outros homens ilustres, "com o consentimento de toda a Igreja", e que ministraram de modo irrepreensível ao rebanho de Cristo com humildade, serenidade e ausência de vanglória, sendo aprovados por longo tempo por todos – estes não consideramos que devam, com justiça, ser removidos do ministério.[275]

4 Pois não será pequeno pecado para nós, se expulsarmos da função aqueles que, de modo irrepreensível e santo, ofereceram "os dons do episcopado".[276]

5 Bem-aventurados os presbíteros que caminharam antes de nós, os quais tiveram um fim frutífero e perfeito; pois não temem que alguém os remova do lugar que lhes foi estabelecido.

emprega o episódio como paradigma da necessidade de evitar divisões (στάσις) na comunidade cristã, reforçando seu apelo à unidade e submissão à liderança legítima, um dos temas centrais da Primeira Carta de Clemente.

274 "Estabeleceram uma sucessão ordenada" (καὶ μπταξὺ ἐπινομὴν δεδωκασιν) – A palavra ἐπινομή denota a ideia de um arranjo ou provisão de sucessão. Clemente afirma que os apóstolos, prevendo disputas futuras, providenciaram sucessores para os seus ministérios. Isso é parte do argumento clássico da sucessão apostólica no cristianismo primitivo.

275 "Com o consentimento de toda a Igreja" (συνενδοκησάσης τῆς ἐκκλησίας πάσης) – A ordenação de líderes não era um ato unilateral, mas envolvia a aceitação comunitária. A expressão sublinha a dimensão eclesial e participativa da nomeação de bispos e diáconos na Igreja antiga.

276 "Os dons do episcopado" (τὰ δῶρα τῆς ἐπισκοπῆς) – A função episcopal é apresentada como uma oferta a Deus. Clemente utiliza linguagem litúrgica para descrever o ministério, reforçando seu caráter sagrado e sacerdotal.

6 Pois vemos que alguns dentre vós afastastes aqueles que bem se conduziam "da função honrosamente atribuída a eles" (ἐκ τῆς ἀμέμπτως αὐτοῖς τετιμημένης λειτουργίας).[277]

45

1 Sede, pois, irmãos, amantes da luta e zelosos pelas coisas que dizem respeito à salvação.

2 Inclinai-vos às Escrituras sagradas, que são verdadeiras e dadas por meio do Espírito Santo.

3 Vós sabeis que nelas nada de injusto nem de falsificado foi escrito. Não encontrareis os justos rejeitados por homens santos.

4 Os justos foram perseguidos, mas por homens ímpios; foram presos, mas por impuros; foram apedrejados por transgressores; foram mortos pelos que estavam tomados de inveja profana e injusta.

5 "Sofrendo tais coisas, suportaram-nas com glória".[278]

6 Pois que diremos, irmãos? Acaso Daniel foi lançado na cova dos leões por homens que temiam a Deus?[279]

7 Ou Ananias, Azarias e Misael foram lançados na fornalha de fogo por aqueles que cultuavam a religião magnífica e gloriosa do Altíssimo? Nunca tal se deu! Quem, pois, foram os que assim procederam? Foram os abomináveis, cheios de toda maldade, que tanto se excederam em furor, que lançaram à tortura aqueles que serviam a Deus com santa e irrepreensível disposição. Mas não sabiam que o Altíssimo é defensor e protetor dos que o servem com consciência pura no nome todo-virtuoso. A Ele seja a glória pelos séculos dos séculos. Amém.

277 "Da função honrosamente atribuída a eles" (ἐκ τῆς ἀμέμπτως αὐτοῖς τετιμημένης λειτουργίας) – Refere-se ao fato de que os presbíteros foram honrados com um ministério sagrado. A remoção injusta desses ministros legítimos é o centro da controvérsia abordada por Clemente, motivo pelo qual a carta foi escrita.

278 "Sofrendo tais coisas, suportaram-nas com glória" (ταῦτα πάσχοντες εὐκλεῶς ἤνεγκαν) – Clemente descreve o sofrimento dos justos como honroso, evocando a tradição dos mártires que suportam perseguição sem desonra.

279 "Daniel foi lançado na cova dos leões" – Referência ao episódio de Daniel 6, no qual o profeta é lançado na cova por permanecer fiel à sua fé, mas é milagrosamente preservado.

8 Aqueles, porém, que perseveraram com confiança herdaram glória e honra, e foram exaltados e inscritos por Deus em Sua memória "pelos séculos dos séculos".[280]

46

1 A exemplos tais, pois, convém também a nós nos apegarmos, irmãos.

2 Pois está escrito: "Apegai-vos aos santos, porque os que a eles se unem serão santificados."[281]

3 E novamente, em outro lugar, diz: "Com o homem inocente serás inocente, com o eleito serás eleito, mas com o perverso serás corrompido."[282]

4 Apeguemo-nos, pois, aos inocentes e justos: estes são os eleitos de Deus.

5 Por que há contendas, e iras, e dissensões, e cismas, e guerra entre vós?

6 Ou não temos um só Deus, e um só Cristo, e um só Espírito da graça que foi derramado sobre nós, e uma só vocação em Cristo?

7 Por que dilaceramos e dividimos os membros de Cristo, e nos insurgimos contra o próprio corpo, e chegamos a tal demência, que nos esquecemos de que somos membros uns dos outros?[283] Lembrai-vos das palavras do Senhor Jesus.

280 "Foram inscritos por Deus em Sua memória" (ἐγένοντο ἀπὸ τοῦ θεοῦ ἐν τῷ μνημοσύνῳ αὐτοῦ εἰς τοὺς αἰῶνας τῶν αἰώνων) – Esta expressão reflete a crença judaica e cristã primitiva de que os nomes dos justos estão inscritos no "livro da vida" de Deus, uma imagem presente em textos como Salmos 69.28 e Apocalipse 3.5.

281 "Apegai-vos aos santos..." (κολλᾶσθε τοῖς ἁγίοις...) – Citação de uma tradição sapiencial presente também na literatura rabínica: a união aos justos transmite santidade. Clemente exorta à comunhão com os modelos piedosos.

282 "Com o homem inocente serás inocente..." (μετὰ ἀνδρὸς ἀθῴου ἀθῷος ἔσῃ...) – Parafraseia o Salmo 18.26-27, enfatizando que o convívio molda o caráter: a justiça se comunica, assim como a perversão.

283 "Somos membros uns dos outros" (μέλη ἐσμὲν ἀλλήλων) – Alusão a Romanos 12.5 e 1 Coríntios 12.12, passagens nas quais o apóstolo Paulo desenvolve a imagem do corpo de Cristo, no qual cada cristão é um membro.

8 Pois Ele disse: "Ai daquele homem! Melhor fora que não tivesse nascido,[284] do que fazer tropeçar um dos meus eleitos. Melhor seria que lhe fosse pendurada uma mó no pescoço e fosse lançado ao mar, do que perverter um dos meus eleitos."

9 O vosso cisma tem pervertido a muitos, lançado muitos na desesperança, conduzido muitos à dúvida, e a todos nós à tristeza; e o vosso motim é persistente.

47 1 Tomai em mãos a epístola do bem-aventurado apóstolo Paulo.

2 Que foi o que primeiro vos escreveu no início do Evangelho?

3 Com efeito, espiritualmente vos enviou instrução acerca de si mesmo, e de Cefas, e de Apolo, porquanto também então tínheis feito preferências.[285]

4 Contudo, aquela preferência vos trouxe culpa menor, pois vos inclinastes a apóstolos comprovados e a um homem aprovado entre eles.

5 Agora, porém, compreendei: quem foram os que vos desviaram e diminuíram a dignidade da vossa ilustre caridade fraterna?

6 Vergonhoso é, amados, sim, extremamente vergonhoso e indigno da conduta em Cristo que se ouça que a firmíssima e antiquíssima Igreja dos coríntios se insurja contra os presbíteros por causa de uma ou duas pessoas.

7 E tal boato não chegou apenas a nós, mas também àqueles que são de outra orientação fora de nós, de tal modo que até blasfêmias se lançam contra o nome do Senhor por causa da vossa insensatez, e vós mesmos suscitais para vós perigo.

284 "Melhor fora que não tivesse nascido..." (εἰ οὐκ ἐγεννήθη) – Compilação de sentenças evangélicas, especialmente de Mateus 18.6 e Marcos 9.42, acerca do escândalo causado aos "pequeninos" (isto é, os humildes ou os fiéis frágeis).

285 "Preferências tínheis feito" (προσκλίσεις ὑμᾶς πεποιῆσθαι) – Alusão à divisão interna mencionada em 1 Coríntios 1.12, onde Paulo repreende os que diziam ser de Paulo, de Apolo ou de Cefas, evidenciando o perigo de partidarismo mesmo entre líderes espirituais autênticos.

48

1 Removamos, pois, sem demora, esta causa de escândalo, e prostremo-nos diante do Senhor, derramando lágrimas e suplicando-Lhe, a fim de que, tornando-Se propício, nos reconcilie consigo e nos restaure à vida pura da nossa nobre caridade fraterna.

2 Com efeito, a porta da justiça está aberta para a vida, conforme está escrito: "Abri-me as portas da justiça, para que, entrando por elas, eu confesse ao Senhor."[286]

3 Esta é a porta do Senhor: os justos entrarão por ela.

4 Ora, entre muitas portas abertas, esta é a da justiça, a qual está em Cristo. Bem-aventurados são todos os que por ela entram e dirigem o seu caminho em santidade e justiça, realizando todas as coisas com serenidade.

5 Seja alguém fiel, seja capaz de expressar conhecimento, seja sábio na interpretação das palavras, seja puro nas obras,

6 tanto mais deve ser humilde quanto mais julga ser maior, buscando o bem comum para todos, e não o seu próprio.

49

1 Aquele que possui amor em Cristo, cumpra os mandamentos de Cristo.

2 Quem será capaz de explicar o vínculo do amor de Deus?

3 Quem pode suficientemente exprimir a grandeza de sua beleza?

4 A elevação à qual o amor conduz é inefável.[287]

5 O amor une-nos a Deus; o amor cobre a multidão dos pecados; o amor tudo suporta, tudo sofre pacientemente.[288] Nada há de rude no

286 "Abri-me as portas da justiça, para que, entrando por elas, eu confesse ao Senhor" (Ἀνοίξατέ μοι πύλας δικαιοσύνης, ἵνα εἰσελθὼν ἐν αὐταῖς ἐξομολογήσωμαι τῷ κυρίῳ) – Citação do Salmo 117.19-20 (LXX), onde o salmista expressa o anseio de entrar no espaço sagrado da presença divina, reservado aos justos.

287 "É inefável" (ἀνεκδιήγητόν ἐστιν) – A palavra ἀνεκδιήγητος significa "inexprimível", "indescritível". Clemente utiliza-a para realçar a majestade transcendente do amor cristão, que conduz o homem às alturas espirituais.

288 "O amor tudo suporta, tudo sofre pacientemente" (ἀγάπη πάντα ἀνέχεται, πάντα μακροθυμεῖ) – Referência direta à descrição paulina do amor em 1 Coríntios 13.7, onde se apresenta o amor como virtude ativa e resiliente.

amor, nada de soberbo. O amor não admite cisma, o amor não promove discórdia, o amor tudo realiza em concórdia. No amor foram consumados todos os eleitos de Deus; sem amor, nada é agradável a Deus.[289]

6 Por amor, o Senhor nos acolheu; por causa do amor que tinha por nós, Jesus Cristo nosso Senhor, em conformidade com a vontade de Deus, entregou o seu sangue por nós, e a sua carne pela nossa carne, e a sua alma pelas nossas almas.

50 1 Vede, ó amados, quão grande e maravilhoso é o amor, e não há explicação para a sua perfeição.

2 Quem é digno de ser achado nele, senão aqueles a quem Deus houver por bem considerar dignos? Supliquemos, pois, e roguemos à sua misericórdia, para que sejamos achados no amor, sem inclinação humana, irrepreensíveis.

3 Todas as gerações desde Adão até o dia de hoje passaram, mas aqueles que foram consumados no amor, segundo a graça de Deus, possuem lugar entre os piedosos, os quais hão de ser manifestados na visitação do Reino de Cristo.[290]

4 Pois está escrito: "Entrai nos vossos aposentos por um pouco, até que passem a minha ira e o meu furor, e eu me lembre de um dia bom, e vos ressuscite de vossos túmulos."[291]

5. Bem-aventurados somos, ó amados, se cumprirmos os mandamentos de Deus em união de amor, para que nos sejam perdoados, por amor, os pecados.

289 "Sem amor, nada é agradável a Deus" (δίχα ἀγάπης οὐδὲν εὐάρεστόν ἐστιν τῷ θεῷ) – A expressão condensa a ideia fundamental do ensinamento cristão primitivo, segundo a qual o amor é a base de toda verdadeira piedade e comunhão com Deus.

290 "hão de ser manifestados na visitação do Reino de Cristo" (φανερωθήσονται ἐν τῇ ἐπισκοπῇ τῆς βασιλείας τοῦ Χριστοῦ) – A palavra ἐπισκοπή, que literalmente significa "visitação" ou "supervisão", é empregada aqui com o sentido escatológico, remetendo à manifestação final do Reino de Cristo. O uso da expressão sugere a revelação pública dos justos no tempo da restauração final.

291 "Entrai nos vossos aposentos..." – Citação adaptada de Isaías 26.20-21, com elementos adicionais de linguagem escatológica. Essa passagem era tradicionalmente interpretada pelos primeiros cristãos como referência à ressurreição e ao livramento dos justos da ira divina.

6 Pois está escrito: "Bem-aventurados aqueles cujas iniquidades foram perdoadas, e cujos pecados foram encobertos. Bem-aventurado o homem a quem o Senhor jamais imputará pecado, e em cuja boca não se achou dolo."[292]

7 Esta bem-aventurança foi concedida àqueles escolhidos por Deus por meio de Jesus Cristo, nosso Senhor, a quem seja a glória pelos séculos dos séculos. Amém.

51

1 Por tudo quanto pecamos, pois, e fizemos por certas quedas ocasionadas pelo adversário, supliquemos que nos seja concedido o perdão.

2 Também aqueles que se tornaram autores de sedição e de dissensão devem considerar o bem comum da esperança.

3 Com efeito, os que andam com temor e amor preferem cair em tormentos a prejudicar o próximo; antes assumem a culpa sobre si mesmos do que dissolver a harmonia que nos foi entregue de modo justo e bom.

4 Pois é bom ao homem confessar os seus pecados, em vez de endurecer o seu coração, conforme foi endurecido o coração dos que se revoltaram contra o servo de Deus, Moisés, cujo julgamento tornou-se manifesto.[293]

5 "Pois desceram vivos ao Hades, e a morte os apascentará."[294]

6 Faraó e seu exército e todos os chefes do Egito, tanto os carros quanto os cavaleiros, não foram submersos no mar Vermelho e destruídos por outra razão, senão por terem endurecido seus corações

292 "Bem-aventurados aqueles cujas iniquidades foram perdoadas..." – Citação do Salmo 31(32):1-2, usada por Clemente como prova da bem-aventurança dos que vivem em amor e retidão. Paulo também utiliza essa passagem em Romanos 4.7-8 para falar da justificação pela fé.

293 "Endurecer o coração" (σκληρῦναι τὴν καρδίαν) – Expressão usada frequentemente no Antigo Testamento, especialmente no episódio do Êxodo (cf. Êxodo 7-14), para indicar rebelião contra Deus. Aqui Clemente aplica a mesma ideia àqueles que resistem à ordem eclesiástica.

294 "Desceram vivos ao Hades, e a morte os apascentará" (κατέβησαν γὰρ εἰς ᾄδου ζῶντες, καὶ θάνατος ποιμανεῖ αὐτούς) – Alusão ao castigo de Corá, Datã e Abirão, rebeldes contra Moisés, cujo relato encontra-se em Números 16.30-33. A imagem de ser "pastoreado pela morte" sugere uma submissão contínua ao juízo divino.

insensatos, mesmo após os sinais e prodígios realizados na terra do Egito pelo servo de Deus, Moisés.

52

1 O Senhor de todas as coisas, irmãos, é autossuficiente; de ninguém tem necessidade de coisa alguma, senão do que se lhe ofereça confissão.

2 Pois diz o eleito Davi: "Confessarei ao Senhor, e isso lhe será mais agradável que um novilho novo com chifres e cascos. Vejam os humildes e se alegrem."[295]

3 E novamente diz: "Oferece a Deus sacrifício de louvor e cumpre ao Altíssimo os teus votos. E invoca-me no dia da aflição, e eu te livrarei, e tu me glorificarás."[296]

4 Pois "sacrifício a Deus é o espírito contrito."[297]

53

1 Pois conheceis, e bem conheceis, as Sagradas Escrituras, ó amados, e inclinastes vossos corações às palavras de Deus. Por isso vos escrevemos estas coisas para vossa recordação.

2 Quando Moisés subiu ao monte e passou quarenta dias e quarenta noites em jejum e humilhação, Deus lhe disse: "Desce prontamente daqui, porque pecou o teu povo, que tiraste da terra do Egito: desviaram-se depressa do caminho que lhes ordenei, fizeram para si imagens fundidas."[298]

295 "Confessarei ao Senhor, e isso lhe será mais agradável que um novilho novo com chifres e cascos. Vejam os humildes e se alegrem" (Ἐξομολογήσομαι τῷ κυρίῳ, καὶ ἀρέσει αὐτῷ ὑπὲρ μόσχον νέον κέρατα ἐκφέροντα καὶ ὁπλάς· ἰδέτωσαν πτωχοὶ καὶ εὐφρανθήτωσαν) – Citação do Salmo 69.30-32 (LXX 68.31-33), em que o louvor a Deus é considerado mais agradável do que sacrifícios rituais.

296 "Oferece a Deus sacrifício de louvor..." – Citação do Salmo 50.14-15 (LXX 49.14-15), onde Deus rejeita o ritual vazio e valoriza a adoração sincera e a fidelidade.

297 "Sacrifício a Deus é o espírito contrito" (θυσία τῷ θεῷ πνεῦμα συντετριμμένον) – Citação do Salmo 51.17 (LXX 50.19), que destaca a importância do arrependimento interno sobre as ofertas exteriores.

298 "Desce prontamente daqui, porque pecou o teu povo..." (Κατάβηθι τὸ τάχος ἐντεῦθεν, ὅτι ἠνόμησεν ὁ λαός σου...) – Citação de Êxodo 32.7-8, quando Deus revela a Moisés a idolatria do povo com o bezerro de ouro.

3 E disse o Senhor a ele: "Falei-te uma e duas vezes, dizendo: Vi este povo, e eis que é de dura cerviz. Deixa-me para que os destrua e apague o nome deles de debaixo do céu, e farei de ti uma nação grande, admirável e muito mais numerosa que esta."[299]

4 E Moisés disse: "De modo nenhum, Senhor! Perdoa o pecado deste povo, ou então risca-me também do livro dos vivos."[300]

5 Ó amor grandioso! Ó perfeição insuperável! O servo fala com franqueza ao Senhor, intercede pelo povo e deseja até ser riscado juntamente com eles.

54

1 Quem, pois, entre vós é generoso? Quem é compassivo? Quem é plenamente possuído do amor?

2 Diga ele: "Se por minha causa há discórdia, contenda e cisma, eu me retiro, vou embora para onde quer que desejeis, e farei aquilo que for ordenado pelo corpo da comunidade; contanto que o rebanho de Cristo esteja em paz com os presbíteros instituídos."

3 Aquele que fizer isto conquistará para si grande glória em Cristo, e todo lugar o acolherá, pois "do Senhor é a terra e a sua plenitude."[301]

4 Isso fizeram e farão todos os que conduzem sua vida segundo a cidadania irrevogável de Deus.

55

1 Para que também apresentemos exemplos dentre as nações: muitos reis e governantes, quando sobreveio um tempo de peste, recebendo oráculo divino, entregaram-se à morte, para que, por seu próprio sangue, salvassem os cidadãos.

299 "Falei-te uma e duas vezes..." (Λελάληκα πρός σε ἅπαξ καὶ δὶς...) – Êxodo 32.9-10. Deus manifesta a Moisés sua intenção de destruir Israel e recomeçar a partir dele.

300 "Perdoa o pecado deste povo, ou então risca-me também do livro dos vivos" (ἄφες τὴν ἁμαρτίαν τῷ λαῷ τούτῳ, ἢ κἀμὲ ἐξάλειψον ἐκ βίβλου ζώντων) – Êxodo 32.32. Moisés se oferece a Deus como intercessor, disposto a sofrer com o povo em um gesto de extrema solidariedade e amor pastoral.

301 "Do Senhor é a terra e a sua plenitude" (τοῦ γὰρ κυρίου ἡ γῆ καὶ τὸ πλήρωμα αὐτῆς) – Citação do Salmo 24.1 (23.1 na LXX), afirmando a soberania de Deus sobre toda a criação e a acolhida universal dos justos.

Muitos retiraram-se de suas próprias cidades, para que nelas não houvesse ainda maior sedição.

2 Sabemos que muitos entre nós entregaram-se voluntariamente à prisão, para que outros fossem libertos; muitos entregaram-se à escravidão, e, tendo recebido o valor de sua venda, alimentaram a outros.

3 Muitas mulheres, fortalecidas pela graça de Deus, realizaram feitos de grande coragem.

4 Judite, a bem-aventurada, estando a cidade sitiada, rogou aos anciãos que a deixassem sair até o acampamento dos estrangeiros.

5 Entregando-se, pois, ao perigo, saiu por amor à pátria e ao povo que se achava cercado, e o Senhor entregou Holofernes nas mãos de uma mulher.[302]

6 De modo não inferior, também a perfeita na fé, Ester, expôs-se ao perigo para livrar da destruição o povo de Israel.[303] Pois por meio do jejum e da humildade de sua alma, ela alcançou graça junto ao Senhor soberano de todos os séculos, o qual, tendo visto a humildade de seu coração, salvou o povo por quem ela se arriscara.

56 1 Supliquemos também nós, pois, por aqueles que se acham em alguma falta, a fim de que lhes seja concedida misericórdia e humildade, para que se submetam, não a nós, mas à vontade de Deus. Assim será para eles frutuosa e perfeita a memória diante de Deus e dos santos, acompanhada de compaixão.[304]

2 Recebamos a correção, sobre a qual ninguém deve indignar-se, ó amados. A admoestação que dirigimos uns aos outros é boa e extremamente proveitosa, pois nos une à vontade de Deus.

302 "E o Senhor entregou Holofernes nas mãos de uma mulher" (παρέδωκεν κύριος Ὀλοφέρνην ἐν χειρὶ θηλείας) – Referência ao episódio do livro de Judite (Jt 13), em que Judite decapita Holofernes, comandante assírio, salvando o povo de Israel.

303 "Também a perfeita na fé, Ester, expôs-se ao perigo para livrar... o povo de Israel" – Alusão à história de Ester, narrada no livro homônimo (cf. Est 4.16), quando ela se apresenta diante do rei para interceder por seu povo, mesmo sem ser chamada, o que podia lhe custar a vida.

304 A intercessão pelos caídos (τοὺς ἔν τινι παραπτώματι ὑπαρχόντων) é expressão da caridade eclesial, que busca o arrependimento e a reconciliação com Deus.

3 Pois assim diz a palavra santa: "Castigando, o Senhor me castigou, mas à morte não me entregou."[305]

4 "A quem o Senhor ama, ele corrige, e açoita a todo filho a quem acolhe."[306]

5 "Corrigir-me-á o justo com misericórdia e me repreenderá; o óleo dos pecadores não ungirá a minha cabeça."[307]

6 E ainda diz: "Bem-aventurado o homem a quem o Senhor corrige; não rejeites, pois, a advertência do Todo-Poderoso. Porque ele fere, mas também restaura;

7 golpeia, mas suas mãos curam."[308]

8 "Seis vezes te livrará da angústia, e na sétima o mal não te tocará.

9 Na fome, livrar-te-á da morte; na guerra, das mãos do ferro te libertará;

10 e da chibata da língua te esconderá, e não temerás quando vier o mal.

11 Dos ímpios e dos injustos zombarás, e dos animais selvagens não terás medo,

12 pois até as feras selvagens estarão em paz contigo.

13 Então saberás que a paz habita tua casa, e a tua morada não pecará.

14 Saberás também que tua descendência será numerosa, e teus filhos, como a erva abundante do campo.

15 E entrarás no sepulcro como trigo colhido no tempo oportuno, ou como feixe de espigas recolhido a seu tempo na eira."[309]

305 "Castigando, o Senhor me castigou, mas à morte não me entregou" (Παιδεύων ἐπαίδευσέν με ὁ κύριος, καὶ τῷ θανάτῳ οὐ παρέδωκέν με) – Citação do Salmo 118.18.

306 "A quem o Senhor ama, ele corrige..." (Ὃν γὰρ ἀγαπᾷ κύριος παιδεύει...) – Citação de Provérbios 3.12, também citada em Hebreus 12.6.

307 "Corrigir-me-á o justo com misericórdia..." (Παιδεύσει με γάρ, φησίν, δίκαιος ἐν ἐλέει...) – Citação do Salmo 140.5.

308 "Bem-aventurado o homem a quem o Senhor corrige..." – Paráfrase de Jó 5.17-18.

309 Jó 5.19-26 – Passagem longa, citada na sequência, em forma de exortação sobre o cuidado providencial de Deus com os justos.

16 Vede, amados, quão grande proteção há para os que são corrigidos pelo Senhor: pois sendo um Pai bom, ele nos educa a fim de que, por meio de sua santa correção, sejamos objetos de sua misericórdia.

57 1 Vós, pois, que fostes os autores do início da sedição, submetei-vos aos presbíteros e sede disciplinados para o arrependimento, dobrando os joelhos de vosso coração.

2 Aprendei a sujeitar-vos, deposta a altivez e a arrogante ousadia de vossa língua; pois é melhor que sejais achados pequenos e honrados[310] no rebanho de Cristo do que, parecendo-vos elevados, sejais excluídos de sua esperança.[311]

3 Pois assim diz a toda-virtuosa Sabedoria: "Eis que derramarei sobre vós minha palavra, e vos ensinarei o meu conselho.

4 Porque chamei e não escutastes, estendi minhas palavras e não fizestes caso; tornastes vãos os meus conselhos, e não destes atenção às minhas repreensões; portanto, também eu me rirei de vossa ruína, e me alegrarei quando vier sobre vós a perdição, quando o tumulto vos alcançar de súbito, e a vossa destruição sobreviera como tempestade, ou quando vier sobre vós tribulação e cerco."[312]

5 "Haverá um tempo em que me invocareis, mas eu não vos ouvirei; os maus me buscarão, e não me acharão. Porque odiaram a sabedoria, e o temor do Senhor não escolheram; não quiseram prestar atenção aos meus conselhos e desprezaram as minhas repreensões.

6 Por isso comerão do fruto de seu próprio caminho e se fartarão de sua impiedade.

310 "Pequenos e honrados" (μικροὺς καὶ ἐλλογίμους) – O adjetivo ἐλλόγιμος significa literalmente "contado entre os dignos", "estimado", "de valor reconhecido", especialmente no contexto comunitário. Clemente exorta os causadores da discórdia à humildade, ensinando que é preferível ser um membro modesto, porém fiel, do rebanho de Cristo do que ser excluído por soberba.

311 Esta citação é uma paráfrase extensa de Provérbios 1.23-27, onde a Sabedoria (personificada) repreende os que rejeitam a instrução divina.

312 Citação de Provérbios 1.28-33. Clemente, ao transcrever longamente este trecho, destaca que a rejeição da correção e da sabedoria divinas conduz à perdição. A *Sabedoria* aqui é vista como voz do próprio Deus, e a advertência é contra a dureza de coração frente à chamada divina.

7 Porque, em razão de terem cometido injustiça contra os simples, serão mortos, e o exame destruirá os ímpios; mas aquele que me escuta habitará com esperança e descansará sem temor de qualquer mal."[313]

58 1 Obedeçamos, pois, ao seu santíssimo e glorioso nome, fugindo das ameaças anteriormente ditas pela Sabedoria contra os desobedientes,[314] a fim de habitarmos confiantes no nome santíssimo de sua majestade.

2 Acolhei o nosso conselho, e vos será sem arrependimento. Pois vive Deus, e vive o Senhor Jesus Cristo, e o Espírito Santo, fé e esperança dos eleitos, que aquele que realizar com humildade, com diligente mansidão, sem arrependimento, os preceitos e mandamentos dados por Deus, este será contado entre os salvos por Jesus Cristo, por quem seja a glória a Ele pelos séculos dos séculos. Amém.

59 1 Se, porém, alguns desobedecerem ao que foi dito por Ele através de nós, saibam que se envolvem a si mesmos em transgressão e em perigo não pequeno.[315]

2 Nós, entretanto, seremos inocentes deste pecado e rogaremos com súplica fervorosa, apresentando prece insistente, a fim de que o Criador de todas as coisas conserve íntegro o número dos seus eleitos, numerado por Ele em todo o mundo,[316] mediante Jesus Cristo, seu

313 "Ameaças... contra os desobedientes" – Referência às advertências anteriores extraídas sobretudo de Provérbios 1.20-33, onde a Sabedoria personificada repreende os que rejeitam sua instrução e prediz sua ruína. Clemente, ao referir-se à *Sabedoria*, alude tanto ao conteúdo sapiencial do Antigo Testamento quanto à razão divina presente na criação e na revelação.

314 "Vos será sem arrependimento" (ἔσται ἀμεταμέλητα ὑμῖν) – A expressão indica que seguir o conselho apostólico não levará ao pesar ou à perda, mas à segurança perene da salvação. A palavra ἀμεταμέλητος é usada também em Romanos 11.29. "os dons e a vocação de Deus são irrevogáveis".

315 "...envolvem a si mesmos em transgressão e em perigo não pequeno" (παραπτώσει καὶ κινδύνῳ οὐ μικρῷ ἑαυτοὺς ἐνδήσουσιν) – Clemente adverte com seriedade sobre o risco espiritual e comunitário de se desobedecer à exortação apostólica, cujo fundamento é a autoridade divina.

316 "...o número dos seus eleitos... em todo o mundo" (τὸν ἀριθμὸν τὸν κατηριθμημένον τῶν ἐκλεκτῶν αὐτοῦ ἐν ὅλῳ τῷ κόσμῳ) – A expressão reflete a ideia veterotesta-

Filho amado, por quem nos chamou das trevas à luz, da ignorância ao conhecimento da glória do seu nome.[317]

3 [Ele nos chamou para] esperarmos no nome primário de toda criatura,[318] tendo Ele aberto os olhos de nosso coração para que conheçamos a Ti, o único Altíssimo entre os altíssimos, Santo que repousas entre os santos;[319] Aquele que abates a soberba dos arrogantes, que desfazes os pensamentos das nações, que exaltas os humildes e humilhas os elevados, que enriqueces e empobreces, que matas e dás vida;[320] Tu só és descobridor dos espíritos e Deus de toda carne, que observas os abismos e és vigia das obras humanas, auxílio dos que estão em perigo e salvador dos desesperados, criador e supervisor de todo espírito; Aquele que multiplica as nações sobre a terra e, dentre todas, escolhe os que Te amam por meio de Jesus Cristo, teu Filho amado, por quem nos instruíste, santificaste e honraste.[321]

4 Nós Te suplicamos, ó Senhor, sê nosso auxílio e defensor. Salva os que estão na aflição, tem misericórdia dos humildes, ergue os caídos, manifesta-Te aos que suplicam, cura os enfermos, converte os que se extraviaram do teu povo; Sacia os que têm fome, liberta os nossos cativos, levanta os que estão abatidos, consola os pusilânimes. Que todas as nações reconheçam que Tu és o único Deus, e que Jesus Cristo é teu servo, e nós somos teu povo e ovelhas do teu pasto.[322]

mentária e apocalíptica de que Deus possui um "número contado" de justos que serão preservados até o fim (cf. Ap 7.4).

317 "...por quem nos chamou das trevas à luz..." – Citação e paráfrase de 1 Pedro 2.9, que ecoa Isaías 9.2 e remete à conversão dos gentios à fé em Cristo.

318 "...no nome primário de toda criatura" (τὸ ἀρχεγόνον πάσης κτίσεως ὄνομα) – Termo que implica o princípio e a fonte da criação. Aqui "nome" carrega o valor de essência e autoridade suprema (cf. Fp 2.9-10).

319 "...Santo que repousas entre os santos" (ἅγιον ἐν ἁγίοις ἀναπαυόμενον) – Expressão que remete à linguagem do culto no Templo e à santidade de Deus em Is 57.15.

320 A série de epítetos nesta prece reflete as tradições bíblicas sapienciais (cf. 1Sm 2.6-7; Jó 5.19-26; Dn 2.21), bem como elementos do louvor litúrgico judaico.

321 "...por quem nos instruíste, santificaste e honraste" – Clemente reconhece que toda graça e glória vêm por meio de Jesus Cristo, cuja missão inclui pedagogia espiritual (ἐπαίδευσας), santificação (ἡγίασας) e elevação (ἐτίμησας).

322 "...e nós somos teu povo e ovelhas do teu pasto" – Alusão ao Salmo 95.7 (LXX 94.7) e Salmo 100.3 (LXX 99.3), temas recorrentes na tradição pastoral da Escritura.

60 1 Pois Tu manifestaste a ordenação eterna do mundo pelas obras que operas constantemente;[323] Tu, Senhor, fundaste a habitação do mundo, fiel em todas as gerações, justo nos julgamentos, admirável em força e majestade, sábio na criação e inteligente em estabelecer firmemente as coisas criadas; Bondoso nas coisas visíveis e generoso para com os que confiam em Ti;[324] misericordioso e compassivo, perdoa-nos as nossas iniquidades, injustiças, transgressões e faltas.[325]

2 Não impute a todo pecado de teus servos e servas, mas purifica-nos com a purificação da tua verdade;[326] e guia os nossos passos para andarmos em santidade de coração, para que pratiquemos o bem e o que é agradável diante de Ti e diante dos que nos governam.[327]

3 Sim, Senhor, faze resplandecer o teu rosto sobre nós para o bem em paz, [328], para que sejamos protegidos com a tua poderosa mão e libertos de todo pecado pelo teu braço excelso;[329] e livra-nos dos que nos odeiam injustamente.

323 "Tu manifestaste a ordenação eterna do mundo" (τὴν ἀέναον τοῦ κόσμου σύστασιν) – A expressão reflete uma cosmologia estoico-judaica, segundo a qual o cosmos é mantido por um *lógos* divino em movimento ordenado e perpétuo. Cf. Sabedoria 11.20.

324 "Generoso para com os que confiam em Ti" (χρηστὸς ἐν τοῖς πεποιθόσιν ἐπὶ σέ) – O termo χρηστὸς implica benignidade ativa. Há aqui ecos de Salmo 84.12. "Bem-aventurado o homem que em Ti põe a sua confiança."

325 "Iniquidades, injustiças, transgressões e faltas" – Quatro categorias de pecado que remetem à linguagem sacrificial do Antigo Testamento, especialmente Levítico 4-6, onde diferentes tipos de ofensas requerem distintos rituais de purificação.

326 "Purifica-nos com a purificação da tua verdade" (καθάρισον ἡμᾶς τὸν καθαρισμὸν τῆς σῆς ἀληθείας) – A verdade de Deus não é meramente doutrina, mas força purificadora e santificadora. Cf. João 17.17. "Santifica-os na verdade; a tua palavra é a verdade."

327 "Guia os nossos passos... diante dos que nos governam" – Reflete a consciência cristã primitiva da convivência com a ordem civil romana, com forte ênfase na boa conduta (cf. Romanos 13.1-7).

328 "Faze resplandecer o teu rosto sobre nós" (ἐπίφανον τὸ πρόσωπόν σου) – Fórmula litúrgica de bênção hebraica; cf. Números 6.25-26. "O Senhor faça resplandecer o seu rosto sobre ti e tenha misericórdia de ti."

329 "Teu braço excelso" (τῷ βραχίονί σου τῷ ὑψηλῷ) – Imagem veterotestamentária de intervenção divina poderosa (cf. Isaías 52.10; Lucas 1.51).

4 Concede concórdia e paz a nós e a todos os habitantes da terra, assim como a concedeste aos nossos pais, que piedosamente Te invocaram com fé e verdade;[330] para que sejamos submissos ao teu todo-poderoso e glorioso nome, e também aos nossos governantes e líderes sobre a terra.

61 1 Tu, Senhor soberano, concedeste a eles o poder da realeza,
através da tua majestosa e inefável força,
para que, reconhecendo nós a glória e a honra a eles outorgadas por Ti,
nos sujeitemos a eles, não resistindo à tua vontade.[331]
Concede-lhes, ó Senhor, saúde, paz, concórdia, estabilidade,
para que administrem sem tropeço a autoridade que Tu lhes concedeste.[332]
2 Pois Tu, Senhor soberano celeste,
Rei dos séculos,[333]
concedes aos filhos dos homens glória, honra e poder
sobre as coisas que existem sobre a terra.
Tu, Senhor, dirige o conselho deles segundo o bem e o agradável diante de Ti,
a fim de que, administrando com paz, mansidão e piedade
a autoridade que Tu lhes concedeste,
possam alcançar tua misericórdia.
3 Tu, o único poderoso para fazer estas e maiores coisas conosco,

330 "Assim como a concedeste aos nossos pais..." – Remete à fidelidade dos patriarcas e profetas, evocando uma continuidade entre a Igreja e o Israel piedoso do passado.

331 "Para que... nos sujeitemos a eles" (εἰς τὸ... ὑποτάσσεσθαι αὐτοῖς) – A oração reconhece que toda autoridade é conferida por Deus (cf. Romanos 13.1-2). A obediência civil é entendida aqui como sujeição à vontade divina.

332 "Concede-lhes... para que administrem..." (εἰς τὸ διέπειν αὐτοὺς...) – A oração intercede pelos governantes para que sua autoridade seja exercida de modo estável, pacífico e justo, refletindo a ordem divina.

333 "Rei dos séculos" (βασιλεῦ τῶν αἰώνων) – Título de Deus derivado de passagens veterotestamentárias (cf. Tobias 13.6; 1 Timóteo 1.17), sublinhando sua soberania eterna sobre o tempo e os reinos da terra.

nós te damos graças por meio do sumo sacerdote e protetor de nossas almas, Jesus Cristo,

por meio de quem a Ti sejam a glória e a majestade,

agora, de geração em geração, e por todos os séculos dos séculos. Amém.

62 1 A respeito, pois, das coisas pertencentes à nossa religião e das mais úteis para uma vida virtuosa, aos que desejam conduzir-se piedosa e justamente, temos suficientemente admoestado-vos, varões irmãos.[334]

2 Com efeito, sobre a fé, o arrependimento, o amor sincero, a continência, a moderação e a paciência, tocamos em todo ponto, recordando-vos que é necessário agradar santamente ao Deus onipotente com justiça, verdade e longanimidade, vivendo em concórdia, sem guardar rancor, em amor e paz, com perseverante mansidão, assim como também nossos pais, anteriormente mencionados, agradaram a Deus com humildade no que diz respeito ao Pai e Criador de todas as coisas e de todos os homens.[335]

3 E recordamos estas coisas com tanto mais prazer quanto sabíamos com clareza que escrevíamos a homens fiéis, mui respeitáveis e inclinados diligentemente às palavras da instrução divina.[336]

334 "A respeito... da nossa religião" (Περὶ μὲν τῶν ἀνηκόντων τῇ θρησκείᾳ ἡμῶν) – O termo θρησκεία aqui refere-se ao culto e à vida religiosa em sua integralidade, como prática devocional que envolve a fé cristã e a conduta moral. Cf. Tiago 1.26-27.

335 "Assim como também nossos pais... agradaram a Deus" (καθὼς καὶ οἱ προδεδηλωμένοι πατέρες ἡμῶν εὐηρέστησαν...) – Clemente continua seu apelo à tradição exemplar dos "pais" da fé, retomando o longo catálogo de justos apresentados nos capítulos anteriores. A expressão πατήρ καὶ κτίστης θεὸς – "Pai e Criador Deus" – sublinha a relação íntima entre Deus e a humanidade.

336 "Homens fiéis... inclinados diligentemente às palavras da instrução divina" (ἀνδράσιν πιστοῖς... ἐγκεκυφόσιν εἰς τὰ λόγια τῆς παιδείας τοῦ θεοῦ) – παίδευσις remete aqui tanto à "educação" quanto à "disciplina espiritual", conceito fundamental na tradição helenístico-judaica e cristã primitiva (cf. Provérbios 3.11; Hebreus 12.5-11).

63 1 É, pois, legítimo que, tendo-vos chegado a tais e tão grandes exemplos, submetais a vossa cerviz e preenchais o lugar da obediência, a fim de que, havendo cessado da vã sedição, possamos alcançar o alvo proposto diante de nós, na verdade, sem mácula alguma.[337]

2 Pois alegria e exultação nos proporcionareis, se, tornando-vos obedientes às coisas por nós escritas mediante o Espírito Santo, cortardes, segundo a súplica que fizemos, a injusta cólera do vosso zelo, que rogamos fosse pacificada nesta epístola, acerca da paz e da concórdia.[338]

3 Enviamos também varões fiéis e prudentes, que desde a juventude até à velhice conviveram irrepreensivelmente conosco, os quais serão testemunhas entre vós e nós.[339]

4 E isto fizemos, para que saibais que todo o nosso cuidado tanto foi como é, para que o mais brevemente possível possais alcançar a paz.[340]

64 1 Finalmente, o Deus que tudo vê, o Senhor dos espíritos e soberano de toda a carne, aquele que escolheu o Senhor Jesus Cristo, e a nós por meio d'Ele, para um povo eleito e singular,[341] conceda a toda alma que invoca o seu majestoso

337 "Sujeiteis a vossa cerviz" (ὑποθεῖναι τὸν τράχηλον) – Expressão típica da linguagem bíblica e helenística para submissão voluntária, com eco em Lamentações 3.27 e Jeremias 2.20. O termo "escope" (σκοπός) remete a um alvo ou meta final, aqui compreendido como a paz e a comunhão no corpo de Cristo (cf. Fp 3.14).

338 "Cortardes... a cólera do vosso zelo" (ἐκκόψητε τὴν ἀθέμιτον τοῦ ζήλου ὑμῶν ὀργὴν) – Clemente denuncia o zelo desordenado (ἀθέμιτος) que conduz à discórdia, contrastando-o com o verdadeiro zelo espiritual. Cf. Romanos 10.2 e Tiago 3.13-16, onde o zelo sem sabedoria é criticado.

339 "Varões fiéis e prudentes... testemunhas entre vós e nós" (μάρτυρες ἔσονται μεταξὺ ὑμῶν καὶ ἡμῶν) – A prática de enviar embaixadores ou mensageiros como mediadores era comum entre as igrejas do século I. Estes representantes atuavam como garantidores da boa-fé e unidade entre comunidades.

340 "Para que saibais... alcançar a paz" (εἰς τὸ ἐν τάχει ὑμᾶς εἰρηνεῦσαι) – O verbo εἰρηνεῦσαι (alcançar ou restaurar a paz) aparece com sentido ativo e pastoral. Clemente destaca que sua preocupação é urgente e centrada no restabelecimento da comunhão eclesial.

341 "Povo eleito e singular" (λαὸν περιούσιον) – A expressão περιούσιος remonta a Êxodo 19.5 (propriedade peculiar) e é retomada em Tito 2.14 para designar a Igreja como povo consagrado e distintamente pertencente a Deus.

e santo nome: fé, temor, paz, paciência, longanimidade, continência, pureza e sobriedade,

3 para que sejamos agradáveis ao seu nome, por meio do nosso sumo sacerdote e protetor Jesus Cristo, por quem a Ele sejam a glória e a majestade, o poder e a honra, agora e por todos os séculos dos séculos. Amém.[342]

65 1 Os enviados por nós, Cláudio Êfebos, Valério Vito e também Fortunato, reconduzi em paz com alegria e sem demora para junto de nós, a fim de que mais prontamente anunciem a nós a paz desejada e ardentemente esperada, para que também nós, com maior presteza, nos alegremos quanto à vossa estabilidade.

2 A graça de nosso Senhor Jesus Cristo seja convosco e com todos, em toda parte, que foram chamados por Deus por meio d'Ele.[343] Por quem a Ele sejam a glória, a honra, o poder e a majestade, trono eterno, desde os séculos até os séculos dos séculos. Amém.[344] Carta dos Romanos aos Coríntios.

342 "Sumo sacerdote e protetor Jesus Cristo" (ἀρχιερέως καὶ προστάτου ἡμῶν Ἰησοῦ Χριστοῦ) – Clemente aplica a Cristo os títulos cultuais do Antigo Testamento, em particular a figura do sumo sacerdote (ἀρχιερεύς), como mediador entre Deus e os homens, reforçando a linguagem litúrgica da epístola (cf. Hebreus 4.14-16). *Protetor* (προστάτης) evoca o papel de intercessor e defensor do povo de Deus.

343 "Chamados por Deus por meio d'Ele" (τῶν κεκλημένων ὑπὸ τοῦ θεοῦ δἰ αὐτοῦ) – A fórmula ecoa a linguagem paulina (cf. Romanos 1.6), onde o chamado divino acontece "por meio" de Cristo, acentuando a mediação salvífica do Filho no plano da eleição divina.

344 "Trono eterno, desde os séculos..." (θρόνος αἰώνιος, ἀπὸ τῶν αἰώνων εἰς τοὺς αἰῶνας τῶν αἰώνων) – Uma expressão típica do louvor cristão primitivo, de forte ressonância apocalíptica (cf. Apocalipse 1.6; 5.13), destacando a eternidade e soberania de Deus.

SEGUNDA CARTA DE CLEMENTE ROMANO AOS CORÍNTIOS: CONTEXTO HISTÓRICO, AUTORIA E TEMAS CENTRAIS

Em 1627, chegou à Inglaterra um presente enviado pelo Patriarca de Constantinopla, Cirilo Lucaris, ao rei Jaime I. Tratava-se de um manuscrito valiosíssimo, copiado no século V, que continha a totalidade do Antigo e do Novo Testamento, além de dois textos cristãos primitivos anexados ao final do Novo Testamento: 1 Clemente e 2 Clemente. Esse manuscrito, hoje conhecido como *Codex Alexandrinus* (Códice Alexandrino), interrompe-se abruptamente em 2 Clemente 12.5, indicando que parte do conteúdo foi perdida.

Esses dois escritos atribuídos a Clemente de Roma mais tarde apareceriam na primeira coleção organizada dos chamados *Pais Apostólicos*, publicada em 1672 pelo estudioso francês Jean-Baptiste Cotelier. Essa coleção reunia textos cristãos antigos que, embora não tivessem sido incluídos no cânone do Novo Testamento, preservavam o ensinamento de figuras e comunidades próximas do tempo dos apóstolos. Entre os escritos incluídos estavam obras atribuídas a Barnabé, Hermas, Inácio de Antioquia, Policarpo de Esmirna, além das duas cartas de Clemente. O título completo da obra era expressivo e detalhado: *S.S. Patrum qui temporibus apostolicis floruerunt: Barnabae, Clementis, Hermae, Ignatii, Polycarpi. Opera edita et inedita, vera et suppositicia. Una cum Clementis, Ignatii, Polycarpi, Acts atque Martyriis* – ou seja, "Dos santos Padres que floresceram nos tempos apostólicos: Barnabé, Clemente, Hermas, Inácio, Policarpo. Obras editadas e inéditas, verdadeiras e supostas. Junto com os Atos e Martírios de Clemente, Inácio e Policarpo".

A partir dessa publicação, o termo *Pais Apostólicos* passou a designar esse grupo de autores cristãos do fim do século I e início do II, e edições subsequentes continuaram a incluir 1 e 2 Clemente nesse *corpus*. A importância de 2 Clemente aumentou ainda mais quando, por volta de 1873, o metropolita Philotheos Bryennios descobriu em Constantinopla um códice que incluía os oito capítulos finais da obra, até então perdidos. Com isso, o texto completo de 2 Clemente pôde ser estudado pela primeira vez, o que gerou entusiasmo entre os estudiosos da patrística.

Apesar de seu nome tradicional, 2 Clemente nem é uma carta, nem foi escrita por Clemente de Roma. Essa constatação, frequentemente mencionada em estudos acadêmicos e populares, é geralmente acompanhada da afirmação de que o texto é, na verdade, o mais antigo sermão cristão completo preservado fora do Novo Testamento. Trata-se de uma exortação moral e espiritual dirigida a uma comunidade cristã, provavelmente composta por gentios, incentivando-os à fidelidade, ao arrependimento e à vigilância diante da iminência do juízo final. O autor anônimo faz uso de várias citações e paráfrases de textos bíblicos, incluindo evangelhos e escritos paulinos, demonstrando o uso prático das Escrituras na pregação da Igreja do século II.

Apesar de sua relevância histórica e teológica, 2 Clemente tem sido, ao longo do tempo, um dos escritos menos valorizados e estudados entre os *Pais Apostólicos*. Muitas vezes ofuscado por sua "irmã mais velha", 1 Clemente, que é mais longa, mais estruturada e tradicionalmente associada à autoridade eclesiástica romana, 2 Clemente aparece em todas as edições dos *Pais Apostólicos*, mas raramente recebe a mesma atenção que obras como *Didachê*, *Pastor de Hermas* ou as *Cartas de Inácio*.

Ainda assim, a obra oferece um vislumbre valioso da pregação cristã em sua forma mais primitiva, funcionando como um elo entre os ensinamentos apostólicos e a tradição oral que moldou a Igreja nos séculos seguintes. Seu estudo revela não apenas o conteúdo da fé cristã primitiva, mas também a forma como essa fé era comunicada, vivida e defendida diante de uma cultura pagã em transformação.

Embora 2 Clemente não tenha recebido a mesma atenção dedicada a muitas outras obras entre os *Pais Apostólicos*, os estudiosos não o negligenciaram completamente. Um dos trabalhos de maior prestígio é o conjunto multivolume de J. B. Lightfoot sobre os *Pais Apostólicos*, que inclui um tratamento detalhado de 2 Clemente. Embora sua obra date do século XIX, sua precisão filológica e profundidade teológica ainda são amplamente respeitadas.

TESTEMUNHOS DIRETOS DE MANUSCRITOS

Dois manuscritos gregos preservam o texto que chamamos de 2 Clemente, juntamente com 1 Clemente. O Códice Alexandrino (A) data do século V d.C., enquanto o Códice Hierosolymitanus 54 (H54) foi copiado no ano 1056. 2 Clemente também aparece, novamente junto com 1 Clemente, em um manuscrito siríaco datado por volta de 1170.

O *Codex Alexandrinus* (A), atualmente preservado na Biblioteca Britânica em Londres (MS Reg. 1 D VIII), foi um presente do Patriarca de Constantinopla, Cirilo Lucaris, ao rei Jaime I da Inglaterra, em 1624. Acredita-se amplamente que o códice tenha sido copiado em Alexandria, no século V, e inclui todo o Antigo e o Novo Testamento, com 1 Clemente e 2 Clemente acrescentados ao final. Infelizmente, o manuscrito se interrompe em 2 Clemente 12.5, precisamente na última palavra da expressão grega οὔτε ἄρσεν οὔτε θῆλυ τοῦτο ("nem macho nem fêmea este"), com o restante do conteúdo perdido. O texto de 2 Clemente começa no topo da segunda coluna do fólio 168a, imediatamente após o texto de 1 Clemente e seu colofão. Em geral, os livros são precedidos por títulos completos, como ocorre com 1 Clemente, que aparece com a rubrica "ς κορινθιους α" ("aos Coríntios A"). No entanto, 2 Clemente não possui título. Uma tabela de conteúdos separada inclui os títulos de ambos os livros sob a rubrica H KAINH ΔΙΑΘΗΚΗ (O Novo Testamento). Após a entrada do *Apocalipse de João*, seguem-se as entradas *Epístola A de Clemente* e *Epístola B de*

Clemente. Os estudiosos concordam que essa tabela foi inserida por um escriba do século VII ou VIII. Parece que ambos os escritos foram considerados, por esse escriba, parte do Novo Testamento. A ausência de um título antes de 2 Clemente e sua inclusão no índice ao lado de livros canônicos indicam que o copista via essa obra como sendo de Clemente ou, pelo menos, intimamente ligada a ele.

Já o Codex Hierosolymitanus (latim para "de Jerusalém"), também conhecido como Códice H ou Códice de Constantinopla (às vezes identificado como Códice C), encontra-se hoje na biblioteca do Mosteiro do Santo Sepulcro, na Cidade Velha de Jerusalém (MS 54). Foi descoberto por Philotheos Bryennios em um mosteiro-irmão em Constantinopla por volta de 1873 e, pouco tempo depois, transferido para Jerusalém. Diferente do códice A, este não contém livros do Novo Testamento canônico, mas vários escritos dos *Pais Apostólicos*, como as epístolas de Clemente, a epístola de Barnabé, a versão longa das cartas de Inácio e o único manuscrito grego sobrevivente da *Didachê*. Um colofão fornece a data precisa de conclusão do manuscrito – 1056 d.C. – e o nome do modesto copista, que se descreve como "Leão, escriba e pecador." Para os estudos sobre 2 Clemente, esse manuscrito é fundamental porque contém a parte final do capítulo 12, que está ausente no códice Alexandrino. Nesse manuscrito, 2 Clemente possui o título Κλήμεντος πρὸς Κορινθίους Β (Clemente aos Coríntios B). Embora confirme, em geral, o texto do códice A nos primeiros onze capítulos e meio, a maioria dos estudiosos considera que o códice H (ou C) é menos confiável do que o manuscrito mais antigo.

Há ainda um terceiro manuscrito relevante: um códice siríaco (S), datado de 1170, preservado na Biblioteca da Universidade de Cambridge (MS 1700). Esse manuscrito contém o Novo Testamento em siríaco, com 1 Clemente e 2 Clemente posicionados imediatamente após as Epístolas Católicas e antes das Epístolas Paulinas. Ambas as obras recebem o título de "Epístolas de Clemente, o discípulo do apóstolo Pedro, à Igreja dos Coríntios." A posição desses textos e os títulos usados sugerem que, aos olhos do copista, eles gozavam de status canônico, ao lado dos escritos reconhecidos do Novo Testamento. O códice S apresenta um grau maior de paráfrase e prolixidade em comparação com os textos gregos de A e H. O valor desse manuscrito está menos na sua tradução literal e mais nas suas características textuais. Em geral, o códice S concorda com o códice A quando este difere do códice H. Em alguns pontos dos capítulos finais de 2 Clemente, o siríaco pode preservar o texto original que também aparece em H (como em 2 Clemente 14.2 e 19.1). No entanto, na maioria das vezes, o texto siríaco concorda com o códice A contra H.

Haveria outros vestígios do autor de 2 Clemente entre os manuscritos que chegaram até nós? Ao que tudo indica, não há outros testemunhos diretos com certeza. Contudo, Lightfoot menciona um registro interessante da *Bibliotheca*, uma compilação do século IX feita por Fócio, Patriarca de Constantinopla. Segundo ele, Fócio teria encontrado essas duas epístolas de Clemente encadernadas com a *Epístola de Policarpo aos Filipenses* em um pequeno volume (βιβλιδάριον [*biblidárion*]). Infelizmente, como ocorre com muitos dos livros descritos por Fócio, esse códice não sobreviveu.

A observação comum entre os estudiosos de 2 Clemente é que, dos três manuscritos sobreviventes, o códice A é o mais confiável na preservação da forma mais antiga do texto. Sua antiguidade, somada ao fato de frequentemente concordar com o códice siríaco S contra o posterior códice H (ou C), reforça sua autoridade textual. Ao longo do comentário da obra, as variantes mais significativas entre os manuscritos A, H/C e S são analisadas caso a caso.

Não existem manuscritos latinos de 2 Clemente sobreviventes da Antiguidade até a Idade Média. Essa ausência no Ocidente não surpreende, dado que todos os testemunhos sobreviventes têm origem no Mediterrâneo oriental. Versões latinas não foram encontradas. E parece que 2 Clemente não era conhecido no Ocidente."

USO DE 2 CLEMENTE NA ANTIGUIDADE

Apesar do número reduzido de manuscritos de 2 Clemente, alguns escritores cristãos antigos fizeram alusões ou citações dessa obra. Tais exemplos, no entanto, são bem menos numerosos do que os testemunhos abundantes a respeito de 1 Clemente por parte dos autores eclesiásticos. Aqui, limitamo-nos a alguns dos exemplos mais claros.

No final do século II, Irineu de Lyon (*Contra Heresias* 3.3.3) fornece aquilo que pode ser interpretado como uma alusão indireta a um ensinamento encontrado em 2 Clemente. Em um resumo dos ensinamentos de 1 Clemente, Irineu menciona conteúdos claramente pertencentes a essa obra, mas também descreve um juízo de fogo que não está presente em 1 Clemente – embora tal linguagem se aproxime bastante de trechos encontrados em 2 Clemente (por exemplo, 2 Clemente 7.6; 16.3; 17.5). É possível que Irineu tenha confundido as duas fontes, ou que estivesse resumindo tradições comuns a ambas. Ainda que não se trate de uma citação direta, sua menção pode ser considerada um testemunho precoce de conteúdos presentes em 2 Clemente.

Orígenes, escrevendo antes de 250 d.C. em seu *Comentário sobre João* (2.34.207), utiliza uma linguagem semelhante à famosa expressão de 2 Clemente 1.1: "o que devemos pensar sobre o Filho de Deus." A semelhança, porém, não é exata, e a alusão permanece incerta – no melhor dos casos, apenas sugestiva.

O primeiro testemunho claro e direto vem de Eusébio de Cesareia, no início do século IV. Ele escreve: "uma segunda carta é atribuída a Clemente, mas não temos o mesmo conhecimento sobre seu reconhecimento [como temos da primeira], porque não sabemos se os antigos escritores a utilizaram." Eusébio erroneamente a chama de "epístola", o que talvez revele sua falta de familiaridade direta com o texto. Curiosamente, ele não inclui 2 Clemente em nenhuma das quatro categorias que usa para classificar a literatura cristã: (1) livros reconhecidos, (2) livros disputados, (3) livros rejeitados e (4) livros heréticos.

No final do século IV, os autores dos Cânones Apostólicos (8.47.85), que integram o oitavo livro das *Constituições Apostólicas*, mencionam ambas as cartas de Clemente. Essa obra apresenta uma lista do que chama de "nossos livros, ou seja, os livros do Novo Testamento", incluindo "duas epístolas de Clemente". Assim, aproximadamente na mesma época em que o *Codex Alexandrinus* parece incluir 1 e 2 Clemente como parte do cânon, os *Cânones Apostólicos* também conhecem e reconhecem ambas as obras como canônicas.

Já no século VI, Severo de Antioquia (c. 513-518), em uma obra polêmica contra João de Constantinopla (*Contra João*), cita literalmente os versos iniciais de 2 Clemente (1.1-2), atribuindo-os da seguinte forma: "De Clemente, o terceiro bispo de Roma depois dos Apóstolos, da Segunda Epístola aos Coríntios." Isso mostra que, já no século VI, a hesitação expressa anteriormente por Eusébio ou mesmo por Jerônimo quanto à autoria clementina da obra parece ter desaparecido – pelo menos em certos círculos orientais.

No século IX, Fócio, Patriarca de Constantinopla, oferece uma das descrições mais detalhadas de 2 Clemente em sua *Bibliotheca*, uma enciclopédia de obras literárias que leu. Ele escreve:

> A segunda carta, contendo conselhos e exortações para uma vida melhor, logo no início proclama Cristo como Deus, embora certas expressões estranhas – das quais nem mesmo a primeira carta está inteiramente livre – sejam introduzidas como se viessem das Escrituras. Certas passagens são interpretadas de maneira estranha. Os sentimentos são um tanto pobres e, por vezes, inconsistentes.

Embora Fócio reconhecesse a alta cristologia do texto, expressava preocupação com o uso de escritos não-canônicos na exposição de seu conteúdo – uma preocupação que mais tarde se tornaria um dos pontos mais controversos da obra. O comentário de Fócio é o testemunho mais antigo que sobrevive abordando essa questão metodológica em 2 Clemente.

Embora o número de manuscritos seja pequeno, os registros históricos apontam para um valor considerável atribuído a 2 Clemente em várias regiões do mundo cristão em expansão – e alguns chegaram até mesmo a considerá-lo parte do cânon do Novo Testamento. Essa evidência histórica, ainda que escassa, contradiz a declaração de alguns estudiosos modernos de que "além das três cópias conhecidas do texto, nenhuma outra citação de 2 Clemente sobrevive entre os teólogos e historiadores importantes da Igreja antiga." Embora alguns testemunhos individuais possam remontar ao século II, muitas "citações" são, na melhor das hipóteses, conjecturais. Por outro lado, já no século IV e seguintes, a obra era claramente conhecida, mesmo que não fosse amplamente valorizada.

AUTORIA E PROVENIÊNCIA DE 2 CLEMENTE

As questões referentes à autoria e ao contexto original de 2 Clemente serão aqui analisadas em conjunto. Apesar do testemunho do Codex Alexandrinus e da atribuição tradicional a Clemente de Roma – reforçada por Eusébio e outros autores posteriores -, atualmente nenhum estudioso sério identifica o autor de 2 Clemente com Clemente de Roma, tradicionalmente considerado o autor de 1 Clemente. Embora se possa perceber certas conexões linguísticas intrigantes entre os dois textos (e essas serão mencionadas ao longo da análise), as diferenças de estilo e de argumentação são suficientemente marcantes para que se conclua, com segurança, que os escritos procederam de autores diferentes.

Por exemplo, enquanto o autor de 1 Clemente mostra clara dependência das epístolas paulinas e faz pouco uso direto de tradições sobre os ensinamentos de Jesus, o autor de 2 Clemente revela um conhecimento limitado de Paulo, mas recorre amplamente a diversas tradições jesuânicas. Essa distinção estilística, contudo, não exclui a possibilidade de uma conexão histórica ou teológica entre os dois escritos. É precisamente essa possível relação entre as duas obras que constitui um dos pontos centrais de debate neste campo de estudo.

Alguns estudiosos tentaram identificar o autor de 2 Clemente por nome. Adolf von Harnack, por exemplo, propôs que o autor seria Soter, bispo de Roma entre aproximadamente 165 e 175 d.C., mencionado por Eusébio em sua *História Eclesiástica* (4.23.9-11). Em uma carta escrita por Dionísio de Corinto, este se refere a uma epístola de Soter, mencionando também a conhecida 1 Clemente. Apesar da criatividade dessa proposta, ela enfrenta dois grandes problemas: primeiro, situaria

2 Clemente em uma data relativamente tardia; segundo, caracterizaria a obra como uma epístola – o que ela claramente não é, pois carece de qualquer estrutura epistolar típica.

Outro estudioso, J. Rendell Harris, sugeriu que a expressão encontrada em 2 Clemente 15.1, "sobre a autodomínio" (περὶ ἐγκρατείας – *perì enkrateías*), poderia indicar que o autor foi Júlio Cassiano. Este era um asceta encratita que, segundo Clemente de Alexandria, escreveu uma obra justamente com esse título. Harris aventou que 2 Clemente seria essa mesma obra. No entanto, como será explorado mais adiante, o autor de 2 Clemente não demonstra tendências gnósticas ou ascéticas marcantes, como aquelas associadas aos encratitas – grupo citado por Irineu. Além disso, a palavra ἐγκράτεια (autodomínio) aparece apenas uma vez em 2 Clemente, o que enfraquece a ideia de que o tema da obra seja o ascetismo. Em 1 Clemente, por exemplo, o mesmo substantivo aparece quatro vezes (1 Clemente 35.2; 38.2; 62.2; 64.1), mas nem por isso se argumenta que o ascetismo seja seu tema principal.

É evidente que não se pode discutir a autoria de 2 Clemente de forma isolada, sem considerar o local de origem da obra. No entanto, a questão da proveniência tem gerado ainda mais divergência e incerteza. Alguns estudiosos defenderam uma origem romana para o texto, mas essa hipótese enfrenta dificuldades, sobretudo se for descartada a possibilidade de que a obra seja uma carta escrita por Soter – como já se viu. Uma das maiores objeções à origem romana está na possível utilização, por parte do autor de 2 Clemente, do evangelho perdido dos egípcios, mencionado em 2 Clemente 12.2. Outros estudiosos aventaram, ocasionalmente, uma origem no Oriente Médio, baseando-se principalmente na existência do manuscrito siríaco anteriormente mencionado.

Hoje existe um consenso quase universal entre os estudiosos de que não podemos saber, com certeza, a identidade pessoal do autor de 2 Clemente. Contudo, isso não significa que se deva ser completamente agnóstico quanto ao(s) indivíduo(s) ou comunidade(s) associados à origem e ao contexto da obra. Assumir a ousadia de sugerir um contexto original requer, portanto, que se apresente também uma proposta plausível quanto ao local de origem.

A ORIGEM CORÍNTIA DE 2 CLEMENTE

Quanto ao público originalmente visado pelo pregador de 2 Clemente, a cidade de Corinto apresenta os argumentos mais fortes. Se essa homilia foi de fato proferida em Corinto, dois aspectos do texto ganham explicação clara – aspectos que, sob outras hipóteses, permanecem obscuros. Em primeiro lugar, a alusão aos jogos atléticos, presumivelmente aos Jogos Ístmicos, é formulada com uma naturalidade que faz sentido apenas se o discurso for dirigido aos coríntios. O autor menciona que muitos "desembarcam" (καταπλέουσιν) para participar de competições corruptíveis (2 Clemente 7), sem citar o nome do porto ou da cidade. Tal omissão sugere que o autor não precisava explicar o contexto – o público já o conhecia. Se essa fala tivesse sido feita em outro lugar, esperar-se-ia alguma referência explicativa como "em Corinto" (εἰς Κόρινθον – *eis Kórinthon*) ou "no Istmo" (εἰς τὸν Ἰσθμόν – *eis tòn Isthmón*).

Em segundo lugar, essa hipótese de uma origem coríntia ajuda a explicar por que o documento foi rapidamente associado à 1 Clemente nos manuscritos e, eventualmente, atribuído ao mesmo autor. Sabemos que a primeira epístola de Clemente era lida periodicamente na igreja de Corinto. Se 2 Clemente foi inicialmente pregado a essa mesma comunidade – e não como discurso improvisado, mas a partir de um manuscrito -, é plausível que o texto tenha sido preservado com zelo e lido publicamente, da mesma forma que a epístola autêntica. Assim, a ligação entre os dois textos teria sido estabelecida desde cedo, não apenas por semelhança de conteúdo ou estilo, mas pelo próprio uso litúrgico na comunidade coríntia.

O verbo καταπλέω (*katapléō*) não significa simplesmente "navegar", mas mais especificamente "navegar a partir do alto-mar em direção à costa", geralmente acompanhado da preposição εἰς (para), conforme atestado em autores antigos como Xenofonte e Flávio Josefo. Essa é a única ocorrência do verbo entre os *Pais Apostólicos*, e sua única ocorrência no Novo Testamento está em Lucas 8.26, onde se diz que os discípulos "desembarcaram na terra dos gerasenos" (κατέπλευσαν εἰς τὴν χώραν τῶν Γερασηνῶν – *katépleusan eis tēn chōran tōn Gerasēnṓn*). Esses usos literais do verbo reforçam a interpretação literal em 2 Clemente 7, com a analogia subsequente descrevendo os cristãos como aqueles que "navegam rumo ao porto" dos jogos – uma imagem poderosa.

O verbo e a passagem parecem evocar o retorno marítimo do herói mítico Eneias, figura central da tradição romana. Assim como Paulo usava imagens atléticas literais antes de passar ao sentido metafórico, o autor de 2 Clemente faz o mesmo, de forma retórica e eficaz para seus ouvintes imediatos.

O argumento a favor de uma origem coríntia para 2 Clemente fornece não apenas uma hipótese de localização, mas ajuda a esclarecer por que a obra foi preservada com tanto cuidado ao lado de 1 Clemente. A tradição, nesse caso, é o primeiro ponto a considerar. Por que 2 Clemente foi mantido nos arquivos e lido em conjunto com sua "irmã maior"? Muitos estudiosos afirmam que a resposta é simples: ambas as obras estavam presentes nos arquivos da Igreja de Corinto e eram lidas publicamente em ocasiões distintas. Mas por que essa obra menor estava nos arquivos? Por que foi preservada com tal destaque?

A resposta sugerida é que 2 Clemente estava, desde o início, intimamente associada à 1 Clemente por causa de sua ligação com os mesmos conflitos e situações na igreja coríntia que originalmente motivaram Clemente a escrever sua epístola. Assim, 2 Clemente pode ter surgido como uma resposta pastoral ou teológica dirigida à mesma comunidade, num período posterior, o que teria levado à sua preservação, leitura litúrgica e, eventualmente, atribuição equivocada ao mesmo autor.

1 Clemente foi escrito de Roma para a igreja de Corinto por volta dos anos 96-98 d.C., com o objetivo de pôr fim a um cisma que se instaurara após a remoção de presbíteros do cargo por parte de alguns membros da comunidade. A intervenção foi bem-sucedida, e os presbíteros que haviam sido afastados foram, com alta probabilidade, reintegrados. Com base nisso, sustenta-se a hipótese de que, pouco depois de sua restauração, esses presbíteros compuseram um discurso exortativo – o que hoje conhecemos como 2 Clemente –, o qual teria sido lido por um deles à congregação reunida em culto. Como ambas as obras, 1

Clemente e 2 Clemente, contribuíram decisivamente para a resolução de uma crise severa na vida da igreja coríntia, é compreensível que tenham sido preservadas juntas por essa comunidade.

Como 1 Clemente era altamente valorizada e foi preservada pela igreja de Corinto, o fato de 2 Clemente ter sido preservada junto a ela sugere que também era considerada relevante. Por quê? Em 1 Clemente, há diversas referências a presbíteros que haviam sido afastados e cujo retorno era pleiteado – algo amplamente aceito pelos estudiosos (ver 1 Clemente 2.1; 37; 42-44). 2 Clemente parece ser uma exortação escrita por esses presbíteros reintegrados, agora dirigindo-se à própria comunidade. Em 2 Clemente 19.1, o autor exorta a congregação ao arrependimento como forma de "recompensa" (μισθός – *misthós*) pela graça recebida de Deus. Aqui, o autor pede uma "compensação" não financeira, mas uma resposta sincera da comunidade por ter sido injustamente removido – e agora restaurado.

O problema da desobediência aos presbíteros aparece novamente em 2 Clemente 17.5-6, onde o autor descreve o julgamento dos impenitentes. Os rebeldes, segundo o autor, não só deixaram de reconhecer Cristo, como também rejeitaram os líderes espirituais instituídos. Isso se reflete em temas paralelos em 1 Clemente 23 e 2 Clemente 9. Em 1 Clemente 57.1, lemos que os destinatários "devem submeter-se aos presbíteros... e arrepender-se." O comentário que se seguirá em 2 Clemente argumentará que um dos principais objetivos do texto é justamente esse: um chamado insistente ao arrependimento. Enquanto 1 Clemente apresenta esse apelo em termos mais gerais – visto que a igreja romana só ouvira falar do problema -, 2 Clemente o realiza de maneira mais direta, pois parte dos próprios presbíteros que vivenciaram a situação.

Curiosamente, tanto 1 Clemente 63.2 quanto 2 Clemente 19.1 referem-se aos seus próprios textos como uma "súplica" (ἔντευξις – *énteuxis*) para que os ouvintes obedeçam "ao que foi escrito." Em 1 Clemente, essa expressão claramente se refere ao próprio conteúdo anterior da carta. Em 2 Clemente, porém, não é certo se a referência é ao texto presente ou às Escrituras. 2 Clemente é uma ἔντευξις dos presbíteros de Corinto à sua congregação. E o que lhes deu autoridade para fazer essa exortação foi a ἔντευξις anterior da congregação romana, permitindo-lhes assim exortar os fiéis a "prestarem atenção ao que foi escrito."

Quanto ao gênero literário de 2 Clemente, é importante observar que os termos "carta" ou "epístola" aplicados à obra não se baseiam em nenhuma característica textual do próprio documento. Eusébio de Cesareia foi o primeiro a chamá-la de "carta". Muitos estudiosos já apontaram que ela carece totalmente das características formais do gênero epistolar: não há saudações, destinatário identificado, agradecimentos, pós-escritos, nem autodefinição como epístola. 2 Clemente pode ser considerado, portanto, um sermão, uma homilia. Pode ser considerado também um tratado exortativo escrito para ser apresentado a uma comunidade cristã específica. Pelo conteúdo de 2 Clemente 19.1, percebe-se que o texto foi originalmente proferido oralmente a uma congregação reunida – uma comunidade que tinha presbíteros como líderes (ver 2 Clemente 17.3, 5). Já no início do texto (2.1), há uma longa citação de Isaías, que costuma ser entendida como a "passagem bíblica base" do sermão. As exortações inflamadas ao longo do discurso claramente refletem o estilo característico da pregação cristã primitiva.

No Novo Testamento, há descrições de discursos que poderiam ser chamados de homilias. Em Hebreus 13.22, por exemplo, os capítulos anteriores (1-12) são referidos como uma "palavra de exortação" (λόγος τῆς παρακλήσεως – *lógos tês paraklḗseōs*), e essa mesma expressão é usada pelos líderes da sinagoga em Atos 13.15 para descrever a homilia esperada após a leitura da Lei e dos Profetas. No entanto, essa expressão não aparece em 2 Clemente como forma de autoidentificação. Embora a exortação esteja presente em todo o texto, o modo como o orador descreve seu discurso recorre a termos completamente diferentes. Em 2 Clemente *15.1*, por exemplo, o autor declara que não deu conselhos insignificantes (συμβούλια – *symboúlia*) sobre o domínio próprio. Esse substantivo, que só aparece aqui e em Barnabé 21.2, significa literalmente "conselho" ou "recomendação" e, nos dois casos, parece funcionar como uma forma de autoidentificação do texto – ainda que limitada. O uso do termo não parece designar o todo da obra, mas apenas qualificar o conteúdo do discurso.

Outro termo importante aparece em 2 Clemente 19.1, quando o autor afirma que está lendo uma súplica (ἔντευξιν). A palavra ἔντευξις tem o sentido de "petição" ou "súplica" e parece descrever o apelo geral feito nos capítulos anteriores (1-18). Esse mesmo termo é usado em 1 Clemente 63.2 para descrever a exortação dirigida à igreja de Corinto.

Ao se recorrer à retórica antiga para buscar uma classificação mais precisa, há três tipos clássicos de discurso definidos na retórica greco-romana: o judicial, o epidíctico e o deliberativo. Este último parece se ajustar melhor ao texto. O discurso deliberativo é aquele cujo objetivo é persuadir uma audiência a agir, especialmente em contextos cívicos ou comunitários. Essa proposta se encaixa bem com o uso do termo συμβούλια (*symboúlia* – conselhos) em 2 Clemente 15.1, o qual tem conotações retóricas. Além disso, o uso da palavra ἔντευξις (*énteuxis*) como autoidentificação do discurso também remete ao vocabulário retórico.

Um outro termo técnico que já foi aplicado a esse tipo de exortação cristã primitiva é *parênese* – gênero caracterizado por instruções morais e chamadas à piedade. Essa categoria parece se adequar à Epístola de Tiago.

Em suma, é possível considerar 2 Clemente um discurso exortativo proferido em um contexto comunitário cristão específico.

OS OPONENTES EM 2 CLEMENTE

O consenso acadêmico frequentemente citado identifica os opositores implícitos em 2 Clemente como gnósticos. Essa afirmação ousada parece, em linhas gerais, refletir com precisão a opinião predominante, especialmente entre estudiosos alemães. Mas qual é, afinal, a evidência de que 2 Clemente teria como alvo principal os gnósticos? Observar *Contra as Heresias*, de Irineu, como fonte primária para informações sobre o gnosticismo, ajuda a estabelecer paralelos verbais e temáticos entre esse movimento e certas expressões presentes em 2 Clemente.

A ideia de que Cristo preexistia com a Igreja (2 Clemente 14.1-2) tem sido interpretada como uma reminiscência dos *aeons* valentianianos, entidades espirituais do sistema gnóstico. A noção de uma "igreja espiritual" também é considerada próxima da doutrina do *Tratado Tripartido*, um texto encontrado na biblioteca de Nag Hammadi. Em relação aos temas de jejum e oração em 2 Clemente 16, alguns comentadores apontam que o autor estaria refutando ideias semelhantes às do *Evangelho de Tomé*. A ênfase positiva sobre a "carne" (σάρξ – *sárx*) como necessária para a recepção das bênçãos escatológicas do "espírito" (πνεῦμα [*pneûma*]) é frequentemente interpretada como um posicionamento contrário ao dualismo gnóstico. Além disso, o uso de termos técnicos como "repouso" (5.5), "Pai da Verdade" (3.1) e "a primeira igreja, a espiritual" (14.1) tem sido visto como indícios de familiaridade ou confronto com ideias valentianas.

Embora esse panorama de possíveis referências ao gnosticismo em 2 Clemente seja breve, ele representa muitos dos comentários feitos ao longo do tempo por estudiosos da obra. O gnosticismo é uma religião que teria se originado com Simão Mago (ecoando Irineu), e que posteriormente se diversificou com figuras como Basílides, Valentim, Marcião e o *Evangelho segundo Tomé*. Essa religião seria caracterizada pelo dualismo radical, visão negativa do mundo e salvação por meio do conhecimento (*gnosis*). Com o tempo, esse movimento daria origem ao maniqueísmo e ao mandeísmo. Os gnósticos acreditavam em um deus criador inferior, desprezavam o mundo material e negavam a verdadeira humanidade de Cristo, o que frequentemente os levava ao ascetismo extremo ou ao libertinismo.

Por outro lado, a presença de referências gnósticas em 2 Clemente pode não ser tão evidente. Não se pode agrupar autores como Ptolemeu (valentiniano) e Marcião sob um mesmo rótulo religioso. Tais autores nunca foram sexualmente libertinos nem ascetas extremos – duas características comumente atribuídas aos gnósticos. O "gnosticismo" se tornou uma categoria artificial e muitas vezes aplicada retroativamente.

1 Clemente exalta o fato de que Jesus Cristo trouxe uma "gnosis imortal" (36.2) e ora para que o justo tenha a capacidade de "transmitir

a gnosis" (48.5; ver também 40.1; 41.4). A *Epístola de Barnabé* também chama o ensinamento cristão de "a gnose que nos foi concedida" (19.1; cf. 5.4; 9). No entanto, nenhuma dessas obras contém doutrinas que os antigos heregeólogos atribuiriam aos gnósticos. Assim, o uso do termo "gnose" no contexto do cristianismo primitivo não implica necessariamente associação com o que posteriormente seria chamado de gnosticismo herético. O simples fato de 2 Clemente empregar certos termos semelhantes, como "repouso", "verdade", "espírito" ou mesmo "igreja espiritual", não prova que o autor estivesse engajado em uma refutação gnóstica.

Portanto, 2 Clemente compartilha certos vocabulários ou conceitos com textos que mais tarde seriam classificados como gnósticos. Porém, a tese de que ele enfrenta diretamente o gnosticismo como oponentes definidos permanece controversa. É mais seguro afirmar que o texto reflete tensões teológicas do século II, período em que as fronteiras entre ortodoxia e heterodoxia ainda estavam em formação. 2 Clemente talvez se posicione contra visões excessivamente espiritualizantes ou dualistas, mas sem engajar-se diretamente com um movimento definido como "gnóstico".

Os "oponentes" de 2 Clemente não são hereges doutrinários, mas membros da própria congregação que se acomodaram espiritualmente e deixaram de reconhecer sua responsabilidade diante de Cristo. A negligência deles é ética, não teológica. O autor não está debatendo com ideias gnósticas abstratas, mas tentando restaurar a seriedade moral da vida cristã.

Quem, então, eram os oponentes? A resposta mais equilibrada é que não devemos rotulá-los com nenhum nome filosófico ou teológico específico. É evidente que eram pessoas de dentro da comunidade cristã, que estavam prejudicando outros irmãos com seus ensinamentos. Como o autor afirma em 2 Clemente 10.5, são indivíduos de tendências libertinas desconsiderariam as consequências futuras de suas ações e minam a disciplina moral da igreja.

Se precisássemos atribuir um rótulo moderno a eles, talvez se aproximassem do que chamaríamos hoje de antinomianos – pessoas que desprezam a lei moral e a conduta ética sob a alegação de que a graça ou o chamado já bastam para a salvação.

Portanto, a melhor leitura de 2.Clemente reconhece que seu foco está em corrigir uma comunidade cristã negligente, e não em refutar heresias gnósticas definidas. O texto é menos um combate doutrinário e mais uma exortação pastoral a uma vida coerente com a fé professada.

INTEGRIDADE E ESTRUTURA DE 2 CLEMENTE

Tentar discernir uma estrutura coesa em 2 Clemente pode ser uma tarefa desafiadora, devido ao seu caráter por vezes agitado e aparentemente desconexo. Antes de propor uma sugestão estrutural, é necessário abordar a questão da integridade do texto: todos os seus vinte "capítulos" realmente pertencem ao discurso original? É possível, em resposta à questão, reunir um conjunto de evidências impressionantes para a separação entre os capítulos finais (19-20) e a parte principal (1-18).

Entre os indícios de descontinuidade, encontram-se diferenças verbais significativas entre as duas seções:

1. A forma de tratamento muda de "irmãos" (ἀδελφοί – *adelphoí*) nos capítulos 1-18 para "irmãos e irmãs" (ἀδελφοί καὶ ἀδελφαί – *adelphoì kaì adelphaí*) em 19.1 e 20.2.
2. O autor se refere ao seu discurso como συμβουλία (*symboulía* – "conselho") em 15.1, mas usa ἔντευξις (*énteuxis* – "súplica" ou "petição") em 19.1.
3. Um termo central, ἀντιμισθία (*antimisthía* – "recompensa em troca"), aparece cinco vezes nos capítulos iniciais, mas está ausente nos capítulos finais.
4. Termos como εὐσέβεια (*eusébeia* – "piedade") em 19.1 e εὐσεβής (*eusebḗs* – "piedoso") em 20.4 não aparecem anteriormente no texto.
5. Palavras equivalentes mudam: por exemplo, ἐντολή (*en-*

tolē – "mandamento") usada em 3.4 e 4.5 é substituída por προστάγμα (*prostágma*) em 19.3.

Contudo, deve-se admitir que algumas dessas variações (como o item 5) podem simplesmente refletir diversidade estilística natural do próprio autor, e não exigem, necessariamente, a presença de um segundo redator.

Além das diferenças de vocabulário, há algumas diferenças teológicas entre as partes. Por exemplo, o tema da graça preveniente de Deus, presente em 1.8 e 15.3-5, desaparece na parte final. Da mesma forma, a forte consciência do pecado vista em 16.2-3 e 18.2 é suavizada no tratamento da ignorância do mal em 19.2.

Os capítulos 19-20 podem ser, na verdade, o início original do discurso, funcionando como uma introdução – e não como um apêndice. Esses capítulos também podem pertencer a outro discurso e foram anexados ao final de 2 Clemente, com 20.5 servindo como uma conclusão editorial ao ser copiado junto de 1 Clemente. Ainda assim, os capítulos finais podem ser apenas uma *peroratio* (conclusão retórica) de todo o discurso – uma estratégia comum na retórica antiga.

Há, em favor da tese de unidade de 2 Clemente, expressões e temas que unificam ambas as seções. A ideia de "arrependimento de todo o coração" aparece em 8.2 e novamente em 19.1; a expressão "Pai da Verdade" está em 3.1 e 20.5; a esperança de que os ouvintes salvem a si mesmos e também ao orador está presente em 15.1 e 19.1; e a metáfora atlética, marcante em 7.1-4, ressurge em 20.2. Além disso, embora o termo ἀντιμισθία não ocorra em 19-20, um termo relacionado, μισθός ("recompensa"), aparece cinco vezes nos capítulos iniciais e duas vezes nos finais. Finalmente, o apelo em 19.1 – "prestar atenção ao que está escrito" – pode ser entendido como uma referência ao conteúdo do próprio discurso (capítulos 1-18), e não necessariamente às Escrituras.

Diante desses fatores, a ideia de que 2 Clemente seria composto de dois documentos distintos parece exagerada. A mudança na forma de tratamento para "irmãos e irmãs" pode simplesmente refletir uma estratégia retórica de abrangência, dirigida a toda a audiência. No fim das contas, já que o texto nos chegou como uma unidade, faz sentido considerá-lo como tal. Se assim de fato for, 2 Clemente 19-20 funcionam como uma conclusão retórica, um apelo final com base nos ensinamentos anteriores. A discussão sobre a integridade do texto permanece aberta.

Em relação à estrutura de 2 Clemente, é perceptível a ausência de uma construção temática rígida ou lógica sistemática. No entanto, é possível identificar um esboço básico:

- Os capítulos 1-2 enfatizam fortemente eventos salvíficos do passado;
- os capítulos 3-14 se concentram em questões éticas e exortações práticas;
- os capítulos 15-18 introduzem um tom mais escatológico;
- e os capítulos 19-20 funcionam como a conclusão.

A exortação é um tema central da obra: os capítulos 1-3 fornecem a base cristológica dessa exortação, os capítulos 4-18 a fundamentação escatológica, e 19-20 a exortação final.

O conteúdo de 2 Clemente ainda pode ser dividido em três ou quatro partes principais. A divisão quadripartite é:

I. Seção Teológica (1.1-2.7)
II. Seção Ética (3.1-14.5)
III. Seção Escatológica (15.1-18.2)
IV. Apelo Final (19.1-20.5)

Por sua vez, a divisão tripartite é:

I. Seção inicial teológica (1-2)
II. Seção ética (3-14)
III. Seção centrada no juízo final de Deus (15-20).

Esse modelo tripartido, apesar de menos detalhado, tem seus méritos ao refletir o fluxo temático do texto.

O "esboço do conteúdo" de 2 Clemente pode ser o que segue:

1. O Papel de Jesus Cristo na Salvação (1.1-2.7) Essa seção destaca a identidade e a função salvífica de Cristo, estabelecendo a base teológica da exortação.
2. A Resposta Apropriada da Humanidade (3.1-14.5)
    - A necessidade de responder ao sacrifício de Cristo (3.1-4.5)
    - As lutas do cristão contra o mundo (5.1-7.6)
    - Apelo à obediência prática (8.1-13.4)
    - A igreja como corpo espiritual de Cristo (14.1-5)
3. A Urgência da Resposta a Cristo (15.1-18.2)
    - Apelo à justiça e santidade (15.1-5)
    - Exortações ao arrependimento (16.1-18.2)
4. Conclusão: Apelo Final (19.1-20.5)

O USO DAS TRADIÇÕES SAGRADAS EM 2 CLEMENTE

2 Clemente demonstra um uso rico e variado de escritos anteriores que o autor considera como autoridade. Entre os *Pais Apostólicos*, é a obra que mais incorpora referências a outras fontes, superando todas as demais do corpus nesse aspecto. Antes de analisar esses usos em detalhe, convém esclarecer alguns termos usados nos estudos atuais.

Há três tipos principais de fontes citadas em 2 Clemente:

- Tradições judaicas do Antigo Testamento
- Tradições de Jesus
- Citações apócrifas.

Entre os capítulos 2 e 17, há aproximadamente vinte e cinco citações ou alusões claras a textos anteriores – uma média de uma para cada quatro versículos. A maioria dessas referências pode ser identificada com certa segurança quanto à sua origem, embora algumas permaneçam incertas. Termos como "Antigo Testamento", "Novo Testamento", "Apócrifos" e "cânon" serão usados na análise, embora o autor de 2 Clemente não os reconhecesse com os significados que adquiriram mais tarde.

Há em 2 Clemente intertextualidade e recepção de textos. O termo intertextualidade refere-se à maneira como um texto é moldado por outro. Ela abrange alusões, citações diretas, paráfrases e até traduções. O conceito, originado na linguística do século XX com Ferdinand de Saussure, foi desenvolvido pela filósofa e psicanalista Julia Kristeva nos anos 1960. Já a história da recepção (ou *Wirkungsgeschichte*, em alemão) estuda como textos bíblicos foram transformados e reinterpretados ao longo do tempo – por meio de cópias, traduções, leituras e reaplicações. Seu objetivo é traçar os diversos "eventos interpretativos" que ocorreram durante a longa trajetória dos textos sagrados. Essa abordagem se inspira na hermenêutica filosófica de Hans-Georg Gadamer, particularmente em sua obra *Verdade e Método*.

2 Clemente pode ser lido como um exemplo notável de uma comunidade cristã primitiva engajada em dialogar com as Escrituras e tradições recebidas, reinterpretando-as à luz de seus desafios específicos – exortando à fé viva, ao arrependimento e à fidelidade ética diante da salvação oferecida por Cristo.

Em relação à intertextualidade, os leitores atentos podem identificar cerca de quatorze citações e alusões a livros do Antigo Testamento ao longo de 2 Clemente. As citações diretas são fáceis de reconhecer: tratam-se de reproduções explícitas de textos, frequentemente introduzidas por fórmulas como o nome do autor, ou expressões do tipo "a Escritura disse". Já as alusões são mais livres – o autor parafraseia ou evoca a linguagem de um texto bíblico sem citá-lo literalmente, mas de forma suficientemente próxima para que os leitores familiarizados com as Escrituras possam identificar a origem.

Essas referências podem ser resumidas da seguinte forma:

- 2.1. citação clara de Isaías 54.1, sem fórmula introdutória.
- 3.5. alusão a Isaías 29.13.
- 6.8. alusão a Ezequiel 14.14-20.
- 7.6 e 17.5. referências a Isaías 66.24.
- 13.2. provável eco de Isaías 52.5.
- 14.1a: citação de Salmo 71.5, 17 (segundo a LXX).
- 14.1b: alusão a Jeremias 7.11.

- 14.2. referência a Gênesis 1.27.
- 15.3. citação de Isaías 58.9, com atribuição direta a Deus.
- 16.3. combinação de Malaquias 3.19 (ou 4.1) e Isaías 34.4.
- 17.4-5. referência a Isaías 66.18, atribuída ao Senhor.

Além dessas, há duas citações cujas origens prováveis são fontes judaicas desconhecidas, que não fazem parte do cânon atual:

- 1.2 Clemente 11.2-4. citado como "esta escritura" (ἡ γραφὴ αὕτη), uma expressão idêntica à de 1 Clemente 23.3. Essa citação pode vir do livro perdido de *Eldade e Modate*, mencionado em *O Pastor de Hermas* (2.3.4).
- 2.2 Clemente 11.7. um texto muito semelhante ao de 1 Clemente 34.8, igualmente sem origem canônica definida.

Normalmente, essas citações são introduzidas por alguma forma do verbo grego λέγειν (*légein* – "dizer"), como "diz Deus" ou "diz o Senhor", embora algumas exceções existam (como em 2.1 e 17.5). Os textos citados são atribuídos a diferentes fontes de autoridade: Deus (15.3), o Senhor (13.2; 17.4-5) e a Escritura (14.1-2).

O propósito da maioria dessas citações é exortativo: o autor recorre às Escrituras para incentivar, advertir ou chamar os ouvintes ao arrependimento, à obediência e à fidelidade. No entanto, em alguns casos – como 2.1 (sem fórmula introdutória) e 14.1-2 (introduzido como "Escritura") -, os textos são utilizados não apenas como apelos morais, mas para construir afirmações teológicas mais específicas. Por exemplo, Isaías 54.1 em *2.1* serve como abertura do discurso, conectando uma imagem de renovação e esperança à convocação da comunidade cristã a ouvir e responder à mensagem divina.

A frequência, variedade e função dessas citações revelam que o autor de 2 Clemente via os textos do Antigo Testamento – e algumas tradições judaicas extracanônicas – como autoridades válidas e vivas para instruir a comunidade cristã. Seu uso das Escrituras é ao mesmo tempo respeitoso e flexível: respeitoso por reconhecer nelas a voz de

Deus e do Senhor, e flexível por reinterpretá-las à luz da nova realidade cristã em Cristo.

O autor de 2 Clemente incorpora ao seu discurso sete citações que apresentam paralelos diretos com os dizeres de Jesus preservados nos Evangelhos canônicos. Essas passagens são as seguintes:

- 2.4 – paralela a Mateus 9.13, Marcos 2.17 e Lucas 5.32;
- 3.2 – paralela a Mateus 10.32 e Lucas 12.8;
- 4.2 – paralela a Mateus 7.21 e Lucas 6.46;
- 6.1 – paralela a Mateus 6.24 e Lucas 16.13;
- 6.2 – paralela a Mateus 16.26 e Marcos 8.36;
- 9.11 – paralela a Mateus 12.50, Marcos 8.35 e Lucas 8.21;
- 13.4 – paralela a Mateus 5.44 e Lucas 6.27-28.

Com exceção de 6.2, todas essas citações são introduzidas por alguma fórmula de citação, geralmente com o verbo ⊠⊠⊠⊠⊠ (diz), no presente, e uma atribuição a Jesus, identificado como Cristo (3.2), Senhor (6.1) ou até mesmo Deus (13.4). Isso mostra como o autor de 2 Clemente já associa de forma elevada a autoridade de Jesus com a autoridade divina.

Um detalhe particularmente interessante está em 2.4, onde a citação é introduzida com a expressão "outra escritura" (⊠⊠⊠⊠⊠ ⊠⊠ ⊠⊠⊠⊠⊠), sugerindo que o autor pode estar citando um evangelho escrito. Essa menção levanta a possibilidade de que, mesmo que o autor esteja utilizando tradições orais sobre Jesus, ele também pode ter tido acesso a pelo menos um texto evangélico – ou mesmo uma forma primitiva de harmonização dos evangelhos.

Contudo, fora esse caso, é difícil afirmar com certeza se as citações vêm de textos escritos ou de tradições orais. A tradição de Mateus parece ser a mais evidente, embora em alguns casos o texto esteja mais próximo de Lucas (3.2; 4.2). O comentário mais detalhado sobre esses paralelos será feito posteriormente, na análise dos versículos específicos.

Assim como nas citações do Antigo Testamento, o uso dos *logia* de Jesus tem função exortativa: servem para convocar os ouvintes a uma vida cristã obediente e ética. A única exceção é 2.4, que possui uma aplicação soteriológica clara, referindo-se à salvação dos ouvintes a partir de seu passado pagão (como já apontado em 1.8). Em sintonia com a ênfase do discurso na "recompensa" (μισθός – *misthós*, ἀντιμισθία – *antimisthía*) devida a Deus e a Cristo, os ouvintes são exortados a confessar a Cristo não apenas com os lábios, mas com obras coerentes (3.2; 4.2). O verdadeiro discípulo de Jesus é aquele que faz a vontade do Pai (9.11), e viver de maneira incoerente entre palavras e ações é considerado uma blasfêmia contra o nome de Cristo (13.4). Em suma, essas citações de Jesus são mobilizadas para promover um padrão de vida fiel e ativo, essencial para entrar na "vida que agora é e há de vir".

Quanto a outras possíveis citações do Novo Testamento, além dos *logia* de Jesus, há em 2 Clemente 11.7 uma passagem semelhante à que Paulo cita em 1 Coríntios 2.9: "O que o olho não viu, o ouvido não ouviu..." No entanto, esse dito é também muito próximo de Isaías 64.4, e não é possível afirmar com certeza que o autor de 2 Clemente esteja dependendo de Paulo. De modo geral, a maioria dos estudiosos conclui que 2 Clemente não cita as epístolas paulinas de forma direta.

Há, contudo, algumas possíveis alusões indiretas, como as metáforas atléticas no capítulo 7, que ecoam 1 Coríntios 9.24-27. A evidência mais firme, porém, é do uso de tradições sinóticas – especialmente de Mateus e Lucas – por parte do autor de 2 Clemente, ainda que de forma adaptada e com finalidades eminentemente pastorais e exortativas.

Pelo menos quatro citações presentes em 2 Clemente provêm de fontes não canônicas (4.5; 5.2-4; 8.5; 12.2-6). Em algumas dessas passagens, o autor identifica o orador como o "Senhor" ou "Jesus" (5.4), mas em 12.6 não há nenhum sujeito declarado. Diferentemente das citações dos *logia* de Jesus, que geralmente empregam o verbo λέγει (*légei* – "diz") no presente, aqui predomina o uso do passado εἶπεν (*eîpen* – "disse"), como em 4.5, 5.4 e 12.2. Isso pode indicar a ênfase numa tradição oral anterior, mas em 8.5, o autor menciona expressamente uma fonte escrita, sugerindo o uso de um "evangelho apócrifo".

A origem exata desses dizeres é uma das questões mais intrigantes no estudo de 2 Clemente. Três dessas citações têm ideias semelhantes às encontradas nos Evangelhos canônicos (por exemplo, 8.5 se aproxima de Lucas 16.10-12), mas 12.2-6 não possui nenhum paralelo conhecido no Novo Testamento. Essa última citação pode ter origem no hoje perdido *Evangelho dos Egípcios* e compartilha ecos com *Evangelho de Tomé* 22.

A forma como o autor utiliza essas tradições sagradas deixa claro que ele reconhece nelas autoridade teológica e pastoral. Em 2 Clemente 14.2, ele resume sua dependência dessas fontes: "Os livros e os apóstolos dizem que a Igreja não pertence ao presente, mas existe desde o princípio." Essa frase, embora não utilize os termos "Antigo Testamento" ou "Novo Testamento" (que seriam anacrônicos), expressa uma clara consciência de continuidade com a tradição judaica e apostólica – mesmo que os contornos do cânon ainda estivessem em formação.

O autor, no entanto, não se aprofunda nas implicações teológicas dessas fontes. Em vez disso, seu objetivo é constantemente exortativo. Ele cita essas tradições para reforçar seu apelo moral: os fiéis devem "retribuir" a Deus por sua grande salvação, como enfatizado em 1.3, 1.5, 9.7 e 15.2. O uso intensivo de citações entre os capítulos 2 e 17 revela a importância que ele dá ao suporte textual e tradicional de sua mensagem. No contexto patrístico, a *Wirkungsgeschichte* (história da recepção) se manifesta em gêneros como exortações doutrinárias, homilias, cartas e apologias. 2 Clemente se encaixa perfeitamente nesse padrão, mesmo que o texto não possa ser classificado com segurança como uma "homilia" formal.

A forma como o autor emprega essas tradições mostra que ele deseja orientar os leitores para a ação, e não para uma contemplação teológica abstrata. Há um padrão recorrente em 2 Clemente: muitas vezes, um tema parenético (exortativo) é apresentado, seguido por uma citação ilustrativa de uma tradição sagrada. Por exemplo, em capítulo 3, o versículo 1 oferece um resumo teológico do capítulo 1; o versículo 2 traz um dito de Jesus; os versículos 3-4 trazem a exortação direta; e, por fim, há uma citação de Isaías para reforçar o argumento. Esse padrão se repete nos capítulos 4, 6, 7, 8, 9, 11 e 13. Em dois trechos (cap. 2 e 12), o autor até ensaia uma pequena "exegese" do texto citado – embora nunca no estilo argumentativo típico de Paulo.

As citações, portanto, cumprem sempre uma função de apoio ou ilustração, reforçando o apelo ético. O objetivo não é construir um sistema teológico, mas mostrar que os apelos do autor estão fundamentados em uma tradição confiável e sagrada.

DEUS EM 2 CLEMENTE

A imagem de Deus em 2 Clemente é a de um Deus ativo na história, envolvido com a criação, com a salvação, e com o destino futuro da humanidade. Ele é o Deus que age no passado, está presente no agora e intervirá de modo decisivo no futuro – especialmente no contexto escatológico, quando recompensará os fiéis e julgará os ímpios.

Deus é identificado como o Criador (2 Clemente 15.2) e também como aquele que dá origem a uma nova criação. Um exemplo notável disso é a afirmação de que a igreja foi criada antes do sol e da lua (14.1), o que indica não apenas sua prioridade cósmica, mas também sua natureza espiritual e eterna – uma ideia comum na tradição apocalíptica e eclesiológica primitiva.

A iniciativa salvífica de Deus é central. Ele é quem enviou seu Filho com a missão de salvar (1.4-8; 20.5), o que mostra sua disposição graciosa em intervir em favor da humanidade. Essa ação divina não é apresentada em termos abstratos, mas relacionais e práticos: Deus é o Salvador (9.7), aquele que cuida do seu povo (2.3), que é benevolente (15.5) e generoso para dar (15.3-5). Assim, os atributos divinos não são tratados de forma especulativa, como em sistemas teológicos posteriores, mas sempre em função do que Deus faz e como se relaciona com os crentes.

Ainda assim, há indícios de atributos mais tradicionais da teologia cristã primitiva:

- Deus é onisciente (9.9),
- é o único Deus verdadeiro (20.5),
- é invisível aos olhos das criaturas (20.5),
- é chamado de Pai e de Deus da Verdade (3.1; 19.1).

Essas expressões revelam uma compreensão elevada da natureza divina, mas sempre ligada à ação e à fidelidade de Deus em relação ao seu povo.

Muitos desses temas são sintetizados de forma belamente densa na bênção final do discurso (20.5), que tem um forte caráter "teológico", funcionando como uma espécie de doxologia que celebra a grandeza, a unidade e a soberania de Deus.

Assim, a teologia de Deus em 2 Clemente não é sistemática, mas viva, prática e relacional – retratando um Deus que age, que salva, que chama, que dá e que julga. Essa visão de Deus serve como a base de toda a exortação do autor: se Deus fez tanto por nós, é justo que lhe ofereçamos uma resposta – de arrependimento, obediência e gratidão.

CRISTOLOGIA EM 2 CLEMENTE

Nenhuma crítica pode ser feita a 2 Clemente quanto à sua compreensão da pessoa de Jesus – o texto não apresenta nenhuma heresia ou ideia que contradiga os princípios da ortodoxia cristã primitiva. Pelo contrário, sua cristologia é elevada, reverente e coerente com o que viria a se consolidar como fé apostólica.

A pré-existência do Filho é afirmada de forma clara (14.1-2), embora apresentada em um contexto peculiar: sua relação com a igreja espiritualmente pré-existente. Cristo e a igreja são duas realidades espirituais que coexistem antes da criação visível.

Jesus é descrito como aquele que foi enviado para salvar "a nós", uma missão que se manifesta na linguagem de luz, misericórdia e, sobretudo, sofrimento redentor (1.4-8). O Pai é quem envia, mas Cristo é aquele que atua ao lado de Deus, sendo tratado como divino (1.1). Aliás, já no versículo inicial do livro, *Cristo é chamado de Deus* e desempenha a função escatológica de juiz – uma função tipicamente atribuída a Deus no Antigo Testamento.

Os verbos usados para descrever a ação de Cristo e de Deus aparecem indistintamente aplicados a ambos:

- Chamar (καλεῖν – *kaleîn*: 1.8; 2.4; 10.1; 16.1)
- Salvar (σῴζειν – *sṓzein*: 1.4-7; 10.1)
- Ensinar (διδάσκειν – *didáskein*: 4.5; 8.4; 17.3)

Essa sobreposição de funções revela que o autor não faz distinção ontológica rígida entre Deus Pai e Jesus Cristo. Ao contrário, a relação é funcional: Deus age em Cristo, e Cristo age com autoridade divina.

Um detalhe surpreendente e teologicamente significativo aparece em *13.4*, onde o ditado de Jesus sobre amar os inimigos é introduzido com a fórmula: "*Deus diz*" (λέγει ὁ θεός – *légei ho theós*). Isso mostra que o autor entende que as palavras de Jesus são as palavras de Deus, refletindo uma cristologia de elevada identificação entre Cristo e a divindade.

Vale destacar que o autor não está interessado em discutir a natureza metafísica da Trindade, como faria a teologia nicena mais tarde. Não há preocupação com categorias platônicas como substância, essência ou geração eterna. A abordagem é pastoral, prática e direta: Cristo é divino porque salva, ensina, chama, julga e age com a autoridade de Deus. Como observam estudiosos da cristologia primitiva, 2 Clemente compartilha da visão dos primeiros cristãos de que Jesus participa da identidade divina, mesmo que os termos doutrinários posteriores ainda não tenham sido formalizados.

Na bênção final (20.5), o autor reforça essa visão ao chamar Jesus de Salvador (σωτήρ) e de Pioneiro/Fundador (ἀρχηγός – *archēgós*). Esse último título remete à pregação de Pedro (Atos 3.15) e ao autor de *Hebreus* (12.2), sendo uma forma de expressar que Jesus é o iniciador do caminho da salvação – aquele que abre a trilha que os crentes devem seguir.

Assim, a cristologia de 2 Clemente é marcadamente relacional e funcional. Cristo não é objeto de especulação filosófica, mas de fé viva: ele é o Deus que salva, o juiz que virá, o mestre que ensina, o exemplo que devemos imitar, e o Senhor cuja palavra é a própria palavra de Deus.

PNEUMATOLOGIA EM 2 CLEMENTE

O ensino de 2 Clemente sobre o Espírito é, sem dúvida, uma das áreas mais controversas da obra. O termo grego πνεῦμα (*pneûma* – "espírito") aparece quase exclusivamente no capítulo 14, onde ocorre cinco vezes. Sua presença em 9.5 é alvo de debate, e em 20.5 a palavra se refere claramente ao espírito humano, não ao Espírito divino. Essa escassez é notável, especialmente quando se compara com a frequência do termo no Novo Testamento e nos escritos patrísticos do século II.

Como em outras áreas da teologia de 2 Clemente, a referência ao Espírito está ligada diretamente a questões cristológicas e éticas. Por exemplo, em 9.5, Jesus é descrito como tendo sido "espírito" antes de "se tornar carne", e em 14.4, afirma-se que Jesus, agora no céu, é novamente identificado com o espírito. No entanto, não há qualquer menção explícita à presença do Espírito entre os crentes, o que contrasta fortemente com as cartas paulinas ou com o livro de Atos.

Diante disso, alguns poderiam ser tentados a ver traços de gnosticismo, especialmente pela linguagem "espírito-carne", que lembra a dicotomia gnóstica. No entanto, essa conclusão não é obrigatória nem necessária. De fato, é útil lembrar que outras obras canônicas, como a Carta de Tiago, também não mencionam diretamente o Espírito, e nem por isso são teologicamente suspeitas.

Ao considerar a teologia do livro como um todo – incluindo as doutrinas sobre Deus (Teologia Própria), Cristo (Cristologia) e o Espírito (Pneumatologia) –, surge naturalmente a questão de sua relação com a formação da doutrina trinitária posterior. É evidente que 2 Clemente opera ainda dentro dos parâmetros do monoteísmo judaico. No entanto, estudiosos judeus contemporâneos têm argumentado que o judaísmo do Segundo Templo era, em muitos aspectos, mais "binitarista" do que se imaginava, reconhecendo duas figuras divinas em algumas tradições (por exemplo, Deus e sua Palavra, ou Deus e sua Sabedoria).

Mesmo assim, seria anacrônico esperar que 2 Clemente antecipasse as formulações precisas do Concílio de Niceia (325 d.C.) ou fizesse distinções refinadas entre as "pessoas" da Trindade. O autor claramente associa o Filho à identidade divina do Pai, mas a referência ao Espírito é vaga e infrequente, o que torna inadequado afirmar que ele já articulava uma "Trindade" em termos ortodoxos.

Alguns podem ser tentados a ler o texto em chave modalista (a ideia de que Pai, Filho e Espírito são apenas modos de manifestação de um único Deus), já que 2 Clemente 14 parece falar de Jesus como um "espírito" pré-encarnado e também como alguém distinto após a encarnação. No entanto, o próprio capítulo também distingue claramente entre Jesus e Deus, o que enfraquece uma leitura modalista forçada.

Em resumo, ainda que alguns atributos divinos pareçam ser aplicados ao "espírito", é mais apropriado entender que 2 Clemente concebe a realidade divina com uma estrutura "diádica": Deus e Cristo são as duas figuras centrais. Como descreveu o teólogo Larry Hurtado em relação ao Novo Testamento, a teologia cristã primitiva tinha uma forma "triádica" (Deus, Cristo e Espírito); em 2 Clemente, essa estrutura aparece mais nitidamente como "diádica" – centrada no Pai e no Filho, com o Espírito ocupando um papel marginal ou pouco desenvolvido.

ECLESIOLOGIA EM 2 CLEMENTE

A doutrina sobre a Igreja em 2 Clemente aparece de modo entrelaçado com sua cristologia e, em menor grau, com sua pneumatologia. O autor afirma que a Igreja é pré-existente e espiritual, tendo sido unida a Cristo antes da criação (2 Clemente 14.1). Em seguida, essa Igreja desce à terra como "a carne de Cristo" (14.3), assumindo uma dimensão encarnada, histórica. No presente, segundo o autor, o Espírito está novamente unido a Cristo no céu, completando assim três estágios de uma espécie de "história teológica do Espírito":

- A união original com a Igreja espiritual.
- A descida em forma de carne (Cristo encarnado).
- A elevação e reunião celeste com Cristo glorificado.

Fora desse capítulo 14, o termo "igreja" (ἐκκλησία – *ekklēsía*) aparece apenas uma vez, em 2.1, dentro da citação de *Isaías* 54.1, em que a mulher estéril é identificada com a Igreja – que também foi estéril até gerar filhos. A aplicação dessa profecia é simbólica e representa o crescimento e frutificação da comunidade cristã.

No entanto, a explicação oferecida pelo autor pode parecer confusa para leitores modernos. Ele afirma que a "carne" é o antítipo (τὸ ἀντίτυπον – *tò antítypon*) da realidade autêntica, que seria o Espírito (τὸ αὐθεντικόν – *tò authentikón*) – linguagem que remete a uma dualidade entre o visível e o invisível, ou entre o terreno e o espiritual. Ainda que essa terminologia possa evocar associações platônicas ou até gnósticas, o objetivo do autor não é desenvolver uma eclesiologia especulativa, mas sim reforçar uma mensagem ética.

De fato, o propósito dessas imagens é sempre parenético – isto é, voltado à exortação prática. A menção à Igreja como "carne de Cristo" e "unida ao Espírito" não visa explorar a natureza da Igreja em si, mas ressaltar a seriedade do chamado à pureza, arrependimento e santidade, já que os fiéis participam dessa realidade espiritual que é a Igreja de Cristo.

Assim, a Igreja em 2 Clemente é:

- Pré-existente, espiritual e unida a Cristo.
- Tornada visível na carne por meio da encarnação.
- Associada ao Espírito na realidade celeste atual.
- E vista como uma realidade escatológica, da qual se espera santidade e fidelidade por parte dos membros.

ESCATOLOGIA EM 2 CLEMENTE

No que diz respeito às "últimas coisas", o autor de 2 Clemente poderia muito bem ser classificado, em linguagem teológica moderna, como um "futurista". Sua escatologia é centrada na expectativa de um julgamento futuro e de uma recompensa escatológica, marcada por uma clara distinção entre os dois tempos ou duas eras da história:

a presente e a futura (6.3; 19.3-4). Essa concepção, embora breve, é surpreendentemente próxima das categorias contemporâneas de escatologia apocalíptica cristã.

Em conexão com o dia futuro da manifestação de Deus (12.1; 19.3-4), o autor fala também do "reino de Deus", que é entendido como uma realidade ainda por vir (12.1). Embora ele não use o termo grego *parousia* (presente em muitos textos do Novo Testamento para se referir à segunda vinda de Cristo), ele descreve de forma vívida o julgamento de Deus (16.3; 17.6), atribuindo a Jesus o papel de juiz escatológico (1.1).

O ingresso no futuro Reino de Deus é mencionado em várias passagens (5.5; 6.9; 9.6; 11.7; 12.1) e está ligado à ressurreição dos mortos (9.1; 19.3) e ao evento cósmico da passagem dos céus e da terra (16.3), retomando imagens fortemente presentes em textos apocalípticos judeus e cristãos.

A apresentação desse cenário escatológico, contudo, não é sistemática nem desenvolvida em uma seção coesa. As referências estão dispersas pelo discurso e são sempre inseridas em contextos de exortação moral. Isso revela o caráter parenético do texto: 2 Clemente não é um tratado de teologia sistemática, mas sim um apelo fervoroso à conversão e à obediência.

A questão da aparente demora da segunda vinda de Cristo é abordada pelo autor de forma criativa, com o uso de um texto apócrifo (11.1-5), e reforçada por outro trecho não canônico em 12.1-6. Nesse ponto, ele declara que o tempo da vinda final será quando todas as distinções – entre interior e exterior, homem e mulher – forem removidas e a unidade original for restaurada. Essa visão escatológica é fortemente simbólica e se distancia do senso de urgência temporal encontrado em textos como *1 Tessalonicenses* ou *Apocalipse*.

Ao contrário dos escritores do Novo Testamento, 2 Clemente não demonstra expectativa de que o fim esteja próximo, mas exorta sua comunidade a viver com expectativa e vigilância. Essa postura fundamenta o chamado constante à ética cristã. Enquanto estivermos neste mundo (8.1-2), temos a oportunidade de salvação (9.7), pois Deus é bondoso (16.1). A resposta apropriada a essa graça é sempre a metanoia – o arrependimento sincero (8.1-2; 13.1; 17.1).

Portanto, a escatologia de 2 Clemente é uma escatologia vivida e prática, voltada não para cronogramas apocalípticos, mas para a transformação ética e espiritual dos crentes, motivados pela certeza de que o julgamento e a recompensa virão. A espera escatológica não é passiva: ela exige ação, santidade e arrependimento contínuo.

SOTERIOLOGIA EM 2 CLEMENTE

A doutrina da salvação em 2 Clemente encontra seu ponto de partida no primeiro capítulo, que é fundamental. A salvação realizada por Cristo é descrita por meio de três imagens principais: a doação da luz, o reconhecimento dos fiéis como filhos de Deus e o resgate dos perdidos (1.4, 7). Essa linguagem transmite uma teologia da salvação que já carrega elementos do que mais tarde seria formalizado como doutrina da expiação – especialmente ao mencionar que Cristo sofreu por nós (1.5), apontando para o papel de sua paixão redentora.

No capítulo 3.1, o fundamento dessa ação salvadora é identificado como a misericórdia de Cristo. A ideia de que a salvação decorre do amor e compaixão de Deus por um povo que se perdeu é coerente com temas recorrentes do Novo Testamento.

Além das referências iniciais à salvação (1.4; 1.7), ela também é mencionada em 2.7; 3.3 e 9.5. O capítulo 2 desenvolve uma estrutura do tipo "antes e depois" – um esquema escatológico de transformação. Essa mesma estrutura aparece em textos do NT como *Romanos* 6.17-22, *Gálatas* 4.8-10, *Efésios* 2.11-22 e *Colossenses* 1.21-23, nos quais o passado de ignorância e pecado é contrastado com a nova condição de salvos.

Entretanto, 2 Clemente insiste que a salvação não é apenas um evento passado, mas uma realidade em curso, que exige resposta ética contínua. Por isso, encontramos diversas passagens que condicionam a salvação ao comportamento presente e futuro dos crentes (8.2; 13.1; 14.1; 15.1; 17.2; 19.3). Assim, a soteriologia do autor é tanto fundamentada em um ato já realizado por Cristo, como também depende da fidelidade contínua dos fiéis.

Dois aspectos práticos importantes ilustram bem isso:

- A necessidade de manter "puro" o selo do batismo (6.9; 7.6), o que implica uma vida coerente com a conversão recebida;
- E a ideia de que a esmola pode ter um efeito redentor, sendo equivalente ao arrependimento (7.6) – conceito semelhante ao de *Tobias* 12.9 e que ecoará na tradição patrística.

Outro elemento chave da soteriologia clementina é a importância do arrependimento. O verbo μετανοέω (*metanoéō* – "arrepender-se") aparece em 8.1-13; 9.8, e o substantivo μετάνοια (*metánoia* – "arrependimento") em 8.2; 16.4. O arrependimento é apresentado como uma prática contínua, e não como um ato isolado. Diferentemente de *O Pastor de Hermas* (2.2.5), que sugere que só há uma oportunidade de arrependimento após o batismo, 2 Clemente pressupõe que o arrependimento é repetível. Isso implica que pecadores batizados ainda podem e devem se arrepender – uma doutrina pastoralmente muito relevante, especialmente diante da realidade do pecado contínuo entre os fiéis.

O próprio autor se identifica como alguém que peca e precisa se arrepender (8.2-3; 18.2), o que confere tom de humildade e realismo à exortação. A sua teologia da salvação, portanto, é inteiramente fundamentada na graça recebida, mas exige uma resposta prática, contínua e sincera.

Em resumo, a soteriologia de 2 Clemente pode ser descrita como:

- Cristocêntrica, baseada na luz, na filiação e na redenção pelos sofrimentos de Cristo.
- Histórica e escatológica, com um "antes e depois" da conversão,
- Condicional e ética, exigindo perseverança, pureza moral e prática de boas obras.
- Marcadamente pastoral, com ênfase no arrependimento como resposta constante à graça.

PRÁXIS TEOLÓGICA EM 2 CLEMENTE

As reflexões anteriores – especialmente sobre soteriologia – conduzem naturalmente àquilo que pode ser considerado a mensagem teológica central de 2 Clemente: o que o autor chama de "práxis teológica". Em termos modernos, sistemáticos, essa discussão provavelmente seria agrupada sob o tema da santificação. No entanto, nem todos os estudiosos perceberam a importância dessa ênfase na obra.

A ideia principal é que os crentes têm uma obrigação contínua de retribuir a Deus ou a Cristo por causa da graça que receberam. Essa "retribuição" (ἀντιμισθία – *antimisthía*, literalmente "contraprestação" ou "compensação") deve assumir a forma de obras concretas – ou seja, práticas visíveis de obediência, fidelidade, arrependimento, e generosidade – como resposta apropriada à iniciativa graciosa de Deus (1.3, 5; 9.7; 15.2).

O autor afirma claramente: quem recebeu a salvação deve viver de forma a realmente ser salvo. Essa lógica espiritual da reciprocidade perpassa toda a obra. Se os crentes forem ingratos, negligenciarem essa resposta ética e falharem em "retribuir" a Cristo, colocarão em risco sua salvação presumida e se tornarão passíveis de julgamento eterno (17.5-7).

Assim, embora a salvação tenha sua origem na iniciativa graciosa de Deus (1.4; 1.7; 2.7; 3.3; 9.2, 5), ela deve ser completada pela resposta humana apropriada (8.2; 14.1; 4.1-2; 13.1; 14.2; 15.1). Como afirma o autor com profundidade: *Cristo nos salvou – para que fôssemos salvos*! Ou seja, a salvação começa com a graça, mas só se realiza plenamente com a resposta fiel do crente.

A linguagem de 2 Clemente deve ser compreendida dentro do contexto social do mundo antigo. Ali, relações de patronagem eram comuns: um patrão (benfeitor) oferecia ajuda ou proteção, e seus clientes respondiam com lealdade, honra, louvor e serviço. Nessa chave de leitura, Cristo é o patrono salvador que oferece a graça, e os cristãos são seus beneficiários – mas com obrigações contínuas de fidelidade. A "retribuição" não é o pagamento de uma dívida jurídica, mas uma resposta relacional de reconhecimento e gratidão.

2 Clemente tenta convencer a comunidade cristã de que a salvação recebida de Cristo exige compromisso, fidelidade e obras que reflitam essa graça recebida. A inação, a ingratidão ou a hipocrisia seriam sinais de que a pessoa não entendeu – ou não aceitou – plenamente essa relação de salvação.

2 Clemente apresenta Cristo como benfeitor e patrono da salvação. A salvação não é apenas um dom unilateral, mas estabelece um relacionamento contínuo de obrigação e fidelidade entre Cristo e seus "clientes", ou seja, os crentes. Essa fidelidade se expressa em formas como:

- Louvor (αἶνος – *aînos*, 1.5).
- Obras santas (ὅσια – *hósia*).
- Frutos (καρπός – *karpós*).
- Arrependimento constante (μετάνοια – *metánoia*, 8.1-2; 13.1; 16.1-17.1).
- E também por meio de testemunho, lealdade e esmolas redentoras.

O Novo Testamento oferece precedentes para essa compreensão: *Mateus* 6.14-15, *Romanos* 15.27, *1 João* 3.16, entre outros, apontam que a graça recebida deve gerar responsabilidade moral e espiritual. Assim, embora 2 Clemente não cite diretamente Paulo ou Tiago, sua teologia é perfeitamente coerente com Tiago, que une fé e obras, e com Paulo, que fala de uma "fé que atua pelo amor" (*Gl* 5.6), da necessidade de "boas obras" (*Ef* 2.10; *Tt* 3.8), e do julgamento segundo as obras (*Rm* 2.6-10).

O capítulo 1 de 2 Clemente estabelece claramente a base da graça como ponto de partida. Todo o discurso sobre "retribuição" deve ser lido à luz desse início gracioso. O crente é salvo pela iniciativa divina, mas a permanência nessa salvação se dá mediante lealdade prática.

Essa forte ênfase na vida ética, como notam os estudiosos, é evidente ao longo da obra. Há poucos textos cristãos antigos com uma orientação ética tão distinta quanto 2 Clemente. O autor está profundamente preocupado com o modo de viver dos cristãos, e isso molda sua teologia, ainda que de forma não sistematizada.

A motivação para a vida correta vem:

- Da ação salvífica de Deus: como Criador, Doador de tempo para arrependimento, e fonte de devoção.
- Da obra de Cristo: como Vocacionador, Libertador das trevas, e como aquele que nos concede o status de "filhos de Deus".

Entretanto, algo está ausente: *a presença ativa do Espírito como motivador ético*, algo tão comum nos escritos do Novo Testamento (por exemplo, *Gl* 5.25). Se, como alguns propõem, 2 Clemente foi escrito para a igreja de Corinto, isso pode sugerir que, com o tempo, a comunidade perdeu o fervor pneumatológico que aparece em *1 Coríntios* – embora a centralidade do Espírito no processo salvífico ainda esteja presente de forma implícita.

IDENTIDADE DE GRUPO EM 2 CLEMENTE

Para o autor de 2 Clemente, ética e teologia não são áreas separadas da fé cristã, nem tratadas como reflexões abstratas. Pelo contrário, o que está em jogo é como as verdades da fé impactam tanto a vida individual quanto a identidade coletiva da comunidade cristã. Essa preocupação não era exclusiva de Clemente – ela refletia um padrão comum entre os escritores cristãos do segundo século.

Um dos aspectos centrais da formação da identidade cristã primitiva é o processo de diferenciação. Grupos sociais frequentemente constroem sua autoimagem enfatizando o contraste com os de fora, isto é, com aqueles que não compartilham os mesmos valores ou crenças. No caso de 2 Clemente, embora o autor diga pouco diretamente sobre os "de fora" (os não cristãos), ele realiza essa diferenciação por meio de exortações a um modo de vida distinto, que deveria causar admiração nos que estão fora.

Outro elemento essencial na construção dessa identidade cristã, segundo Clemente, é o uso abundante das tradições sagradas, ou seja, das Escrituras. Em vez de encontrar identidade apenas na pertença institucional à "igreja" (que, aliás, é raramente mencionada no texto), Clemente leva seus ouvintes a moldarem sua autoimagem a partir das Escrituras e dos ensinamentos de Jesus. São esses textos – e a obediência a eles – que constituem a base da identidade cristã.

Assim, 2 Clemente sugere que ser cristão é viver segundo uma ética que reflete a revelação recebida, e essa ética – cheia de misericórdia, arrependimento, fidelidade e amor – diferencia radicalmente os crentes de seus vizinhos não convertidos. A identidade cristã não é apenas um pertencimento formal, mas um modo de viver inspirado pelas Escrituras, que testemunha silenciosamente (e, às vezes, com admiração dos de fora) quem são os discípulos do Cristo.

SEGUNDA CARTA DE CLEMENTE ROMANO AOS CORÍNTIOS

1 1 Irmãos, assim nos cumpre pensar acerca de Jesus Cristo, como acerca de Deus, como acerca do juiz dos vivos e dos mortos;[1] e não nos é lícito pensar de modo inferior acerca da nossa salvação.
2 Pois ao pensarmos de forma mesquinha acerca d'Ele, também esperamos receber coisas pequenas; e os que ouvem, ao ouvirem como se se tratasse de assuntos menores, pecam, e nós igualmente pecamos, sem sabermos de onde fomos chamados, por quem, para qual destino, e quantas coisas Jesus Cristo suportou para padecer por causa de nós.[2]

1 "Assim nos cumpre pensar... como acerca do juiz dos vivos e dos mortos" (οὕτως δεῖ ἡμᾶς φρονεῖν... ὡς περὶ κριτοῦ ζώντων καὶ νεκρῶν) – Remete à tradição cristológica de identificação do Cristo com a divindade (θεός) e com a função escatológica do juiz universal, como atestado em *Atos 10.42* e 2 *Timóteo 4.1*. Tal concepção já aparece em formulações proto-credais e pode refletir a recepção litúrgica do "Kyrios" no cristianismo nascente. A associação entre julgamento e divindade era também presente na cultura greco-romana, como no caso de Zeus e Minos na mitologia grega, e se intensifica na literatura apocalíptica judaica (cf. *1 Enoque*).

2 "Quantas coisas Jesus Cristo suportou..." (ὅσα ὑπέμεινεν Ἰησοῦς Χριστὸς παθεῖν ἕνεκα ἡμῶν) – A menção ao sofrimento de Cristo ressoa diretamente com textos como *Isaías 53* (o Servo Sofredor), reinterpretado cristologicamente nos evangelhos e nas epístolas paulinas (Rm 5.8; Hb 2.10; 1Pd 2.21). A ignorância do chamado é criticada como falta de consciência histórica e espiritual. A estrutura tripartida – "de onde", "por quem", "para onde" – evoca a linguagem catequética e batismal, frequentemente usada nos escritos dos Padres Apostólicos. Cf. também *Odes de Salomão* e *Pastor de Hermas* sobre a vocação e o sofrimento redentor. A crítica à banalização da escuta lembra a advertência profética de Isaías 6.9-10. "Ouvindo, ouvireis, e não entendereis...".

2 1 Alegra-te, ó estéril, tu que não dás à luz; clama em alta voz e grita, tu que não tens dores de parto; porque muitos são os filhos da desolada, mais do que da que tem o marido.[3]

2 Disse: "Alegra-te, estéril, tu que não dás à luz" – referiu-se a nós; pois estéril era a nossa Igreja, antes que lhe fossem dados filhos.[4]

3 E quando disse: "Grita, tu que não tens dores de parto", isso quer dizer: que elevemos simplesmente as nossas preces a Deus, e não desanimemos como as que estão em trabalho de parto.[5]

4 E disse: "Porque muitos são os filhos da desolada, mais do que da que tem o marido" – pois o nosso povo parecia desolado da parte de Deus.[6] Agora, porém, tendo crido, tornamo-nos mais numerosos do que aqueles que supostamente têm a Deus.

5 E outra Escritura também diz: "Não vim chamar justos, mas pecadores"[7] – isto quer dizer que é necessário salvar os que estão perecendo.

3 "Alegra-te, ó estéril, tu que não dás à luz..." (Εὐφράνθητι, στεῖρα ἡ οὐ τίκτουσα...) – Citação de Isaías 54.1, usada por Paulo em Gálatas 4.27 para contrastar a Jerusalém terrena com a Jerusalém celestial. Na tradição judaica e greco-romana, a esterilidade era considerada desonra, mas aqui é subvertida como símbolo de bênção escatológica.

4 "Estéril era a nossa Igreja, antes que lhe fossem dados filhos" – Interpretação eclesiológica do texto profético: a Igreja (especialmente de origem gentílica) é vista como estéril até a inclusão de multidões pela fé. Essa releitura tipológica é comum na literatura patrística, especialmente em Justino Mártir, Irineu e Orígenes.

5 "Elevemos simplesmente as nossas preces a Deus..." – A simplicidade da oração é um ideal constante na espiritualidade cristã primitiva. Cf. Didaquê 8-10 e Mt 6.7, onde Jesus adverte contra repetições vãs, contrastando com os gritos de parto que expressam sofrimento extremo.

6 "O nosso povo parecia desolado da parte de Deus" – Refere-se à condição dos gentios antes da fé, mas também pode ser lido como uma crítica à infidelidade de Israel. A contraposição entre "ter marido" e "ser desolada" ecoa o simbolismo profético de Oseias e Isaías, onde Deus é o esposo e o povo infiel é a esposa repudiada (cf. Os 2.2-23).

7 "Não vim chamar justos..." (οὐκ ἦλθον καλέσαι δικαίους...) – Citação direta de Marcos 2.17 e Mateus 9.13, remetendo à missão misericordiosa de Cristo. Na literatura rabínica, o justo é aquele que cumpre a Torá; aqui, porém, Jesus subverte essa expectativa ao priorizar os excluídos.

6 Pois grande e admirável é isto: não sustentar o que já está de pé, mas levantar o que está caindo.[8]

7 Assim também Cristo quis salvar o que se estava perdendo, e salvou a muitos, vindo e chamando a nós que já estávamos perecendo.[9]

3 1 Tendo Ele, pois, feito tamanha misericórdia para conosco, primeiro, porque nós, que estamos entre os vivos, não oferecemos sacrifícios aos deuses mortos[10] nem nos prostramos diante deles, mas por meio d'Ele conhecemos o Pai da verdade: que é este conhecimento que se dirige a Ele, senão não O negar por meio daquele por quem O conhecemos?

2 E Ele mesmo diz: "Aquele que Me confessar diante dos homens, também Eu o confessarei diante de Meu Pai."[11]

3 Este, portanto, é o nosso galardão,[12] se, pois, O confessarmos por meio d'Aquele por quem fomos salvos.

8 "Não sustentar o que já está de pé, mas levantar o que está caindo" – Essa máxima ecoa a ética divina da restauração: o valor do médico está em curar os enfermos, não os sãos. Cf. também Ezequiel 34.16: "Buscarei a perdida, trarei de volta a desgarrada...".

9 "Cristo... salvou a muitos, vindo e chamando a nós que já estávamos perecendo" – O verbo "salvar" (σῴζω) carrega aqui sua plena dimensão escatológica: redenção dos que estavam espiritualmente mortos. A imagem do chamado dos perdidos ecoa Lucas 19.10: "O Filho do Homem veio buscar e salvar o que se havia perdido."

10 "Porque nós, que estamos entre os vivos, não oferecemos sacrifícios aos deuses mortos..." (τοῖς νεκροῖς θεοῖς οὐ θύομεν) – Referência crítica ao politeísmo pagão greco-romano. Os "deuses mortos" contrastam com o "Deus vivo" da tradição judaico-cristã (cf. Jeremias 10.5, 10; 1 Tessalonicenses 1.9). O conhecimento de Deus é aqui apresentado como relacional e revelado através de Cristo, ecoando João 14.6 e Hebreus 1.1-2.

11 "Aquele que Me confessar diante dos homens..." (Τὸν ὁμολογήσαντά με ἐνώπιον τῶν ἀνθρώπων...) – Citação de Mateus 10.32 e Lucas 12.8, textos usados desde cedo como critério de fidelidade em tempos de perseguição. A ênfase na confissão pública remete ao contexto de martírio e à exigência de não renegar a fé, comum nas comunidades cristãs sob o Império Romano.

12 "Este... é o nosso galardão..." – A noção de recompensa (μισθός) é típica da ética judaica e helenística. Aqui, confissão não é meramente verbal, mas testemunho existencial do Cristo salvador.

4 Mas de que modo O confessamos? Em fazermos aquilo que Ele diz[13] e não desobedecermos aos Seus mandamentos, e não O honrarmos apenas com os lábios, mas com todo o coração e com todo o entendimento.

5 E também diz em Isaías: "Este povo honra-Me com os lábios, mas o seu coração está longe de Mim."[14]

4

1 Não O chamemos, pois, apenas de Senhor:[15] pois isso não nos salvará.

2 Ele mesmo diz: "Nem todo aquele que Me diz: Senhor, Senhor, será salvo, mas o que faz a justiça."[16]

3 Assim, pois, irmãos, confessemos a Ele por meio das obras:[17] ao amarmo-nos uns aos outros, ao não cometermos adultério, nem falar-

13 "Em fazermos aquilo que Ele diz..." – O reconhecimento de Cristo é ligado à obediência prática. Cf. Mateus 7.21: "Nem todo o que Me diz 'Senhor, Senhor' entrará no Reino dos Céus, mas aquele que faz a vontade de Meu Pai". O binômio coração e entendimento retoma o Shema de Deuteronômio 6.5, fundamento da espiritualidade bíblica.

14 "Este povo honra-Me com os lábios..." (Ὁ λαὸς οὗτος τοῖς χείλεσίν με τιμᾷ...) – Citação de Isaías 29.13, retomada por Jesus em Mateus 15.8 e Marcos 7.6, onde denuncia a religiosidade exterior e hipócrita. Este versículo tornou-se um marco da crítica profética à formalidade sem fé autêntica. Na patrística, foi amplamente usado para distinguir fé viva e fé nominal.

15 "Não O chamemos, pois, apenas de Senhor..." (Μὴ μόνον οὖν αὐτὸν καλῶμεν κύριον) – Uma crítica à fé meramente nominal. O título "Senhor" (κύριος) era usado tanto para Deus no Antigo Testamento grego (LXX) quanto para César no mundo romano, o que confere à afirmação cristã um caráter tanto teológico quanto político. Cf. Romanos 10.9.

16 "Nem todo aquele que Me diz: Senhor, Senhor..." (Οὐ πᾶς ὁ λέγων μοι: Κύριε, κύριε...) – Citação direta de *Mateus 7.21*, parte do Sermão da Montanha. Ressalta-se a diferença entre declaração verbal e obediência prática, uma tensão central na ética cristã. A "justiça" (δικαιοσύνη) aqui tem sentido de fidelidade concreta à vontade divina.

17 "Confessemos a Ele por meio das obras..." (ἐν τοῖς ἔργοις αὐτὸν ὁμολογῶμεν) – Eco de *Tiago 2.17*. "a fé, se não tiver obras, é morta em si mesma." As virtudes elencadas formam uma espécie de "regra de vida cristã", semelhante às listas morais da filosofia estóica e aos catálogos de vícios e virtudes no Novo Testamento (cf. *Gl 5.19-23*). O chamado à continência (ἐγκράτεια), à misericórdia (ἐλεημοσύνη) e à compaixão (συμπάσχειν) reflete os valores ascéticos e comunitários da Igreja primitiva.

mos mal uns dos outros, nem sentirmos inveja, mas sendo continentes, misericordiosos, bons. Devemos compadecer-nos uns dos outros e não amar o dinheiro. Por meio dessas obras é que O confessamos, e não por meio das opostas.

5 E não nos convém temer os homens mais do que a Deus.[18]

6 Por isso, disse o Senhor: "Se vós estiverdes reunidos em Meu seio, mas não fizerdes os Meus mandamentos, lançar-vos-ei fora, e direi a vós: Afastai-vos de Mim, não vos conheço, de onde sois, operários da iniquidade."[19]

5 1 Por isso, irmãos, tendo deixado a habitação temporária deste mundo,[20] façamos a vontade d'Aquele que nos chamou, e não temamos sair do mundo.

2 Pois o Senhor diz: "Sereis como cordeiros no meio de lobos."[21]

3 Mas Pedro, respondendo-Lhe, disse: "E se os lobos dilacerarem os cordeiros?"

4 Disse Jesus a Pedro: "Não temam os cordeiros os lobos depois de terem morrido; e vós também não temais os que vos matam e não podem fazer-vos mais nada, mas temei Aquele que, depois de vós

18 "Não nos convém temer os homens mais do que a Deus." – Motivação típica da literatura martirial e profética. Cf. *Isaías 51.12*; *Mateus 10.28*. "Não temais os que matam o corpo..." A oposição entre temor humano e temor de Deus estrutura boa parte da espiritualidade do Segundo Templo e da Igreja nascente.

19 "Afastai-vos de Mim, não vos conheço..." (Υπάγετε ἀπ μοῦ, οὐκ οἶδα ὑμᾶς...) – Alusão direta a Lucas 13.27 e Mateus 7.23, onde Jesus adverte os que usam o Seu nome, mas praticam a iniquidade (ἀνομία). A imagem do "seio" (κόλπος) pode evocar o lugar de intimidade escatológica (cf. João 1.18. "o seio do Pai"), mas aqui é usada com tom de juízo: mesmo os que se acham próximos podem ser rejeitados se não obedecerem.

20 "Tendo deixado a habitação temporária deste mundo..." (καταλείψαντες τὴν παροικίαν τοῦ κόσμου) – Παροικια designa uma morada passageira, uma residência de estrangeiro. A linguagem remete à teologia do exílio presente em *1 Pedro 2.11* e na tradição apocalíptica judaica, onde este mundo é visto como provisório e sujeito à corrupção.

21 "Sereis como cordeiros no meio de lobos" (Εσεσθε ὡς ἀρνία ἐν μέσῳ λύκων) – Citação direta de Mateus 10.16. O contraste entre a vulnerabilidade dos discípulos e a hostilidade do mundo era interpretado como condição do discipulado. A imagem é comum também em textos apócrifos e patrísticos como Didaqué e Pastor de Hermas.

morrerdes, tem autoridade sobre alma e corpo para lançar-vos na Geena de fogo."[22]

5 E sabei, irmãos, que a estada neste mundo, nesta carne, é pequena e de curta duração, mas a promessa de Cristo é grande e admirável,[23] e é repouso no reino vindouro e na vida eterna.

6 Que mais é necessário fazer para alcançarmos tais coisas, senão comportar-nos com santidade e justiça,[24] considerando estas coisas mundanas como alheias, e não as desejarmos?

7 Pois, ao desejarmos adquirir essas coisas,[25] desviamo-nos do caminho da justiça.

22 "Não temais os que vos matam..." – Paráfrase e desenvolvimento de Mateus 10.28 e Lucas 12.4-5, onde Jesus distingue entre o poder limitado da violência humana e o juízo final de Deus. A referência à Geena (γέεννα) evoca o vale de Hinom, em Jerusalém, associado ao juízo escatológico no judaísmo do Segundo Templo. O diálogo com Pedro é um acréscimo apócrifo, provavelmente com origem em tradições orais da Igreja primitiva.

23 "A promessa de Cristo é grande e admirável..." – Enfatiza o contraste escatológico entre a transitoriedade da vida terrena e a esperança da vida eterna. A ideia de "repouso" (ἀνάπαυσις) aparece em Hebreus 4.1-11 como símbolo da herança celeste. O "reino vindouro" reflete a esperança messiânica presente em Daniel 7, Apocalipse 21 e nos escritos de Papias e Irineu.

24 "Comportar-nos com santidade e justiça..." – A expressão remete ao ethos das comunidades primitivas, que valorizavam o desapego ao mundo. Cf. Romanos 12.2: "não vos conformeis com este século." A rejeição aos bens do mundo ecoa os ideais da filosofia cínica e estoica, apropriados no cristianismo para exprimir a fidelidade a Deus.

25 "Ao desejarmos adquirir essas coisas..." – A concupiscência (ἐπιθυμία) é vista como o ponto de ruptura com o caminho da justiça. Cf. 1 João 2.15-17 e Tiago 1.14-15, onde o desejo conduz ao pecado e à morte espiritual. O caminho da justiça (ὁδὸς τῆς δικαίας) é expressão comum na literatura sapiencial (cf. Provérbios e Salmos) e nos escritos de Qumran.

6 1 E o Senhor disse: "Ninguém pode servir a dois senhores."[26] Se quisermos servir a Deus e a Mamom, não nos será proveitoso.

2 Pois que aproveita a alguém ganhar o mundo inteiro, se vier a sofrer dano em sua alma?[27]

3 Este século e o vindouro são dois inimigos.[28]

4 Este fala de adultério, corrupção, amor ao dinheiro e engano; aquele, porém, renuncia a essas coisas.

5 Não podemos, pois, ser amigos de ambos; devemos, tendo renunciado a este, fazer uso daquele.

6 Pensemos, portanto, que é melhor odiar as coisas presentes,[29] pois são pequenas, passageiras e perecíveis, e amar aquelas que são boas e incorruptíveis.

7 Pois, fazendo a vontade de Cristo, acharemos descanso; mas se não o fizermos, nada nos livrará da punição eterna,[30] caso desobedeçamos aos Seus mandamentos.

8 E a Escritura também diz em Ezequiel: "Ainda que Noé, Jó e Daniel se levantem, não livrarão seus filhos no cativeiro."[31]

26 "Ninguém pode servir a dois senhores..." (Οὐδεὶς δύναται δυσὶ κυρίοις δουλεύειν) – Citação de Mateus 6.24 e Lucas 16.13. Mamom (μαμωνᾶς) é uma personificação do dinheiro e das riquezas, possivelmente de origem aramaica. A incompatibilidade entre Deus e Mamom reflete um princípio ético fundamental do cristianismo primitivo: o discipulado exige exclusividade.

27 "Pois que aproveita a alguém ganhar o mundo inteiro..." – Eco direto de *Mateus 16.26*, usado para confrontar o valor aparente das conquistas terrenas com a perda espiritual eterna. Esse raciocínio era recorrente entre os Padres do Deserto e na literatura ascética, que desprezava os bens efêmeros deste mundo.

28 "Este século e o vindouro são dois inimigos..." – A dicotomia entre αἰὼν οὗτος (este século) e αἰὼν μέλλων (o vindouro) é típica da escatologia apocalíptica judaica (4 Esdras, 2 Baruc, Qumran) e ressignificada no cristianismo. O primeiro é marcado por pecado, o segundo por justiça e renovação. Cf. Efésios 1.21, Hebreus 6.5.

29 "Melhor odiar as coisas presentes..." – Reflexão inspirada na filosofia estoica e no ideal cristão de desprendimento. O termo ἀγαθὰ ἄφθαρτα (bens incorruptíveis) remete à herança celestial prometida em 1 Pedro 1.4.

30 "Nada nos livrará da punição eterna..." – A "punição eterna" (αἰώνιος κόλασις) aparece também em Mateus 25.46. A obediência aos mandamentos é vista aqui não como legalismo, mas como expressão da fé viva. O "descanso" (ἀνάπαυσις) ecoa o motivo do sábado escatológico, como em Hebreus 4.

31 "Ainda que Noé, Jó e Daniel..." – Citação de Ezequiel 14.14, 20, onde Deus afirma

9 Se, portanto, mesmo tais justos não podem, por suas próprias justiças, livrar seus filhos, nós, se não guardarmos o batismo puro e sem mancha,[32] com que confiança entraremos no Reino de Deus? Ou quem será nosso advogado, se não formos achados com obras santas e justas?

7 1 Portanto, meus irmãos, lutemos, sabendo que o combate está em nossas mãos, e que, nos combates perecíveis, muitos entram, mas não todos são coroados,[33] senão os que muito se esforçaram e lutaram dignamente.

2 Lutemos, pois, para que todos sejamos coroados.

3 Corramos, então, na estrada reta, no combate incorruptível,[34] e que muitos nela entremos e lutemos, para que também sejamos coroados. E, se não pudermos todos alcançar a coroa, ao menos cheguemos perto dela.

4 Devemos saber que aquele que luta no combate perecível, se for achado transgressor, é açoitado, excluído e lançado fora do estádio.[35]

que nem mesmo os maiores justos poderiam interceder por Jerusalém em sua iniquidade. A presença desses três patriarcas simboliza integridade em tempos de juízo, sendo usada aqui para destacar a responsabilidade individual.

32 "Se não guardarmos o batismo puro e sem mancha..." – O "batismo puro" (βάπτισμα ἁγνὸν καὶ ἀμίαντον) era entendido nos Padres Apostólicos como mais do que um rito: exigia coerência moral e compromisso contínuo. A pergunta retórica reforça o temor reverente diante do juízo e o chamado à santidade. Cf. Hebreus 12.14, 1 Pedro 3.21.

33 "Nos combates perecíveis... não todos são coroados" (εἰς τοὺς φθαρτοὺς ἀγῶνας... οὐ πάντες στεφανοῦνται) – A metáfora atlética do ἀγών (combate, competição) é recorrente na literatura paulina (1Co 9.24-27; 2Tm 4.7-8), remetendo aos jogos gregos como os *Ístmicos* e *Olímpicos*. O "coroamento" (στέφανος) era a coroa de louros dada ao vencedor, aqui ressignificada como prêmio escatológico.

34 "Corramos... no combate incorruptível" (θέωμεν τὴν ὁδὸν... ἀγῶνα τὸν ἄφθαρτον) – A imagem da corrida reta ecoa Hebreus 12.1-2, onde os fiéis são convidados a perseverar na jornada da fé. O combate incorruptível refere-se à vida eterna, em contraste com os prêmios temporais do mundo.

35 "Se for achado transgressor... é lançado fora do estádio" – Nos jogos gregos, quem violasse as regras era publicamente desonrado. Clemente aplica essa figura à vida cristã: o fiel deve obedecer às regras espirituais. Cf. 2Tm 2.5: "se alguém também milita, não é coroado se não lutar legitimamente."

5 Que pensais? Aquele que corromper o combate da imortalidade, o que sofrerá?

6 Pois, quanto aos que não guardaram o selo, diz: "O seu verme não morrerá, e o seu fogo não se apagará, e serão para espanto a toda carne."[36]

8 1 Sendo nós ainda sobre a terra, façamos penitência.[37]

2 Pois somos barro nas mãos do artífice;[38] assim como o oleiro, se ao fazer um vaso ele se torce ou se quebra em suas mãos, novamente o modela; mas, se já tiver antecipado lançá-lo no forno do fogo, não poderá mais socorrê-lo – assim também nós, enquanto estivermos neste mundo, se tivermos praticado o mal na carne, façamos penitência de todo o coração, para que sejamos salvos pelo Senhor, enquanto ainda temos tempo de arrependimento.

3 Pois, depois de sairmos deste mundo, já não podemos ali mais confessar, nem tampouco ainda fazer penitência.

4 Portanto, irmãos, fazendo a vontade do Pai e guardando pura a carne[39] e cumprindo os mandamentos do Senhor, receberemos a vida eterna.

36 "O seu verme não morrerá, e o seu fogo não se apagará..." (ὁ σκώληξ αὐτῶν οὐ τελευτήσει...) – Citação de Isaías 66.24, também retomada por Jesus em Marcos 9.48. A imagem do verme e do fogo é símbolo do juízo eterno. A "marca" ou "selo" (σφραγίς) é provavelmente uma referência ao batismo e ao compromisso com Cristo (cf. 2Tm 2.19 e Ef 1.13).

37 "Sendo nós ainda sobre a terra, façamos penitência" (Ὡς οὖν ἐσμὲν ἐπὶ γῆς, μετανοήσωμεν) – A exortação à metanoia (μετάνοια), mudança de mente e vida, é central na literatura profética (Isaías 55.6-7), nas palavras de João Batista (Mt 3.2) e de Jesus (Mc 1.15). Aqui, a urgência é temporal: enquanto há vida, há esperança.

38 "Somos barro nas mãos do artífice..." – Metáfora tirada de Isaías 64.8 e Jeremias 18.1-6, retomada por Paulo em Romanos 9.20-21. Deus é o oleiro soberano, nós os vasos moldáveis. A imagem do forno remete ao juízo final, simbolizando o ponto de não retorno. Essa analogia era muito usada por Padres como Orígenes e Tertuliano para ilustrar a paciência e a justiça divina.

39 "Guardando pura a carne..." – A santidade do corpo é, neste texto, uma expressão visível da fidelidade espiritual. Essa ligação entre carne pura e cumprimento da vontade divina ecoa o pensamento paulino (1 Ts 4.3-5) e os escritos ascéticos posteriores.

5 Pois o Senhor diz no Evangelho: "Se não fostes fiéis no pouco, quem vos dará o muito? Digo-vos que quem é fiel no pouco, também é fiel no muito."[40]

6 Acaso não diz isto? Guardai pura a carne e a marca (o selo) sem mácula,[41] para que recebamos a vida eterna.

9 1 E que ninguém entre vós diga que esta carne não é julgada nem ressuscita.[42]

2 Reconhecei: em que fostes salvos? Em que fostes iluminados, senão estando nesta mesma carne?

3 Devemos, pois, guardar a carne como templo de Deus.[43]

4 Assim como na carne fostes chamados, assim também na carne vireis [à recompensa].

5 Se Cristo, o Senhor que nos salvou, sendo a princípio espírito, se fez carne[44] e assim nos chamou, também nós nesta carne receberemos o galardão.

40 "Quem é fiel no pouco..." – Citação de Lucas 16.10-12. A fidelidade nas pequenas coisas (τα ἐλάχιστα) é critério de confiança em coisas maiores, tanto materiais quanto espirituais. Aqui, aplicada à vida corporal e moral como antecipação da recompensa escatológica.

41 "Guardai pura a carne e a marca sem mácula..." – A "marca" ou "selo" (σφραγίς) é, desde os primeiros séculos, uma referência ao batismo (cf. 2 Co 1.22; Ef 1.13). A teologia do selo aparece em Hermas, Justino e Irineu, como garantia de pertença a Cristo e sinal visível da fé. A exigência de manter essa marca "sem mancha" conecta batismo e ética.

42 "Esta carne não é julgada nem ressuscita..." – Refutação a uma concepção dualista ou docetista incipiente, segundo a qual o corpo seria irrelevante ou mesmo mau. A ressurreição da carne era um ponto de tensão com tendências gnósticas e com influências platônicas. Cf. 1 Coríntios 15.35-44 e 2 João 7.

43 "Guardar a carne como templo de Deus" (ὡς ναὸν θεοῦ φυλάσσειν τὴν σάρκα) – Referência direta a 1 Coríntios 6.19: "Ou não sabeis que o vosso corpo é templo do Espírito Santo?" A teologia paulina da santidade corporal é aqui retomada com ênfase moral e escatológica.

44 "Cristo... sendo espírito, se fez carne" – Síntese da encarnação (cf. João 1.14). O argumento é cristológico e antropológico: se o Verbo assumiu a carne, esta é digna. A carne, portanto, não é apenas cenário do pecado, mas lugar da vocação e da salvação.

6 Amemo-nos, pois, uns aos outros, para que todos entremos no Reino de Deus.[45]

7 Enquanto temos tempo de sermos curados, entreguemo-nos ao Deus que cura, dando-Lhe em retribuição...

8 Qual retribuição? Arrepender-se de coração sincero.[46]

9 Pois Ele é conhecedor de tudo, e conhece o que está em nossos corações.[47]

10 Ofereçamos-Lhe, portanto, louvor – não só com a boca,[48] mas também com o coração – para que nos receba como filhos.

11 Pois também o Senhor disse: "Meus irmãos são aqueles que fazem a vontade de Meu Pai."[49]

10

1 Portanto, meus irmãos, façamos a vontade do Pai que nos chamou, para que vivamos, e sigamos antes a virtude,[50] deixando a maldade como companheira de jornada dos

45 "Amemo-nos... para que todos entremos no Reino" – A caridade fraterna é apresentada como condição para a entrada no Reino. Cf. João 13.34-35 e 1 João 4.7-21. A ética comunitária é essencial na teologia dos Padres Apostólicos.

46 "Retribuição: arrepender-se de coração sincero" (μετανοῆσαι ἐξ εἰλικρινοῦς καρδίας) – A metanoia como resposta ao dom da salvação. O uso da expressão "retribuição" (ἀντιμισθία) sublinha a reciprocidade espiritual: não um mérito, mas uma resposta à graça.

47 "Conhecedor de tudo, e do que está em nossos corações" – Eco de Salmos 139 e Hebreus 4.12-13, onde Deus é retratado como perscrutador do íntimo. A tradição bíblica sempre relacionou o verdadeiro culto à sinceridade do coração, não apenas às palavras.

48 "Ofereçamos-lhe louvor... não só com a boca..." – Paralelo claro com Isaías 29.13 e Mateus 15.8. "Este povo honra-Me com os lábios, mas o seu coração está longe de Mim." O verdadeiro louvor é interior, e a adoração deve ser "em espírito e em verdade" (João 4.24).

49 "Meus irmãos são aqueles que fazem a vontade do Meu Pai" – Citação de Mateus 12.50 e Marcos 3.35. Jesus redefine os laços familiares a partir da obediência a Deus. Clemente retoma esta máxima para fundamentar a fraternidade cristã na prática da justiça.

50 "Façamos a vontade do Pai... sigamos antes a virtude" – A expressão "vontade do Pai" remete a Mateus 7.21. "Nem todo o que Me diz 'Senhor, Senhor'... mas o que faz a vontade de Meu Pai." A virtude (ἀρετή) aqui é vista como o caminho da vida, em contraste com a maldade (κακία), que aparece como companheira dos pecados. A ideia de "via dupla" (vida/morte, bem/mal) é central em textos como a Didaqué e Epístola de Barnabé.

nossos pecados, e fujamos da impiedade, para que não nos sobrevenham males.

2 Pois, se nos apressarmos em fazer o bem, a paz nos seguirá.[51]

3 Por causa disso não se pode encontrar entre os homens aqueles que espalham temores humanos,[52] preferindo mais o gozo presente do que a promessa vindoura.

4 Ignoram quão grande tormento traz o gozo presente,[53] e qual delícia contém a promessa futura.

5 E se fizessem tais coisas apenas por si mesmos, seria tolerável; mas agora, perseveram ensinando falsamente e corrompendo almas inocentes, sem saber que terão julgamento dobrado: tanto eles como os que os ouvem.[54]

11

1 Sirvamos, pois, a Deus com coração puro,[55] e seremos justos; mas, se não O servirmos por não crermos na promessa de Deus, seremos miseráveis.

51 "Se nos apressarmos em fazer o bem, a paz nos seguirá" – A paz (εἰρήνη), entendida não apenas como ausência de conflito, mas como plenitude e harmonia com Deus e com os irmãos, é fruto da prática da justiça. Cf. Salmo 34.14, Tiago 3.18.

52 "Espalham temores humanos..." – Refere-se provavelmente a falsos mestres ou líderes que, por medo de perseguição ou desejo de aceitação social, preferem os prazeres temporais. A contraposição entre o gozo presente (ἀπόλαυσις) e a promessa futura (ἐπαγγελία) reflete o ethos escatológico cristão. Cf. Hebreus 11.24-26 (Moisés rejeita os prazeres do Egito pelo galardão futuro).

53 "Ignoram quão grande tormento traz o gozo presente..." – Esta advertência lembra os discursos sapienciais sobre a ilusão do prazer momentâneo. Sabedoria 5.6-7 apresenta argumento semelhante: os ímpios, no juízo, reconhecerão que sua alegria foi como sombra. A tradição patrística constantemente contrasta o prazer sensível com a alegria espiritual.

54 "Julgamento dobrado: tanto eles como os que os ouvem" – A responsabilidade do falso ensino é tema constante na literatura cristã primitiva. Cf. Tiago 3.1. "Meus irmãos, não sejais muitos mestres, sabendo que receberemos mais duro juízo." A ideia de juízo ampliado para os que causam escândalo também aparece em Mateus 18.6.

55 "Sirvamos... com coração puro" (ἐν καθαρᾷ καρδίᾳ δουλεύσωμεν) – Tema recorrente nas Escrituras: a integridade do coração é o fundamento do verdadeiro culto (cf. Sl 24.4, Mt 5.8). A justiça não é apenas exterior, mas envolve intenção pura. A incredulidade é apresentada aqui como raiz da negligência espiritual.

2 Pois também diz a palavra profética: "Miseráveis são os de alma dobrada, os que duvidam em seu coração, os que dizem: 'Essas coisas já as ouvimos desde o tempo de nossos pais, mas nós, esperando dia após dia, nada disso temos visto.'"[56]

3 Insensatos! Comparai-vos com a madeira: tomai uma videira[57] – primeiro ela perde as folhas, depois surge o broto, em seguida o cacho verde, e por fim a uva madura.

4 Assim também o meu povo passou por desordem e aflições, mas depois receberá os bens.

5 Portanto, meus irmãos, não sejamos de alma dobrada, mas, tendo esperado, perseveremos,[58] para que recebamos também o galardão.

6 Pois fiel é Aquele que prometeu[59] dar a retribuição a cada um segundo as suas obras.

7 Se, pois, praticarmos a justiça diante de Deus, entraremos em Seu Reino e receberemos as promessas – as quais "olho não viu, ouvido não ouviu, nem subiram ao coração do homem."[60]

56 "Miseráveis são os de alma dobrada..." – O termo δίψυχοι (de alma dupla, instável) aparece em Tiago 1.6-8, indicando o homem irresoluto, que duvida de Deus. A crítica à espera impaciente remonta à tradição profética (cf. Habacuque 2.3) e é intensamente retomada na literatura apocalíptica judaico-cristã.

57 "Comparai-vos com a madeira: tomai uma videira..." – Imagem agrícola que ilustra a progressividade das promessas divinas. A metáfora da videira remonta a Isaías 5, João 15, e é uma imagem favorita nos textos rabínicos e cristãos primitivos, evocando tanto Israel quanto a Igreja.

58 "Não sejamos de alma dobrada, mas... perseveremos" – A constância na esperança (ὑπομονή) é uma virtude teológica essencial nas cartas paulinas (Rm 5.3-5; Hb 10.36). Aqui, liga-se diretamente à herança escatológica, como prêmio dos justos.

59 "Fiel é Aquele que prometeu..." – Fórmula encontrada em Hebreus 10.23 e 1 Tessalonicenses 5.24. Deus é descrito como fiel retribuidor (cf. Ap 22.12). A ideia de recompensa individual "segundo as obras" era central na teologia do juízo final (cf. Rm 2.6, Mt 16.27).

60 "Olho não viu, ouvido não ouviu..." – Citação de Isaías 64.4, retomada em 1 Coríntios 2.9. Expressa a incomensurabilidade das promessas de Deus, que ultrapassam a experiência humana. Esta expectativa escatológica é amplamente celebrada nos escritos patrísticos e místicos.

12 1 Aguardemos, pois, a qualquer momento o Reino de Deus com amor e justiça,[61] visto que não sabemos o dia da manifestação de Deus.

2 Pois o próprio Senhor, sendo interrogado por alguém sobre quando viria o Seu Reino, respondeu: "Quando os dois forem um, e o exterior como o interior, e o masculino com o feminino, de modo que não haja nem masculino nem feminino."[62]

3 Ora, os dois são um quando falamos a verdade a nós mesmos, e em dois corpos há uma só alma,[63] sem hipocrisia.

4 E o exterior como o interior – isto quer dizer: a alma é o interior, e o exterior é o corpo. Assim como teu corpo é visível,[64] que também tua alma se torne manifesta pelas boas obras.

5 E o masculino com o feminino, de modo que não haja nem masculino nem feminino – isto quer dizer: que, vendo o irmão a irmã, não

61 "Aguardemos... o Reino de Deus com amor e justiça" – A tensão escatológica, própria do cristianismo primitivo, enfatiza a imprevisibilidade da vinda do Reino. Cf. Mateus 24.36. "Quanto ao dia e à hora, ninguém sabe." A espera ativa é marcada por amor (ἀγάπη) e justiça (δικαιοσύνη), virtudes centrais na ética cristã e na literatura dos Padres Apostólicos.

62 "Quando os dois forem um..." – Este dito, apócrifo ou extracanônico, também aparece com variações em Evangelho segundo Tomé 22, um texto gnóstico do século II. A linguagem enigmática sugere transformação interior, reconciliação dos opostos e superação das dualidades, comuns na literatura sapiencial e na mística cristã primitiva.

63 "Em dois corpos há uma só alma..." – A unidade espiritual dos crentes é uma marca da comunhão cristã. Cf. Atos 4.32: "A multidão dos que criam era um só coração e uma só alma." Aqui, a fusão simbólica da alma nos corpos representa integridade ética e autenticidade relacional, livre de hipocrisia.

64 "Assim como teu corpo é visível..." – O paralelismo entre corpo e alma retoma temas platônicos e estoicos, mas os cristãos os reinterpretam em chave moral. A transparência do coração é exigência de santidade. Cf. Mateus 5.16: "Que vossa luz brilhe diante dos homens."

pense nela nada como feminino, nem ela nele algo como masculino.[65] Se fizerdes estas coisas, diz Ele, virá o Reino de meu Pai.[66]

13

1 Irmãos, pois, arrependamo-nos já de uma vez, e vigiemos para o bem.[67] Pois estamos cheios de muita insensatez e malícia. Apaguemos de nós os pecados passados, e, arrependendo-nos de alma, sejamos salvos. E não nos tornemos agradadores de homens, nem desejemos apenas agradar a nós mesmos,[68] mas também aos de fora, na justiça, para que o nome [de Deus] não seja blasfemado por nossa causa.

2 Pois o Senhor diz: "Sempre é blasfemado o Meu nome entre todas as nações." E novamente: "Ai daquele por quem é blasfemado o Meu nome."[69] Em que é blasfemado? No fato de que vós não fazeis o que Eu quero.

3 Pois, quando os gentios ouvem da nossa boca as palavras de Deus – palavras boas e grandiosas -, eles se admiram. Mas, depois de conhecerem as nossas obras, que não estão à altura das palavras

65 "Que... não pense nela nada como feminino" – Esta superação da distinção de gênero ecoa Gálatas 3.28. "não há homem nem mulher, pois todos sois um em Cristo." A ênfase aqui é na pureza da percepção fraterna e na erradicação do desejo ou da concupiscência como barreira à comunhão espiritual. Fortemente presente no ascetismo cristão e nos escritos de Clemente de Alexandria.

66 "Virá o Reino de meu Pai" – A frase final reforça a ideia de que a ética fraterna e a pureza do coração são condições para a vinda do Reino. A espera escatológica é ativa, interior e moral, em harmonia com o ensino de Jesus em *Lucas 17.21*. "O Reino de Deus está dentro de vós."

67 "Arrependamo-nos já de uma vez..." (ἤδη ποτὲ μετανοήσωμεν) – A expressão "já de uma vez" denota urgência espiritual. Cf. 2 Coríntios 6.2. "Eis agora o tempo aceitável, eis agora o dia da salvação." A vigilância (νῆψις) é uma virtude monástica e ascética presente desde os textos do Novo Testamento (1 Ts 5.6, 1 Pe 5.8).

68 "Não agrademos apenas a nós mesmos..." – O termo ἀνθρωπάρεσκος (agradador de homens) aparece também em Gálatas 1.10, onde Paulo afirma que não busca agradar aos homens, mas a Deus. O chamado a agradar "também aos de fora" ecoa 1 Pedro 2.12 e Colossenses 4.5-6.

69 "Sempre é blasfemado o Meu nome..." – Citação provável de Isaías 52.5 (cf. Romanos 2.24), onde o nome de Deus é profanado entre os gentios por causa da desobediência do povo. O "ai" (οὐαί) reforça o juízo contra os que causam escândalo.

que dizemos, voltam-se para a blasfêmia, dizendo que se trata de um mito ou de um engano.[70]

4 Pois quando ouvem de nós que Deus diz: "Não há mérito em amares os que vos amam, mas há mérito se amardes os vossos inimigos e os que vos odeiam", quando ouvem essas palavras, admiram-se da sublimidade da bondade. Mas quando veem que não apenas não amamos os que nos odeiam, mas nem sequer os que nos amam, zombam de nós, e o nome é blasfemado.[71]

14

1 Portanto, irmãos, ao fazermos a vontade de nosso Pai Deus, seremos da Igreja primitiva, espiritual, criada antes do sol e da lua.[72] Mas, se não fizermos a vontade do Senhor, seremos daqueles a quem se refere a Escritura que diz: "Minha casa tornou-se um covil de salteadores."[73] Escolhamo-nos, pois, para sermos da Igreja da vida, para que sejamos salvos.[74]

2 E não creio que vós ignoreis que a Igreja viva é o corpo de Cristo; pois diz a Escritura: "Deus fez o ser humano homem e mulher." O

70 "Dizem que se trata de um mito ou de um engano..." – Essa crítica externa sugere a percepção do cristianismo como moralmente incoerente. Os termos μῦθος (mito) e πλάνη (erro, engano) eram comumente usados por opositores do cristianismo (cf. 2 Pe 1.16). A crítica à hipocrisia é tema central na literatura profética e nos Evangelhos.

71 "Zombam de nós, e o nome é blasfemado." – A ironia da admiração que se torna escárnio reforça o argumento moral da epístola: sem coerência ética, a verdade proclamada perde autoridade. Cf. Mateus 5.44-47 e Lucas 6.27-35, onde Jesus ordena o amor aos inimigos como marca distintiva do Reino.

72 "Igreja... criada antes do sol e da lua" – Uma concepção mística da Igreja como realidade eterna, anterior à criação visível. Influência das tradições sapienciais e apocalípticas (cf. Provérbios 8.22, Efésios 1.4). A imagem reflete também ecos do Livro de Enoque e do pensamento joanino (cf. Jo 1.1).

73 "Minha casa tornou-se um covil de salteadores" – Citação de Isaías 56.7 e Jeremias 7.11, também citada por Jesus em Mateus 21.13, em condenação ao uso impuro do templo. Aqui, é aplicada à infidelidade da Igreja visível quando não cumpre a vontade divina.

74 "Escolhamo-nos... Igreja da vida" – A linguagem lembra Deuteronômio 30.19. "Escolhei a vida." O termo ἐκκλησία τῆς ζωῆς (Igreja da vida) reforça a distinção entre a Igreja espiritual e a aparência religiosa desvinculada da justiça.

masculino é Cristo, o feminino é a Igreja.[75] E também os livros e os apóstolos dizem que a Igreja não é de agora, mas de cima.[76] Pois ela era espiritual, como também nosso Jesus o era, e foi manifestada nos últimos dias para salvar-nos.

3 E sendo a Igreja espiritual, manifestou-se na carne de Cristo,[77] ensinando-nos que, se alguém a guardar em sua carne e não a corromper, recebê-la-á no Espírito Santo. Pois esta carne é símbolo (antítipo) do Espírito;[78] ninguém, tendo corrompido o símbolo, participará do real. Portanto, irmãos, é isto que se quer dizer: guardai a carne, para que recebais o Espírito.

4 E se dizemos que a carne é a Igreja, e o Espírito é Cristo, então aquele que ultraja a carne, ultraja a Igreja.[79] Tal homem, portanto, não participará do Espírito, que é Cristo.

5 Tão grande poder tem esta carne de participar da vida e da incorruptibilidade, ao ser unida ao Espírito Santo, que ninguém é capaz de explicar ou expressar o que o Senhor preparou para os seus eleitos.[80]

75 "Deus fez o ser humano homem e mulher..." – Citação de Gênesis 1.27, reinterpretada alegoricamente: o masculino representa Cristo, o feminino, a Igreja. Essa leitura simbólica foi comum nos Padres (cf. Irineu, Hipólito, Orígenes) e ecoa Efésios 5.23-32, onde o matrimônio é figura de Cristo e da Igreja.

76 "A Igreja... é de cima" – Referência a Gálatas 4.26. "A Jerusalém de cima é livre, e esta é nossa mãe." A Igreja é concebida como realidade celeste, eterna, e não meramente institucional ou histórica.

77 "Manifestou-se na carne de Cristo..." – A encarnação como meio de revelação da verdadeira natureza da Igreja. A teologia da manifestação (φανέρωσις) está presente em *1 João 1.2* e nos textos pascais patrísticos.

78 "Esta carne é símbolo do Espírito..." – A ideia de "antítipo" (ἀντίτυπος) reflete uma hermenêutica sacramental: a carne como sinal visível de uma realidade espiritual. Cf. Hebreus 9.24 e o uso de antítipos no batismo (1 Pedro 3.21). A corrupção do símbolo exclui a participação no original.

79 "Ultraja a carne... ultraja a Igreja..." – A carne é aqui elevada a dimensão eclesial e cristológica. A ética corporal é, assim, também eclesiológica: corromper o corpo é ferir a comunhão com Cristo. Cf. 1 Coríntios 6.15-20.

80 "Ninguém é capaz de explicar o que o Senhor preparou..." – Alusão a 1 Coríntios 2.9, citando Isaías 64.4. A promessa escatológica de vida e incorruptibilidade é mistério além da linguagem, conhecido apenas pela revelação divina.

15 1 Não creio, porém, que tenha feito pequena exortação acerca da continência;[81] pois quem a praticar não se arrependerá, mas salvará também a si mesmo – e a mim, que o aconselhei. Pois não é pequena a recompensa de reconduzir à salvação uma alma que se desviava e estava se perdendo.[82]

2 Esta é, de fato, a retribuição que podemos dar a Deus, que nos criou: que o que fala e o que ouve,[83] com fé e amor, fale e ouça com sinceridade.

3 Permaneçamos, pois, naquilo em que cremos, sendo justos e santos, para que com confiança supliquemos a Deus, que diz: "Ainda que estejas falando, Eu direi: Eis-me aqui."[84]

4 Pois esta palavra é sinal de grande promessa: o Senhor declara que está mais pronto para dar do que o suplicante para pedir.[85]

5 Participando, pois, de tamanha bondade, não tenhamos inveja de nós mesmos,[86] privando-nos de tantos bens. Pois quão grande doçura

81 "Pequena exortação acerca da continência..." – A ἐγκράτεια (continência) é uma virtude cardeal no pensamento estoico e cristão primitivo, frequentemente associada à vida moral e ao domínio dos desejos. Cf. Gálatas 5.23; 2 Pedro 1.6. Clemente considera esta exortação como de peso eterno.

82 "Recompensa... de reconduzir uma alma que se perdia" – Cf. Tiago 5.19-20. "quem fizer converter um pecador do erro do seu caminho, salvará da morte uma alma." A salvação do outro é aqui também mérito espiritual do que instrui ou exorta.

83 "O que fala e o que ouve..." – O valor da reciprocidade da fé e da caridade no ensino: tanto o que exorta quanto o que escuta devem fazê-lo "com fé e amor". A ênfase na motivação interior alinha-se com a teologia joanina e os *Logia* de Jesus.

84 "Ainda que estejas falando, Eu direi: Eis-me aqui." – Alusão a Isaías 58.9, onde Deus promete responder prontamente àqueles que O buscam com justiça. A prontidão divina em responder à oração é também tema em Mateus 7.7 e Lucas 11.9-13.

85 "Mais pronto para dar do que o suplicante para pedir..." – A generosidade de Deus é representada como superior à própria disposição humana de pedir. Essa ênfase no dom gratuito e superabundante aparece em Romanos 8.32 e nos tratados de graça de Agostinho.

86 "Não tenhamos inveja de nós mesmos..." – Expressão singular, que sugere autossabotagem espiritual. A inveja aqui é dirigida a si mesmo, na medida em que alguém impede sua própria participação na bem-aventurança prometida.

há nestas palavras para os que as cumprem, tanta é a condenação para os que as desprezam.[87]

16 1 Portanto, irmãos, tendo recebido não pequena oportunidade de arrependimento, enquanto ainda temos tempo, voltemo-nos para Deus,[88] que nos chamou, enquanto ainda temos Aquele que nos acolhe.

2 Pois, se nos afastarmos destas voluptuosidades e vencermos nossa alma, de modo a não fazermos os seus desejos malignos, participaremos da misericórdia de Jesus.[89]

3 E sabei que já se aproxima o dia do juízo, como um forno ardente; e derreter-se-ão partes dos céus, e toda a terra se fundirá como chumbo no fogo.[90] E então se tornarão manifestas as obras ocultas e as visíveis dos homens.

4 Boa é, portanto, a esmola, como arrependimento do pecado; melhor é o jejum do que a oração,[91] e a esmola é superior a ambos. O amor cobre uma multidão de pecados,[92] e a oração feita com boa

87 "Grande doçura para os que cumprem... grande condenação para os que desprezam" – O paralelismo entre promessa e juízo é comum nos textos sapienciais. Cf. Deuteronômio 30.19: "pus diante de ti a vida e a morte... escolhe, pois, a vida."

88 "Voltemo-nos para Deus... enquanto ainda temos Aquele que nos acolhe" – A teologia do tempo da graça aparece fortemente em Isaías 55.6. "Buscai o Senhor enquanto se pode achar." O convite à conversão não é eterno; a paciência divina tem um limite escatológico. Cf. também Hebreus 3.13.

89 "Participaremos da misericórdia de Jesus" – A metáfora da alma como combatente contra seus próprios desejos remonta à tradição estoica, mas é cristianizada aqui. Cf. Tiago 1.14-15; 1 Pedro 2.11. A misericórdia de Cristo é resultado de uma vida de renúncia voluntária ao mal.

90 "O dia do juízo... como chumbo no fogo" – Forte imagem escatológica, que ecoa Malaquias 4.1 (o dia vem, ardente como forno) e 2 Pedro 3.10-12, onde os céus e a terra se desfazem em fogo. O apelo ao juízo vindouro é característico da parênese cristã primitiva.

91 "Esmola... jejum... oração" – Tríade clássica da prática piedosa judaica (Mateus 6.1-18). A elevação da esmola sobre o jejum e a oração reflete a ênfase profética e sapiencial na misericórdia concreta ao próximo (cf. Tobias 12.8-9, Eclesiástico 3.30).

92 "O amor cobre uma multidão de pecados" – Citação direta de Provérbios 10.12 e retomada em 1 Pedro 4.8. A caridade como força redentora é tema central em

consciência livra da morte. Bem-aventurado todo aquele que for achado pleno destas coisas, pois a esmola se torna alívio do pecado.[93]

17 1 Arrependamo-nos, pois, de todo o coração, para que nenhum de nós se perca.[94] Pois, se recebemos mandamentos também para fazer isso – afastar-nos dos ídolos e catequizar – quanto mais não deve se perder uma alma que já conheceu a Deus?
2 Ajudemo-nos, pois, uns aos outros a conduzir os fracos para o bem, para que todos sejamos salvos e nos convertamos mutuamente, e nos exortemos.[95]

3 E não apenas pareçamos crer agora e dar atenção ao sermos exortados pelos presbíteros, mas também quando nos retirarmos para casa,[96] recordemos os mandamentos do Senhor e não sejamos arrastados pelas concupiscências do mundo, mas, aproximando-nos com mais frequência, esforcemo-nos por progredir nos mandamentos do Senhor, a fim de que, pensando todos da mesma maneira, estejamos reunidos para a vida.[97]

Tiago, João e nos Padres Apostólicos. A oração "com boa consciência" evoca 1 Timóteo 1.5.

93 "A esmola se torna alívio do pecado" – A esmola é vista como instrumento de expiação, conceito presente na literatura intertestamentária e retomado na tradição monástica cristã. Cf. Tobias 4.10 e Atos 10.4 (Cornélio).

94 "Arrependamo-nos... para que nenhum de nós se perca" – Tema central na literatura parenética cristã. Cf. 2 Pedro 3.9: "[O Senhor] não quer que nenhum pereça, senão que todos venham ao arrependimento."

95 "Ajudemo-nos... exortemo-nos" – Fortemente comunitário e pastoral. Cf. Hebreus 10.24-25: "Consideremo-nos também uns aos outros para nos estimularmos ao amor e às boas obras."

96 "Quando nos retirarmos para casa..." – Apelo à integridade interior: não basta ouvir, é preciso perseverar fora da assembleia. Cf. Tiago 1.22-25.

97 "Pensando todos da mesma maneira..." – Unidade doutrinal e prática era ideal para os primeiros cristãos. Cf. Filipenses 2.2.

4 Pois o Senhor disse: "Venho para reunir todas as nações, tribos e línguas."[98] Isso se refere ao dia da Sua manifestação, quando, vindo, nos redimirá, a cada um segundo as suas obras.[99]

5 E verão a Sua glória e o Seu poder os incrédulos, e se espantarão ao ver o Reino do mundo em Jesus, dizendo: "Ai de nós! Pois Tu eras – e não Te conhecemos, e não cremos, e não obedecemos aos presbíteros que nos anunciavam a nossa salvação."[100] – "E o seu verme não morrerá e o seu fogo não se apagará, e serão para espanto a toda carne."[101]

6 Esse é o dia do juízo, diz Ele, quando verão entre nós aqueles que agiram com impiedade e transgrediram os mandamentos de Jesus Cristo.

7 E os justos, que procederam com retidão e suportaram os sofrimentos e aborreceram as voluptuosidades da alma – ao verem os que erraram e negaram a Jesus por palavras ou por obras sendo punidos com terríveis tormentos em fogo inextinguível[102] – darão glória ao seu Deus, dizendo: "Há esperança para aquele que serviu a Deus de todo o coração!"[103]

98 "Venho para reunir todas as nações..." – Citação de Isaías 66.18, reinterpretada escatologicamente como anúncio da parusia de Cristo.

99 "A cada um segundo as suas obras" – Refrão comum do juízo final. Cf. Mateus 16.27; Romanos 2.6; Apocalipse 22.12.

100 "Ai de nós... não obedecemos aos presbíteros..." – A responsabilidade de rejeitar os mensageiros da salvação é aqui denunciada como culpa grave. Cf. Lucas 10.16.

101 "O seu verme não morrerá..." – Citação direta de Isaías 66.24, também usada por Jesus em Marcos 9.48 para descrever o juízo eterno.

102 "Punidos... com fogo inextinguível" – Expressão típica da teologia apocalíptica. Cf. Mateus 25.41, Judas 7, 2 Tessalonicenses 1.9.

103 "Há esperança para o que serviu a Deus..." – A esperança escatológica como consolação dos justos. Cf. Sabedoria 3.1-9 e Hebreus 6.10-12.

18

1 Tornemo-nos, pois, também nós, daqueles que dão graças, que serviram a Deus, e não dos ímpios que são julgados.[104]

2 Pois eu mesmo, sendo completamente pecador e ainda não tendo escapado à tentação,[105] mas ainda estando no meio dos instrumentos do diabo, esforço-me por perseguir a justiça, para que possa ao menos chegar perto dela, temendo o juízo vindouro.

19

1 Portanto, irmãos e irmãs, diante de Deus da verdade vos leio esta exortação,[106] para que presteis atenção ao que está escrito, a fim de que salveis a vós mesmos e àquele que entre vós lê. Pois peço de vós este salário:[107] que vos arrependais de todo o coração, oferecendo a vós mesmos salvação e vida. Pois, ao fazerdes isso, sereis modelo para todos os jovens[108] que desejam esforçar-se pela piedade e pela bondade de Deus.

2 E não sejamos nós, os insensatos, aborrecidos ou irritado[109] quando alguém nos exorta e nos converte da injustiça para a justiça. Pois, às vezes, ao praticarmos o mal, nem percebemos, por causa da

104 "Daqueles que dão graças... e não dos ímpios que são julgados" – A expressão contrapõe os verdadeiros servos de Deus àqueles que serão condenados. A ação de "dar graças" (εὐχαριστεῖν) está intimamente ligada ao culto, à fé prática e ao reconhecimento da graça divina. Cf. Lucas 18.11-14 e 1 Tessalonicenses 5.18.

105 "Ainda não tendo escapado à tentação..." – O autor se identifica como ainda vulnerável, "no meio dos instrumentos do diabo" (ἐν μέσοις τοῖς ὀργάνοις τοῦ διαβόλου), o que pode referir-se ao mundo e suas seduções (cf. Efésios 6.11-12). A busca da justiça, mesmo diante do fracasso pessoal, é marcada por esperança e temor do juízo. Essa consciência da própria insuficiência é característica de uma espiritualidade humilde e escatológica. Cf. também Filipenses 3.12-14.

106 "Diante de Deus da verdade vos leio esta exortação..." – A leitura pública era prática comum nas assembleias cristãs primitivas (cf. 1 Ts 5.27; Colossenses 4.16). O tom aqui é pastoral e solene, reforçando o papel do texto como meio de salvação mútua (cf. 1 Tm 4.16).

107 "Peço de vós este salário..." – A imagem do "salário" (μισθός) aparece em Mateus 6 e 1 Coríntios 3.8. Aqui, o pregador não pede algo material, mas a conversão sincera como retorno justo pela instrução recebida.

108 "Sereis modelo para todos os jovens..." – O termo σκοπός (modelo, alvo) implica liderança moral e exemplaridade. Cf. 1 Tm 4.12 e a tradição catequética cristã de formação pela imitação dos justos.

109 "Não sejamos... aborrecidos ou irritados..." – Rejeição à arrogância espiritual e à resistência à correção. Cf. Provérbios 9.8-9; Hebreus 12.11.

duplicidade de alma e da incredulidade que habita em nosso peito, e nossa mente é obscurecida pelas vaidades dos desejos.[110]

3 Pratiquemos, portanto, a justiça, para que sejamos salvos até o fim. Bem-aventurados os que obedecem a estes mandamentos: mesmo que por pouco tempo sofram neste mundo, colherão o fruto imortal da ressurreição.[111]

4 Não se entristeça, pois, o piedoso, se nesta vida presente padecer aflição; uma bem-aventurada eternidade o espera: ali, tendo ressuscitado com os pais, alegrar-se-á no século sem dor.[112]

20 1 Mas que isso tampouco perturbe vossa mente:[113] o fato de vermos os injustos prosperarem, enquanto os servos de Deus se encontram em tribulação.

2 Creiamos, pois, irmãos e irmãs: estamos enfrentando a prova de um Deus vivo,[114] e sendo exercitados nesta vida presente, a fim de que sejamos coroados na vida futura.

3 Nenhum dos justos recebeu rapidamente o seu fruto,[115] mas o espera com paciência.

110 "Nossa mente é obscurecida..." – Referência à cegueira espiritual provocada pelas paixões. Cf. Efésios 4.18 e Sabedoria 17.3. A "duplicidade de alma" (διψυχία) ecoa Tiago 1.8.

111 "Colherão o fruto imortal da ressurreição" – A analogia agrícola da ressurreição como "colheita" remete a 1 Coríntios 15.42-44 e Gálatas 6.9. A paciência nas aflições é marca dos bem-aventurados.

112 "Alegrar-se-á no século sem dor" – O "século sem dor" (ἀλύπητος αἰών) é a vida eterna, também chamada de "repouso" (ἀνάπαυσις) na literatura patrística. Cf. Apocalipse 21.4: "e não haverá mais morte, nem pranto, nem clamor, nem dor."

113 "Não perturbe vossa mente..." – A inquietação causada pela aparente prosperidade dos ímpios é tema recorrente na tradição bíblica. Cf. Salmo 73 e Jeremias 12.1-2, onde se lamenta a prosperidade dos injustos. Clemente reafirma a confiança na justiça escatológica.

114 "Estamos enfrentando a prova de um Deus vivo..." – A linguagem atlética (ἀθλοῦμεν, cf. "competimos", "lutamos") remete aos jogos gregos, frequentemente usados como metáfora para a vida cristã (cf. 1 Cor 9.24-27, 2 Tm 4.7-8).

115 "Nenhum dos justos recebeu rapidamente seu fruto..." – A esperança como virtude teológica: o justo aguarda confiantemente a recompensa final. Cf. Hebreus 11.39-40.

4 Pois, se Deus concedesse prontamente o salário dos justos,[116] logo faríamos disso um comércio e não piedade: pareceríamos ser justos, não por amor à piedade, mas por buscar o lucro. E por isso o julgamento divino feriu o espírito que não era justo,[117] e o sobrecarregou com cadeias.

5 Ao único Deus invisível, Pai da verdade, que nos enviou o Salvador e Príncipe da incorruptibilidade, por quem também nos revelou a verdade e a vida celeste, a Ele seja a glória pelos séculos dos séculos. Amém. Epístola de Clemente aos Coríntios, Segunda.[118]

116 "Se Deus concedesse prontamente..." – A crítica à motivação utilitária no culto remonta aos profetas (cf. Malaquias 3.14-15) e é comum na patrística: a verdadeira justiça busca a Deus, não os benefícios que dele advêm.

117 "O julgamento divino feriu o espírito..." – Referência velada a casos de castigo ou disciplina divina sobre os que fingem piedade. A "pesar com cadeias" é imagem de condenação espiritual. Cf. 2 Pedro 2.4, Judas 6.

118 "Epístola de Clemente aos Coríntios, Segunda" – A fórmula de encerramento, de estilo epistolar antigo, reforça a autoridade da exortação. Ainda que esta carta não seja de autoria clementina com certeza, sua tradição patrística é sólida e reverenciada nas primeiras comunidades cristãs.

BIBLIOGRAFIA

Edição crítica utilizada

EHRMAN, Bart D.

The Apostolic Fathers. v. 1. Loeb Classical Library 24. Cambridge, MA: Harvard University Press, 2003.

Bibliografia recomendada

AGNEW, Francis

On the origin of the term *apostolos*. *Catholic Biblical Quarterly*, v. 38, p. 59–53.

The origin of the NT apostle-concept: a review of research. *Journal of Biblical Literature*, v. 105, n. 1, 1986, p. 75–96.

BAKKE, Odd Magne

Concord and Peace: A Rhetorical Analysis of the First Letter of Clement with an Emphasis on the Language of Sedition and Unity. Tübingen: Mohr Siebeck, 2001.

BAUCKHAM, Richard

The study of gospel traditions outside the canonical gospels: problems and prospects. In: WENHAM, David (ed.). *Gospel Perspectives: The Jesus Tradition Outside the Gospels*. v. 5. Eugene: Wipf and Stock, 1984.

BAUER, Walter

Orthodoxy and Heresy in Earliest Christianity. Edited by Robert A. Kraft and Gerhard Krodel. Translated by Philadelphia Seminar on Christian Origins. Philadelphia: Fortress Press, 1971.

BAYNES, Norman

In: NIBLEY, Hugh. *Apostles and Bishops in Early Christianity*. Salt Lake City: Deseret Book, 2005.

BEN-PORAT, Ziva

The poetic of literary allusion. *PTL: A Journal for Descriptive Poetics and Theory of Literature*, v. 1, 1976, p. 105-128.

BERDING, Kenneth

Polycarp's use of 1 Clement: an assumption reconsidered. *Journal of Early Christian Studies*, v. 19, n. 1, 2011, p. 127-139.

BIENERT, Wolfgang A.

The picture of the apostle in early Christian tradition. *In*: SCHNEEMELCHER, W. (ed.). *New Testament Apocrypha*. v. 2. Louisville, KY: Westminster/John Knox Press, 1991. p. 26.

BOWE, Barbara Ellen

A Church in Crisis: Ecclesiology and Paranesis in Clement of Rome. Cambridge: Harvard Divinity School, 1986.

BREYTENBACH, Cilliers; WELBORN, Laurence L. (ed.)

Encounters with Hellenism: Studies on the First Letter of Clement. Leiden: Brill, 2004.

The historical example in 1 Clement. *Journal of Ancient Christianity*, v. 18, n. 1, 2014, p. 24-33.

BROWN, Raymond E.; MEIER, John P.

Antioch and Rome: New Testament Cradles of Catholic Christianity. New York: Paulist Press, 1983.

CAUWELAERT, R. van.

L'intervention de l'Église de Rome à Corinthe vers l'an 96. *Revue d'histoire ecclésiastique*, v. 31, 1935, p. 305.

COLUMBÉ, Charles A.

A History of the Popes: Vicars of Christ. New York: MJF Books, 2003.

EASTMAN, David L.

Jealousy, internal strife, and the deaths of Peter and Paul: a reassessment of 1 Clement. *Journal of Ancient Christianity*, v. 18, n. 1, 2014, p. 34-53.

EHRMAN, Bart D.

Lost Christianities: The Battles for Scripture and the Faiths We Never Knew. New York: Oxford University Press, 2003.

Lost Scriptures: Books that Did Not Make It into the New Testament. Oxford: Oxford University Press, 2003.

The New Testament canon of Didymus the Blind. *Vigiliae Christianae*, v. 37, 1983, p. 1–21.

The New Testament: A Historical Introduction to the Early Christian Writings. New York: Oxford University Press, 2004.

EUSEBIUS of Caesarea

Ecclesiastical History. Traduzido por G. A. Williamson; edited by Andrew Louth. London: Penguin Books, 1989.

EVANS, C. F.

The New Testament in the making. In: ACKROYD, P. R.; EVANS, C. F. (eds.). *The Cambridge History of the Bible: Volume I: From the Beginnings to Jerome*. Cambridge: Cambridge University Press, 1970.

FERRAR, W. J.

Clement of Rome I. *Theology*, v. 17–18, 1928, p. 71-77.

Clement of Rome II. *Theology*, v. 17–18, 1928, p. 274-282.

FISHER, Milton

The canon of the New Testament. In: COMFORT, Philip Wesley (ed.). *The Origin of the Bible*. Wheaton: Tyndale House Publishers, 2003.

FOSTER, Paul

The text of the New Testament in the Apostolic Fathers. In: HILL, Charles E.; KRUGER, Michael J. (eds.). *The Early Text of the New Testament*. Oxford: Oxford University Press, 2012.

FUELLENBACH, John

Ecclesiastical Office and the Primacy of Rome: An Evaluation of Recent Theological Discussion of First Clement. Washington, D.C.: The Catholic University of America Press, 1980.

GOODSPEED, Edgar J.

First Clement called forth by Hebrews. *Journal of Biblical Literature*, v. 30, n. 2, 1911, p. 157–160.

The Twelve: The Story of Christ's Apostles. Philadelphia: J. C. Winston Co., 1957.

GRANT, Robert M.; GRAHAM, Holt H.

The Apostolic Fathers: A New Translation and Commentary. v. 2: *First and Second Clement*. New York: Thomas Nelson & Sons, 1965.

GREE, Bernard

Christianity in Ancient Rome: The First Three Centuries. New York: T&T Clark International, 2010.

GREGORY, Andrew F.

1 Clement: an introduction. *The Expository Times*, v. 117, n. 6, 2006, p. 223–230.

What is literary dependence? In: FOSTER, Paul et al. (eds.). *New Studies in the Synoptic Problem: Oxford Conference April 2008. Essays in Honour of Christopher M. Tuckett*. Leuven: Peeters, 2011.

GREGORY, Andrew F.; TUCKETT, Christopher M.

Reflections on method: what constitutes the use of writings that later formed the New Testament in the Apostolic Fathers? In: GREGORY, Andrew F.; TUCKETT, Christopher M. (ed.). *The Reception of the New Testament in the Apostolic Fathers*. Oxford: Oxford University Press, 2005.

HAGNER, Donald A.

The Use of the Old and New Testaments in Clement of Rome. Supplements to *Novum Testamentum*, ed. W. C. van Unnik. Leiden: E. J. Brill, 1973.

HALL, John

New Testament Witnesses of Christ. Salt Lake City: Deseret Book, 2002.

HARNACK, Adolf von

In: UNNIK, W. C. van. *Studies on the So-Called First Epistle of Clement: The Literary Genre*. In: BREYTENBACH, C.; WELBORN, L. L. (ed.). *Encounters with Hellenism*. Leiden: Brill, 2004.

HILL, Charles E.

'In these very words': methods and standards of literary borrowing in the second century. In: HILL, Charles E.; KRUGER, Michael J. (eds.). *The Early Text of the New Testament*. Oxford: Oxford University Press, 2012.

HUGHES, Julie

Scriptural Allusions and Exegesis in the Hodayot. Leiden: Brill, 2006.

IGNATIUS of Antioch

Letter to the Philadelphians. Translated by Bart D. Ehrman. In: EHRMAN, Bart D. (ed.). *The Apostolic Fathers*. Loeb Classical Library 24. Cambridge: Harvard University Press, 2003.

JEFFORD, Clayton N.

The Apostolic Fathers: An Essential Guide. Nashville: Abingdon, 2005.

KANNENGIESSER, Charles

Handbook of Patristic Exegesis. Leiden: Brill, 2004.

KELLY, J. N. D.

Early Christian Doctrines. 5. ed. London: Continuum, 2009.

KITTEL, Gerhard; FRIEDRICH, Gerhard. (ed.)

Theological Dictionary of the New Testament. Translated by Geoffrey W. Bromiley. 10 v. Grand Rapids, MI: Eerdmans, 1964–1976.

KOESTER, Helmut

Synoptische Überlieferung bei den Apostolischen Vätern. Berlin: Akademie Verlag, 1957.

The Apostolic Fathers and the struggle for Christian identity. *The Expository Times*, v. 117, n. 4, 2006, p. 133–139.

KÖSTENBERGER, Andreas; KRUEGER, Michael

The Heresy of Orthodoxy: How Contemporary Culture's Fascination with Diversity Has Reshaped Our Understanding of Early Christianity. Wheaton: Crossway Publishers, 2010.

LAMPE, G. W. H.

The Early Church. London: SCM, 1956.

LIGHTFOOT, J. B.

Apostolic Fathers: Part 1, Clement of Rome. London: Macmillan, 1890.

LINDEMANN, Andreas

The Apostolic Fathers and the Synoptic Problem. In: FOSTER, Paul et al. (eds.). *New Studies in the Synoptic Problem: Oxford Conference April 2008. Essays in Honour of Christopher M. Tuckett*. Leuven: Peeters, 2011.

MAIER, Harry O.

The charismatic authority of Ignatius of Antioch: a sociological analysis. *Studies in Religion / Sciences Religieuses*, v. 18, n. 2, 1989, p. 85–199.

MARKSCHIES, Christoph

Harnack's image of 1 Clement and contemporary research. *Journal of Ancient Christianity*, v. 18, n. 1, 2014, p. 54–69.

MASSAUX, Eduard

The Influence of the Gospel of Matthew on Christian Literature before Irenaeus: Book One. Translated by Norman J. Belval and Suzanne Hecht. Macon, GA: Mercer University Press, 1990.

McDONALD, Lee M.

Formation of the Biblical Canon. Rev. ed. Peabody, MA: Hendrickson Publishers, 1995.

The Biblical Canon: Its Origin, Transmission, and Authority. 3. ed. Peabody, MA: Hendrickson Publishers, 2007.

METZGER, Bruce M.

The Canon of the New Testament: Its Origin, Development, and Significance. Oxford: Clarendon Press, 1997.

MOLLAND, E.

Le développement de l'idée de succession apostolique. *Revue d'histoire et de philosophie religieuses*, v. 34, 1954, p. 1-29.

NIBLEY, Hugh

Apostles and Bishops in Early Christianity. Salt Lake City: Deseret Book, 2005.

NIELSEN, Dave

Clement of Rome as seen through an apostolic paradigm. *Studia Antiqua*, v. 5, n. 2, 2007. Disponível em: https://scholarsarchive.byu.edu/studiaantiqua/vol5/iss2/7.

NORRIS, Frederick W.

Ignatius, Polycarp, and I Clement: Walter Bauer reconsidered. *Vigiliae Christianae*, v. 30, n. 1, 1976, p. 23-44.

ONG, Walter

Orality and Literacy. New York: Methuen & Co., 1982. Reprinted. London: Routledge, 2002.

PELLING, Christopher

Plutarch's method of work in the *Roman Lives*. *Journal of Hellenic Studies*, v. 99, 1979, p. 74–96. Reprinted with postscript in: *Plutarch and History*. London: The Classical Press of Wales and Duckworth, 2002.

PRAHLOW, Jacob J.
Discerning Witnesses: First and Second Century Textual Studies in Christian Authority. Ann Arbor: UMI Publishing, 2014.

QUASTEN, Johannes
Patrology. Westminster, MD: Christian Classics, 2005. v. 1.

RANKIN, David I.
From Clement to Origen: The Social and Historical Context of the Church Fathers. Burlington, VA: Ashgate, 2006.

ROBINSON, John A. T.
Redating the New Testament. Eugene: Wipf and Stock Publishers, 2000.

SCHMITALS, Walter
The Office of the Apostle in the Early Church. New York: Abingdon Press, 1969.

STOVER, Michael
The Dating of I Clement. Thesis (M.A.). Wake Forest: Southeastern Baptist Theological Seminary, 2012.

TERTULLIAN
Prescription Against the Heresies. Translated by Alexander Roberts and James Donaldson. Edited by Paul A. Boer, Sr. In: *The Anti-Marcion Writings of Tertullian*. Veritatis Splendor Publications, 2012.

VAN UNNIK, Willem C.
Studies on the so-called First Epistle of Clement: the literary genre. In: BREYTENBACH, Cilliers; WELBORN, L. L. (eds.). *Encounters with Hellenism*. Leiden: Brill, 2004.